谨以此书献给

打败日寇的中美军民

中美联手抗日纪实

甘本祓 著

B-29来了

Whirlwind

From Boeing to Japan

从波音到东瀛

科学普及出版社
·北京·

甘本祓

1937年生于四川成都。微波技术专家，教授，高级工程师。1959年大学无线通信专业毕业后留校任教20年。1979年调电子工业部，先后担任微波通信处和卫星通信办公室负责人，后赴美国硅谷工作二十余年。现居美国硅谷山景城。曾活跃于学术界和科普界，曾任中国电子学会、中国计算机学会、中国通信学会、中国仪器仪表学会、中国预测研究会、中国宇航学会等相关专业委员会委员和中国科普作家协会工交专业委员会委员、荣誉理事。著有多部专业著作，包括《微波传输线设计手册》《现代微波滤波器的结构与设计》《电磁场与微波传输线》《微波网路元件与天线》等；还创作过大量的科普书籍和文章，创作量已超过1000万字，包括《生活在电波之中》《茫茫宇宙觅知音》《“超级间谍”之谜》《今天的科学》《信息社会向你招手》《给地球照相》《先进的电子对抗系统》等。曾兼任电子工业出版社学术顾问、中国展望出版社副总编辑；还曾担任多种杂志和丛书的编委，例如《微波学报》《知识就是力量》《无线电》《电子世界》《信息世界》《国际新技术》以及“无线电爱好者丛书”“电子学基础知识丛书”“第二课堂丛书”“少年新技术丛书”“电子应用技术丛书”“新视角科普系列丛书”等。作品多次获奖，例如国家图书奖、电子科普优秀作品奖、少年百科丛书优秀读物奖、第二届全国优秀科普作品一等奖和世界通信年全国通信优秀作品奖等。

本书是作者“中美联手抗日纪实”系列的第二部，第一部《航母来了：从珍珠港到东京湾》已由本社于2014年1月出版。

中国科普作家协会
专家们对作者的评介摘录

甘本祓是一位资深科技专家型科普作家，并擅长于散文、诗歌。读他的作品常常会引起心灵的共振与激荡，甚至热泪盈眶。因为他是用“心”在写文章，正如他所说：“人在文中，文在心中，以理带笔，以情感人。”他的创作风格：笔调幽默、风趣；文章抒情、动人。

——中国科普作家协会《科普创意文论》专家评审组

甘本祓始终有一颗与时代脉搏一起跳动的年轻的心。他用心写作，用心与读者交流，也用心打动着每一个人。他是率先垂范科学与人文交融的作者之一。在他的科普作品中，常以生动形象的比喻、诗一般的语言来诠释科学技术，使人读来兴味盎然，备感亲切。

——中国科普作家协会前副理事长、著名科普作家 陈芳烈

科学与文学相结合这是甘本祓的科普创作观。他是用文学艺术的心与笔来释读科学，目的是为了传播智慧。我把这种科普创作观归纳为一副对联：

“解读自然奥秘；探究人生真谛”。

——中国科普作家协会前副理事长、著名科普作家 汤寿根

他用真挚的人文情怀，让读者心扉开放；再以科学的理性光芒，把人们心田照亮。仿佛听见，《茫茫宇宙觅知音》唱着他当年的理想：与读者一道，欣赏科学，体验探索，激情原创。

——中国科普作家协会前副理事长、著名科普作家 王直华

生在抗戰時，長在軍營中。

熟知苦與痛，難忘恨和仇。

我生於1937年，八年抗戰時期就是我的童年。我出生時父親是在黃埔軍校工作。當他請纓赴前線抗日時，我又成了"隨軍家屬"。在"馬背上長大"的我，看見過日寇炸彈爆炸的硝煙，聽到過日寇槍炮聲刺耳的呼嘯，天天聽到父親所在部隊浴血抗敵的事蹟，對日寇的侵略罪行有著深切地感受。

因此，我關注第二次世界大戰的歷史，尤其是抗日戰爭史。這二十多年到了國外、住在美國，可以更全面地收集到有關史料，甚至參觀到有關的飛機、軍艦和武器，接觸到有關的人和事。這就更加激起我的研究和探索熱情。

我常常想，我們這一代人，已是最後一代親歷這段抗戰的人了，以後的人就只能用"聽到"、而不能用"見到"來講述這段歷史了。手上有豐富的素材，而國際環境的現實又呼喚著我的責任感，於是就奮然命筆了。

甘本祓

于美國舊金山灣區寓所

公元2015年7月7日

序 PREFACE | 科技是第一战斗力

苏 青

1945年8月15日，日本天皇裕仁向全世界广播《停战诏书》，宣布接受《波茨坦公告》所规定的各项条件，无条件投降。70年后的8月15日，拜读甘本祓老师即将付梓的新作《B-29来了：从波音到东瀛》，我不禁感慨万千。

国与国之间战争的较量，最终是实力的比拼，国力的比拼。20世纪三四十年代，贫穷、落后的中国用人口众多和地域广阔的实力，在付出3000万血肉之躯的巨大牺牲、8年之久的艰苦卓绝持续损失后，最终赢得了对日战争的全面胜利。而从1941年12月7日日本偷袭珍珠港算起，到1945年8月15日日本宣布投降，以美日对抗为主的太平洋战争，持续时间却只有3年8个月，美军的伤亡人数还不足50万。中美对日作战在人员、物质损失和时间消耗等方面的巨大差距，我认为，最主要的还是由双方的科技实力、双方的综合国力所决定的。

《B-29来了：从波音到东瀛》从一个侧面为我的这一论点提供了佐证。

B-29轰炸机，又称“超级空中堡垒”，是美国陆军航空队在第二次世界大战亚洲战场的主力战略轰炸机，是二战时各国空军中最大型的飞机，也是当时集各种高新科技为一体的最先进的武器平台之一。从1934年美国军方下达研制四引擎远程轰炸机的朦胧构想和波音公司开始预研算起，到1944年正式出厂、列装部队，B-29的研制历时整整十年，真可谓“十年磨一剑”。这期间，无数科学家和工程技术人员通力合作攻关，一切从战争需要出发，以超常规的速度解决了有关机身设计和动力系统、武器系统、电子系统等研制过程的一个又一个科技难题。

正是有了B–29，美军才有能力对头号仇敌日本实施有实质性威慑和破坏作用的战略轰炸。1944年6月5日，在首次遭受92架B–29对本土九州岛进行狂轰滥炸的袭击，以及1945年8月6日和9日广岛、长崎分别遭受B–29投下的两颗原子弹毁灭性打击后，日本从裕仁天皇到普通国民意志完全崩溃，在美军尚未有一兵一卒登陆本土的情况下，很快就宣布无条件投降。

在《B–29来了：从波音到东瀛》这本高级科普图书里，甘本祓老师用史学家的审视眼光、社会学家的人文情怀、科学家的严谨态度、信息学家的灵敏嗅觉、文学家的创作手法，通过描述B–29从军事家奇妙构想到科学家创新预研，再到工程技术人员攻关研制，最终到空军勇士剑指东瀛、亮剑诛敌，展现了科技与军事紧密结合高科技武器威震敌胆、迫敌就范的二战另一恢弘历史画卷，生动地诠释了科技是战争中第一战斗力这一颠扑不破的真理。

甘本祓老师1937年生于四川成都，童年是在抗日战争的苦难岁月中度过的，因而对战争的残酷有着更为切肤的体会，对残暴的日寇有着更为切齿的痛恨，对维护和平有着更为迫切的期盼，对战争的警觉和反思显得就更为自觉。“我常常想，我们这一代人，已是最后一代亲历抗战的人了，以后的人就只能用‘听到’、而不能用‘见到’来讲述这段历史了。手上有丰富的素材，而国际环境的现实又呼唤着我的责任感，我就奋然命笔了。”在本书的“后记”里，甘老师这样道出了他创作的初衷。

在我看来，日本之所以成为美国执行全球霸权主义的忠实走狗，很大程度上是源于二战时被美国彻底打服了；而对中国、韩国、朝鲜等亚洲国家的战争罪行至今仍不肯深刻反省、真诚认错、彻底悔改，是因为它认为这些国家并非真正的战胜国，骨子里并不服气。如今，我们虽然有了航母，但还远没形成战斗力，更没有构筑成海上航母战斗群；虽然中国空军战机已在和平时期飞出第一岛链，但战时尚能做到的依然是近海防御；我们还没有自行研制的战略轰炸机，致使对敌国缺乏实现超远程核威慑的战略轰炸手段。因此，增我科技实力，提我国防意识，强我军事力量，铸我钢铁长城，卫我神圣疆土，佑我中华国民，在当今世界形势错综复杂、国家安全危机四伏的情形下，就显得尤为重要。今后，日本或其他国家若再胆敢和中国交战，我们就必须有能力坚决、彻底把它打残、打趴、打怕、打服，让它俯首称臣。

甘本祓老师是一位成果丰硕的优秀科普作家，是我十分敬重的长辈。他对创作的执着和勤勉，对同仁的谦逊和友善，对晚辈的提携和呵护，对老伴的忠贞和关爱，令我感动不已。我们是忘年之交，从他身上我学习到了许多宝贵的东西。

《B-29来了：从波音到东瀛》是甘老师“中美联手抗日纪实”系列丛书的第二部，第一部《航母来了：从珍珠港到东京湾》自2014年1月由科学普及出版社出版后，好评如潮，现已重印多次。今天，我已由科学普及出版社社长调任它职，甘老师仍一如既往信任我，希望我为这本书作序，我深感荣幸，但更多的是觉得惭愧。在甘老师面前，我永远是一名小学生，恭敬不如从命，我权且把这作为我直接向他老人家学习、请教的一个最好机会吧。

衷心期盼《中美联手抗日纪实》系列丛书的第三部《B-29去了：从成都到天宁》早日面世，以飨读者，让我能先睹为快。

是为序。

2015年8月15日于北京市海淀区万柳小区公寓

写在前面
AUTHOR'S NOTE

有人说：历史是一记警钟，发人深省；

有人说：历史是一面镜子，前车之鉴；

我认为：历史是一折冷酷而浪漫的故事，让人……

君不见，昔日冤家对头，今日却在热恋，这就是历史的浪漫。

难怪有人高呼：忘记过去就意味着背叛！

20世纪，人类打了两次世界大战，

21世纪，谁还想再干？！

既然如此，不如让历史回放，也好过让历史重演……

现在请看：《B-29来了：从波音到东瀛》，

它把一段真实的历史呈现在你的面前。

让我们歌颂中、美联手抗日的事迹，来唤醒痴迷；

让我们敲响历史的警钟，来抵制让军国主义复辟。

愿人民世代友好，

愿世界永享和平。

目录
CONTENTS

CHAPTER 1 | 第一章

JAPANESEHOMEISLANDS
——That's the spot to hit

B-29狂飙，

冲向东京和大阪、冲向名古屋和神户、冲向广岛和长崎、

冲向其他六十多座日本城市，

让日本鬼子失魂落魄、举手投降……

剑指东瀛

Bringing the war to the Japs,

Bringing the war to an end.

将战火烧到日本，将战争推至终点。

美国人如此评价B-29轰炸机在第二次世界大战（以下简称“二战”）中的作用。这句由衷的赞誉，既是在发泄对日本人的仇恨，也是在庆贺美国人的胜利。所以我们开篇之时，还是得先从当年美国人为什么对B-29那么感兴趣说起。

常言道：“工欲善其事，必先利其器”。任何军队都想用更先进的武器装备自己，这并不稀奇。但当年美国人对B-29的情有独钟，却打破常规。那是因为，它不仅是二战中的王牌战略轰炸机，而且更重要的是：对美国陆军航空队而言【注：当年美国空军尚未独立，是在陆军编制下，称为“陆军航空队”。二战后空军才独立成军】，B-29既让他们达成了向日寇复仇、全面而彻底地轰炸日本本土、迫使其无条件投降的战略目标，又让他们实现了建立战略空军的梦想。

在此之前（包括在欧洲战场），美国陆军航空队基本上是一支支援配合兵种。虽然它也执行过一系列战略轰炸任务，但主要还是为了配合地面部队的战役行动。

但是，用B-29对日本的轰炸，则是在并无登陆日本的战役行动下独立进行的，并贯穿在对日本本土轰炸的全过程中。而且，在亚太战场上的B-29的轰炸机部队，既不属美国远东军司令、盟军西南太平洋战区司令麦克阿瑟的领导，又不受盟军太平洋战区总司令尼米兹指挥，而是听命于陆军航空队司令阿诺德，直接受美国参谋长联席会议指挥。B-29对日本本土的轰炸，从战略上讲是迫使日本投降的直接因素。这就促使美国陆军航空部队在完成对日战略轰炸任务的同时，也完成了从战役配合力量到战略主导力量、从“寄人篱下”到独立成军的革命性战略转型！至此，一个世界上规模最大、力量最强、作战经验最丰富的、独立的美国空军已经呼之欲出。

关于这个问题，这里想引用美国空军的第五任参谋长、本书中轰炸日本的主帅李梅（Curtis E. LeMay）的两段评论作为旁证，它集中地代表了美国空军人士的心声。

在谈到欧洲战场时他是这样说的：

在欧洲战场，我们是受艾森豪威尔将军指挥，而他是一位陆战指挥官，他的兴趣是在地面战胜德军，他对空军的认识就是用大量战机支援他的地面部队。

在谈到B-29时他却这样说：

如果B-29能早3年，我们就能随心所欲地轰炸德国的目标，而不像用B-17那样有所限制，这样欧洲战事也许能更早结束。

显然，他在这里是用对欧洲战场的“遗憾”，来衬托对亚太战场和B-29的称赞。

再扩大一点，对全体美国人（当然也包括全体美军）而言，B-29凝聚了他们的复仇精神和必胜意志！它是当年美国人精神力量和物质力量一次最成功的展示！

为什么这样说呢？

想当年，在珍珠港事变之前，虽然中国已艰苦抗战了4年，但美、日却还是“友好国家”。美国还是日本的主要贸易伙伴，日本人的许多重要战略物资，在很大程度上，还是买自美国。虽然大多数美国人对日寇在中国和亚洲的野蛮行径都是满怀义愤，但美国也有不少人却还在为是否参战、何时参战争论不休。

当时，美国人的主要精力是放在帮助英国打德国上，而对于日本则是用“文攻”——谈判。一直谈到了1941年12月7日当天，日本人猴急地跳了出来偷袭了珍珠港，主动争取代替德国成为美国的头号敌人之后，日本才成了中、美共同的敌人。

在极端愤怒中仓皇应战的美国，复仇的呼声一浪高过一浪：“为12月7日报仇”、“报复日本”、“轰炸日本本土”、“让日本强盗也尝尝美国炸弹”……罗斯福总统也是心急万分、既发指令又开会强调：一定要尽快轰炸日本。

一句话，轰炸日本成了美国全体军民的最迫切愿望。

请看！下面两幅当年的招贴就集中反映了美国军民的心声。

不留情面 | 美国人民的铁拳狠揍日本军国主义。在日寇军旗中红膏药的位置是贼酋东条英机的丑恶嘴脸，手臂上写着“美国劳动者”。

剑指东瀛 | 美军矛头直指日本东京。画中人是尼米兹海军上将（Chester W. Nimitz），时任美军太平洋舰队司令和盟军太平洋战区总司令。（来源：*The Fall of Japan*）

【链接：正像如今美国有两个布什总统，是父子关系那样，当年美国也有两个罗斯福总统，是兄弟关系。这里提到的是二战时期的罗斯福，全名是富兰克林·德拉诺·罗斯福（Franklin Delano Roosevelt），他是美国第32任总统，也是美国唯一连任超过两届的总统，任期是1933年3月4日至1945年4月12日。在他之前，美国第26任总统是他的远房堂兄西奥多·罗斯福（Theodre Roosevelt，1901年9月14日至1909年3月4日）。在中文中，习惯上为了区分两者，常称西奥多为“老罗斯福”，富兰克林为“小罗斯福”（在本书中更多的提到他，故省略“小”字）。】

可是，“人忙马不快”。为什么？因为没有远程战略轰炸机！

当年的现实是：就陆军航空队而言，不仅手头没有一架可以从美国基地飞到日本的飞机，甚至连从亚洲的盟国（例如，中国的大后方、印度的基地或者太平洋上的岛屿等）直接飞临日本的飞机也没有一架，其他靠近日本的地方又都已被日本人占了。一句话：现有的飞机航程够不着，怎么报仇雪恨呢？这使美国陆军心里憋着一股恶气。

那么，海军呢？为什么不派航空母舰去到西太平洋上、甚至开到日本海，让飞机从航母上起飞，去炸它个不亦乐乎？人家日本人在珍珠港不就是这么干的么？！但是，这话说起来容易、干起来难。为什么？因为，珍珠港事变后，1942年初的太平洋，用英国首相丘吉尔的话来说：根本就是“日本人的天下”。在距日本本土800千米处，日军就有警戒舰船巡逻。因此，要想取得空袭的突然性，飞机就得在880千米以外起飞，往返就是1760千米。遗憾的是，当时美国海军却没有一种舰载机具有如此能力。何况飞机起飞后，航母编队也不能原地不动，等着飞机归来。要知道既然日军还掌握着这边的海、空优势，航母若待在原处，那就等着挨打吧。所以，美国海军的心里也憋着一股恶气。

在这种举国愤怒、总统着急、陆海军憋气的高压氛围下，终于有人“急中生智”，想出了一条“锦囊妙计”，令海军作战部长金上将和陆军航空队司令阿诺德皆大欢喜，决定由陆、海军联手进行一项绝密的“空特1号计划”。经过两个多月紧锣密鼓地准备，于1942年4月18日（即在日本偷袭珍珠港4个月零10天之后），由陆军中校杜立特率领一队勇士，驾驶16架陆军的B–25米切尔式中型轰炸机，在距日本660海里处【注：1海里＝1.852千米】，从海军的大黄蜂号航母起飞，在日本的东京、大阪、横滨、神户、名古屋投下了第一批复仇的炸弹！史称“杜立特空袭”。这一壮举令美国欢腾、全球震惊，杜立特和他的空袭队员成了痛歼日寇、人人称赞的民族英雄。他们在轰炸之后，飞往中国东南，在夜深、油尽之时弃机跳伞，散落在浙、赣、皖等省的抗日前线，受到中国军民的掩护和救助，谱写了一曲中美联手抗日的赞歌。

【旁白：关于偷袭珍珠港和杜立特空袭，在笔者的“中美联手抗日纪实”的第一卷《航母来了：从珍珠港到东京湾》（下文中称《航母来了》）中已详加介绍，有兴趣的读者可去参阅。以下行文时，我将假定读者对此已经有所了解。】

然而，“杜立特空袭”虽然大快人心，却只能干一次，也正因为在当时是“空前绝后”的，才会享有那样高的荣誉。但作为陆军航空队司令的阿诺德，却并不希望“杜立特空袭”成为绝响。他要把轰炸东京、轰炸日本变为常态，而且希望以此来击溃日本军国主义者的战争意志，迫使其投降。

阿诺德怎么达成这个愿望呢？他要用甚么样的“利器”去向日本人报仇雪恨呢？这就是我们要说的B–29轰炸机。美国人给它取了一个响亮的名字：“超级空中堡垒”。那么，它又是怎样一个“善其事”的复仇利器呢？

B–29，英文全名是“B–29 Superfortress Bomber”，译名为“B–29超级空中堡垒轰炸机”。它是由美国波音公司研制的四引擎超重型螺旋桨轰炸机。

回想一下，杜立特空袭之所以让美军那么费劲，说到底还不是因为那时美国没有远程战略轰炸机。其实，早在二战还在“酝酿”之时，阿诺德就已想要这种飞机了，而且波音公司也给他画了一张又香又好的“大饼”，这就是B–29。那么，它到底如何卓越呢？归纳起来，它享有许多“最”的赞誉：

机身最长、机体最高、翼展最宽、翼面最大、飞得最高、速度最快、航程最远、重量最大、载弹最多；还有乘员最多（标准设计为11人，战争后期又增加了两名操作雷达和电子对抗的乘员，故增为13人）；火力最强（在4个遥控炮塔和尾炮塔中配备12.7毫米口径机枪12挺，每挺携弹1000发；早期型号的尾炮塔中还有20毫米口径航炮1门，备弹100发）；技术最先进（加压机舱、中央火控、遥控机枪、先进的雷达、通信和导航系统等）。

我在下面列了一个表，把B–29与二战中美军其他主力轰炸机（B–17和B–24）做了个比较，从中就可看出它令人赞羡的概貌。

美军在二战中应用最多的三种主力轰炸机性能比较

飞机型号	B-17G飞行堡垒	B-24J解放者	B-29A超级空中堡垒
机长（米）	22.65	20.62	30.18
机高（米）	5.82	5.49	8.46
翼展（米）	31.62	33.53	43.36
最大起飞重量（千克）	32733	29510	61236
武器	12.7mm机枪 12挺	12.7mm机枪 10挺	12.7mm机枪12挺， 20mm航炮1门
载弹量（千克）	3632	5811	9080
最大速度（千米/小时）	485（高度7620米）	467（高度7620米）	574（高度9144米）
最大转场航程 （千米）	5470	5953，3379 （载弹2270千克）	9654、6436 （载弹2268千克）
作战升限（米）	10850	8534	12192
乘员（人）	10	10	11–13
发动机	4台莱特R–1820–97 单台功率1200马力*	4台普拉特–惠特尼R–1830–65 单台功率1200马力	4台莱特R–3350–57 单台功率2200马力
产量（架）	各型总计12731， B–17G产量 8680	各型总计18482， B–24J 产量6678	各型总计3973， B–29A产量1122
备注	本表根据美国国家空军博物馆（National Museum of US Air Force）和波音公司的档案数据整理，由于各机种的型号较多、而各型号的规格又略有不同，这里是选择应用量大的型号进行比较。		

*1马力=0.75千瓦

B-29A超级空中堡垒超重型轰炸机 | 坐在轮上量大小 （来源：作者摄于特拉维斯空军博物馆）

B-29A超级空中堡垒超重型轰炸机 | 站在远处观全貌 （来源：作者摄于特拉维斯空军博物馆）

二战中美军的其它主力轰炸机

左 | B-17G飞行堡垒重型轰炸机　　右 | B-24J解放者重型轰炸机　　（来源：作者翻拍自莫菲特机场博物馆）

而最令军方欣赏的不仅是它比自己的飞机好，而是比敌人的飞机好，当时德、意、日的战机还没有一种有它飞得这么高、这么快、火力这么强。也就是说敌机既够不着它、也追不上它、还打不过它，真是所向无敌了！美军能不着迷吗？

这“大饼”当然很好，但阿诺德却总也吃不上口。想当初，没有人想到日本人会首先发难、偷袭珍珠港，阿诺德最先对B–29寄予的期望是：一旦对德宣战，将用24个装备B–29超级空中堡垒的轰炸机大队，从北爱尔兰和埃及的基地起飞，对德国实施战略轰炸。

可是，从1934年军方下达4引擎远程轰炸机的朦胧构想和波音公司为此开始预研算起，时间一年年地过去，局势也越来越吃紧。5年后的1939年9月1日，德国入侵波兰，欧洲战场正式开打，B–29却“八字还没有一撇”，又过了两年，珍珠港事件爆发，B–29却还是“只听楼梯响，不见人下来”，赴欧参战的陆军航空队将士们是指望不上它了。阿诺德只好改变主意：给他们正式列装的机型是波音公司生产的B–17空中堡垒【B–17 Flyingfortress，也译为“B–17飞行堡垒”。1937年3月开始服役至1968年退役（从巴西空军），共生产12731架】和联合飞机公司生产的B–24解放者【B–24 Liberator，1941年开始服役至1968年退役（从印度空军），共生产18482架】。而B–29在欧洲战场压根儿就没能用上。但如今日本打上门来了，岂能不反击？在全美人民的复仇怒吼声中、在罗斯福总统的多次严令之下，逼得陆、海军费尽心血才搞了个“杜立特空袭”。然后又偃旗息鼓了。

要想继续轰炸日本，必须有超远程、超重型陆基轰炸机才行！于是，B–29一度成了美军对日作战的最急迫、最重要的关键。而它的先进性和复杂性又使它在设计、制造中颇历曲折、充满传奇。例如，在第一架交给陆军航空队前，它经历过1174次工艺和结构修改，其中大约有900次都可以形容为是在“试飞前最后一刻”紧急做出的决定；又如，为了在预期的战争结束前，造出尽可能多的B–29去猛炸日本（实际造出了3973架，由于日本“提前”投降，取消了5000架订单），美国可以说是“倾全国之力”，调动成百上千的单位，军民总动员、妇女齐上阵，为了它齐心合力、日夜加班！【旁白：为什么说“提前”，因它本来还想负隅顽抗，但B-29送来了“大礼”。】

直到1943年造出了服役测试机，再到1944年正式出厂、装备部队，美国陆军航空队整整等了十年，才盼到了朝思暮想的B-29。

为了它，真可以说是忙坏了卖家，等急了买家。之所以会拖这么久，答案也很简单：心有余而力不足！也就是说波音公司描述的B-29的性能，迷住了美军、难住了自己。

可喜的是，B-29终于造出来了！利剑到手，剑指东瀛。从1944年6月5日至1945年8月9日，美军正是用B-29，从中国的成都地区和马里亚纳群岛的基地起飞，对日本进行了大规模的战略轰炸，而且不负众望，轰出了威风，炸出了成绩。B-29成了“前无古人”、“尚无来者”、唯一一种实战投过原子弹的飞机，炸得日寇胆战心惊、举手投降！正是：

千呼万唤始出来，百般宠爱集一身。

十年寒窗耐人问，一炸成名天下惊。

日本屈膝投降之后，阿诺德怀着胜利的喜悦，立即赶赴B-29的诞生地：波音公司在堪萨斯州威奇托市的总装厂，专门乘坐B-29，而且选了一个有“29”的黄道吉日：

1945年8月29日，阿诺德五星上将在盛大的群众集会上，发表了一篇热情洋溢的讲演。他动情地说：

我清楚地记得，我上次来这里是1944年1月12日，算起来也不是很久。那时我曾对你们说，我们迫切需要一种像B-29这样、能飞远程、有极强攻击力的武器，去狠揍日本鬼子，希望你们努力工作，尽快完成B-29的生产计划……

无敌狂飙扫东瀛 | 这是艺术家笔下的B-29轰炸日本本土的画面 （来源：airforceworld.com）

今天，我异常兴奋地对你们说：感谢你们，你们出色地做到了！陆军航空队正是用你们在这个工厂生产的B-29，炸垮了日本，避免了对日本本土的登陆作战，使我们能以较少的伤亡代价和较早的时间赢得了伟大的胜利……

你们的产品和奋斗精神与我们英勇的陆军航空队健儿的结合，形成了一股无敌的狂飙，冲向东京和大阪、冲向名古屋和神户、冲向广岛和长崎、冲向其他六十多座日本城市，让日本鬼子失魂落魄、举手投降……

今天，我专程来到这里，就是要以我本人和陆军航空队的名义对你们说：波音人、威奇托人、堪萨斯人、一切为生产B-29而工作的人，你们是最棒的！我们衷心地感谢你们！

为了读者对B-29轰炸日本的丰功伟绩有个整体印象，笔者参照有关资料，把阿诺德说的被B-29轰炸的六十多座日本城市用图标示出来，以飨读者。

【旁白：顺便说一下，整理时我偶然发现，日本本土的轮廓，居然酷似日本艺妓鞠躬迎客的形象。你看，像不像？】

那么，B-29到底是如何千锤百炼、横空出世？美国陆军航空队的健儿们又是怎样手握利剑杀向日本、建功立业的呢？且听我慢慢道来。

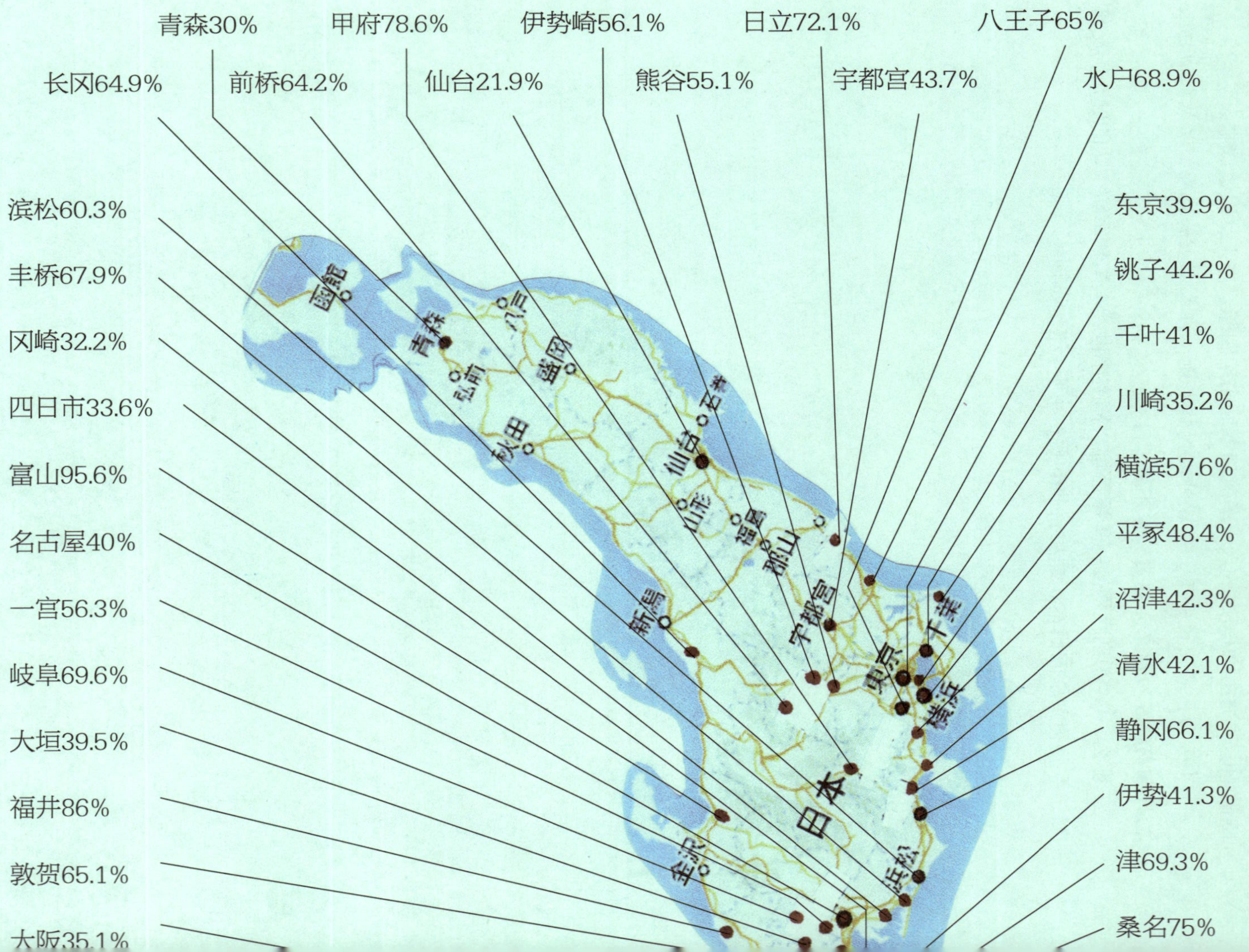

青森30%
甲府78.6%
伊势崎56.1%
日立72.1%
八王子65%
长冈64.9%
前桥64.2%
仙台21.9%
熊谷55.1%
宇都宫43.7%
水户68.9%
滨松60.3%
丰桥67.9%
冈崎32.2%
四日市33.6%
富山95.6%
名古屋40%
一宫56.3%
岐阜69.6%
大垣39.5%
福井86%
敦贺65.1%
大阪35.1%
东京39.9%
铫子44.2%
千叶41%
川崎35.2%
横滨57.6%
平冢48.4%
沼津42.3%
清水42.1%
静冈66.1%
伊势41.3%
津69.3%
桑名75%
函馆
青森
八户
弘前
盛冈
秋田
石卷
仙台
山形
福岛
郡山
新潟
宇都宫
水户
东京
千叶
横滨
日本
金泽
滨松

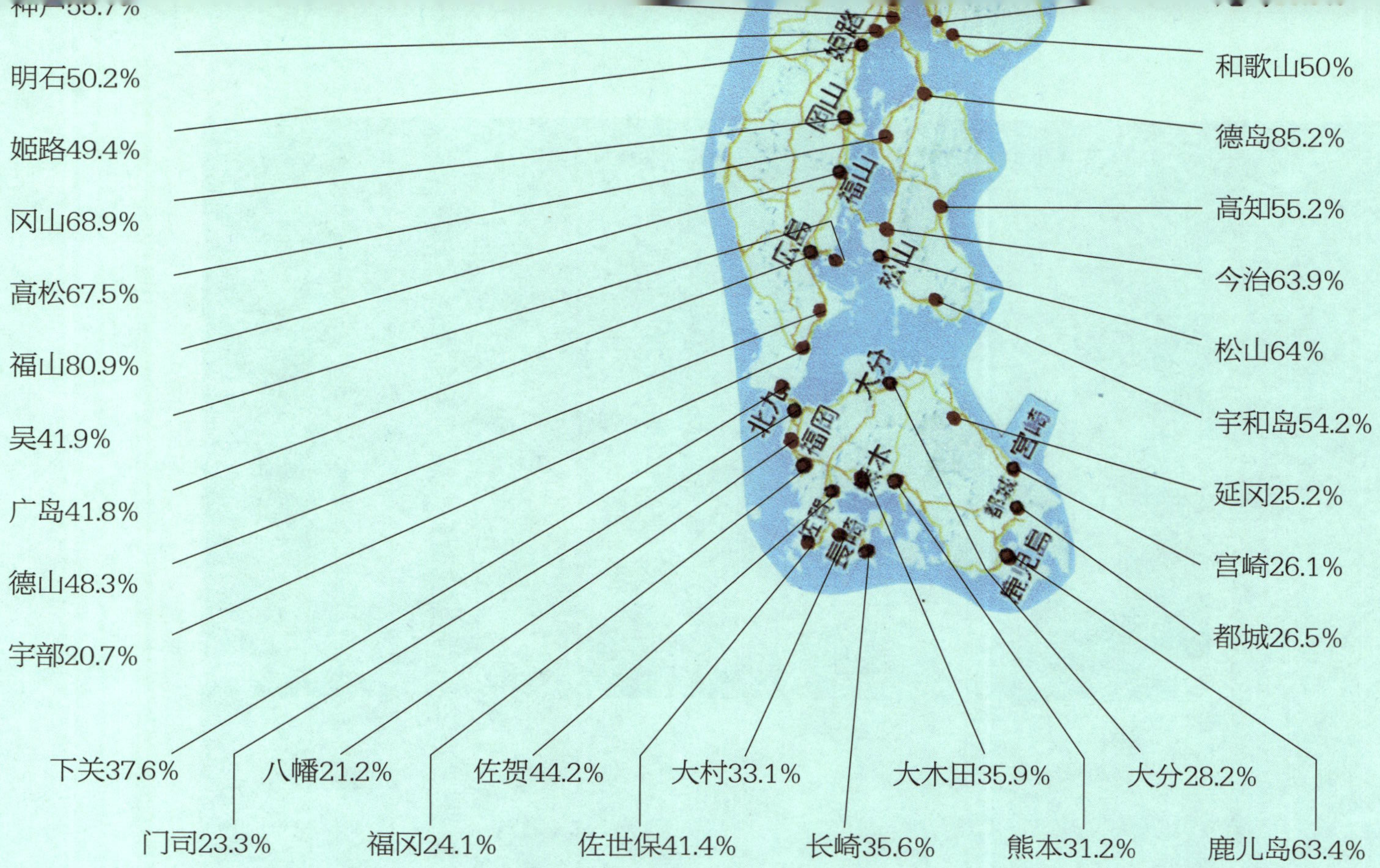

辉煌战绩世界惊 | 这是B-29所轰炸的日本城市，后面的百分数是该座城市被毁程度。

（来源：作者根据有关资料制作）

CHAPTER 2 | 第二章

STRATEGIC BOMBER ——That's a good idea

在1941年12月7日前，美国是“中立的”。

没有人知道美国会在何时、以何种形式被卷入战争，

当然也就未意识到B-29计划的历史意义。

那时，在绝大多数人的心目中，

将美国“拖入”战争的一定会是德国的挑衅。

只有米切尔（或者再加上少部分他的“追随者”）

看到了危机来自日本，而且会在珍珠港，

甚至已经想到了要造远程轰炸机来对付……

宗师论剑

Are We Ready for War with Japan?

我们准备好与日本打仗了吗？

这是1932年1月，美国著名周刊《自由》（*Liberty*）上刊登的一篇爆炸性文章的标题。

在该文中，作者明确指出，日本必将进犯美国，而美国应对的最佳方案之一，就是研制一种可以轰炸日本本土的轰炸机，布署在美国的阿拉斯加（Alaska）或中途岛（Midway）。这种飞机应可在35000英尺高空、飞5000英里（1英里=1.61千米）。美国空军史称：这就是第一次提出、后来称之为B-29的远程战略轰炸机的概念！

此人是谁？居然在二战尚未爆发，在美日还是“贸易伙伴、友

《自由》周刊封面举例 | 该周刊于1924年创刊，在上世纪三、四十年代曾在美国红极一时，至今其旧刊在美国的古董书市仍很畅销。（来源：gono.com）

好国家”的年代，如此具有前瞻眼光，如此露骨地反日呢？

此人不是别人，正是在美国空军史上赫赫有名的米切尔，也就是《航母来了》中描述过的、美国首次轰炸日本本土的、杜立特空袭东京所用的B-25“米切尔”轰炸机所纪念的那个米切尔（William Lendrum “Billy” Mitchell）。

在美国空军的历史上，有两个人最受空军人士推崇。一个是“伟人”，他就是前面提到过的阿诺德，被誉为“美国现代空军之父”。关于他，我们后面还会多次提及。另一个是“圣人”，他就是这里提到的米切尔，被誉为“美国战略空军之父”。他一生都在为美国独立空军、特别是战略空军呐喊，他是一个优秀的飞行员、航空部队的杰出领军人才，论著甚多，代表著有《我们的空军》《大战始末》《空中国防论》《空中之路》等。他的理论，在航空部队中，有众多的追随者，特别是那些年轻军官和航校学员，当然也包括阿诺德、李梅等人。

美国现代空军之父 | 阿诺德（来源：wikipedia.org）

美国战略空军之父 | 米切尔（来源：wikipedia.org）

米切尔1879年12月29日生于法国尼斯（Nice,France，当时他父亲赴欧游学，后回国从政，当上了众议员、1892年又当上了参议员），在美西战争时（1898年）米切尔投笔从戎，年仅19岁的他（通过父亲的关系）就在通信部队当上了一名少尉军官。

那年头，通信兵就是军队中技术性最强的兵种，不仅负责军事通信，后来又兼管起气象业务、照相侦察业务，再后来就派生出了军事航空。军事航空，为什么也会设在通信兵下面？

这说起来也很有趣。虽然翱翔蓝天是人类的千年梦想，虽然美国人莱特兄弟在1903年12月17日就实现了人类首次动力飞行，但当年生活在“世外桃源”的美国人，不仅没有想用它来打仗，而且在当时某些军方掌权者的心目中，飞机的好处也就是送文件比马车快一点而已，但可靠性甚至不如马车。所以，直到1906年5月莱特兄弟拿到飞机专利之后，美国军方仍然对它无动于衷。搞得兄弟俩只好跑到对飞机更感兴趣的欧洲，去推销他们的新鲜玩艺儿。

当然，时任通信兵司令的艾伦（James Allen）却并不那样短视，他预感到了飞机在未来战争中的潜力，他曾这样说：

其他国家都在发展自己的空中舰队，我们美国也应当毫不延迟地发展相应的军事能力。

美国空军之父 | 艾伦 （来源：US Army Photo）

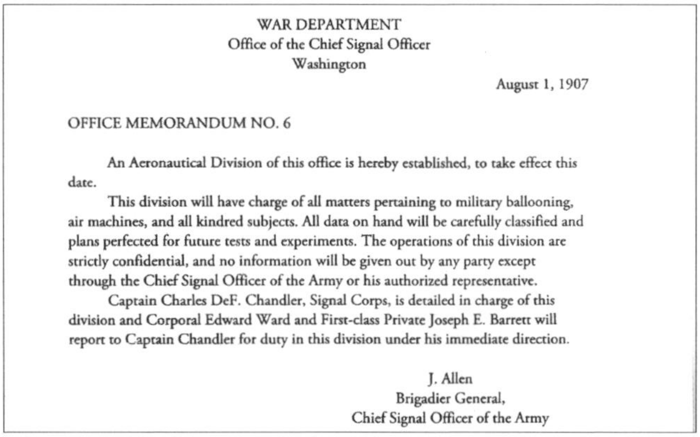

WAR DEPARTMENT
Office of the Chief Signal Officer
Washington

August 1, 1907

OFFICE MEMORANDUM NO. 6

An Aeronautical Division of this office is hereby established, to take effect this date.

This division will have charge of all matters pertaining to military ballooning, air machines, and all kindred subjects. All data on hand will be carefully classified and plans perfected for future tests and experiments. The operations of this division are strictly confidential, and no information will be given out by any party except through the Chief Signal Officer of the Army or his authorized representative.

Captain Charles DeF. Chandler, Signal Corps, is detailed in charge of this division and Corporal Edward Ward and First-class Private Joseph E. Barrett will report to Captain Chandler for duty in this division under his immediate direction.

J. Allen
Brigadier General,
Chief Signal Officer of the Army

通信兵设立航空科的文档 | 艾伦签发 （来源：Air Force Magazine）

而且说干就干，他随即向战争部要求在通信兵名下建一个主管航空的机构。

1907年8月1日，艾伦签发了一份通信兵编制备忘录（Office Memorandum No.6）：决定从即日起成立航空科（Aeronautical Division, US Signal Corps）。该科负责军用气球、航空机器以及所有与之相关的军事业务。从此美国才有了军事航空机构。而他也以“美国空军之父”的誉称而永载史册。

至此，我们已提到美国空军的三位“父亲”，但“父亲”多并不一定受重视，事实上美国空军的路走得是很辛苦的，特别是创建之初，可以说是“白手起家”、“地无一垄、机无一架”，这个“航空科”也不过就是一个科长带着两个士兵。科长叫钱德勒（Charles deForest Chandler），上尉军衔；两个士兵是：下士沃德（Edward Ward）和一等兵巴雷特（Jeseph E. Barrett）。

这位29岁的科长，是个航空气球迷，所以被艾司令相中，要他去研究莱特兄弟发明的新鲜玩艺儿，看它能否在军队派上用场。钱科长作为气球迷，如今又要他去研究开飞机，他当然干劲十足。一上任就抓紧调研。不久，他就上报艾司令要买一架“比空气重的飞行机器”。

但是，买飞机，说起来轻巧，干起来却麻烦。首先遇到的难题就是：钱从哪里来？科长的名字虽然叫“钱得啦”，其实航空科并没有钱。当初通信兵的预算中不可能有买飞机这个科目，而如今新成立的3人小科，凑点办公费、还不算难，想要买飞机的巨款却太不容易了，这可得惊动国会！可是，从国会议员到陆、海军元老们都不积极。艾司令和钱科长左思右想，只好找门路、一起去向总统求情，幸好老罗斯福总统对这个新事物还很支持，决定从总统的应急基金中拨出“几两银子”，去买第一架飞机。

1907年12月23日，艾伦准将亲自签署了《通信兵第486号招标公告》，对外公布了军方要购买的“比空气重的飞行机器”的规格要求。陆军要买飞机，这对美国航空界当然是一大激励，不少人跃跃欲试、竟有41个单位和个人有投标意向。但是只有莱特兄弟还能说出些有亲身体会的“道道”来，当然倍受军方青睐。于是，1908年1月3日，莱特兄弟收到了军方的这份招标公告。

SIGNAL CORPS SPECIFICATION, NO. 486.

ADVERTISEMENT AND SPECIFICATION FOR A HEAVIER-THAN-AIR FLYING MACHINE.

To the Public:

Sealed proposals, in duplicate, will be received at this office until 12 o'clock noon on February 1, 1908, on behalf of the Board of Ordnance and Fortification for furnishing the Signal Corps with a heavier-than-air flying machine. All proposals received will be turned over to the Board of Ordnance and Fortification at its first meeting after February 1 for its official action.

Persons wishing to submit proposals under this specification can obtain the necessary forms and envelopes by application to the Chief Signal Officer, United States Army, War Department, Washington, D. C. The United States reserves the right to reject any and all proposals.

Unless the bidders are also the manufacturers of the flying machine they must state the name and place of the maker.

Preliminary.—This specification covers the construction of a flying machine supported entirely by the dynamic reaction of the atmosphere and having no gas bag.

Acceptance.—The flying machine will be accepted only after a successful trial flight, during which it will comply with all requirements of this specification. No payments on account will be made until after the trial flight and acceptance.

Inspection.—The Government reserves the right to inspect any and all processes of manufacture.

General Requirements.

The general dimensions of the flying machine will be determined by the manufacturer, subject to the following conditions:

1. Bidders must submit with their proposals the following:
   (a) Drawings to scale showing the general dimensions and shape of the flying machine which they propose to build under this specification.
   (b) Statement of the speed for which it is designed.
   (c) Statement of the total surface area of the supporting planes.
   (d) Statement of the total weight.
   (e) Description of the engine which will be used for motive power.
   (f) The material of which the frame, planes, and propellers will be constructed. Plans received will not be shown to other bidders.

2. It is desirable that the flying machine should be designed so that it may be quickly and easily assembled and taken apart and packed for transportation in army wagons. It should be capable of being assembled and put in operating condition in about one hour.

3. The flying machine must be designed to carry two persons having a combined weight of about 350 pounds, also sufficient fuel for a flight of 125 miles.

4. The flying machine should be designed to have a speed of at least forty miles per hour in still air, but bidders must submit quotations in their proposals for cost depending upon the speed attained during the trial flight, according to the following scale:

40 miles per hour, 100 per cent.
39 miles per hour, 90 per cent.
38 miles per hour, 80 per cent.
37 miles per hour, 70 per cent.
36 miles per hour, 60 per cent
Less than 36 miles per hour rejected.
41 miles per hour, 110 per cent.
42 miles per hour, 120 per cent.
43 miles per hour, 130 per cent.
44 miles per hour, 140 per cent.

5. The speed accomplished during the trial flight will be determined by taking an average of the time over a measured course of more than five miles, against and with the wind. The time will be taken by a flying start, passing the starting point at full speed at both ends of the course. This test subject to such additional details as the Chief Signal Officer of the Army may prescribe at the time.

6. Before acceptance a trial endurance flight will be required of at least one hour during which time the flying machine must remain continuously in the air without landing. It shall return to the starting point and land without any damage that would prevent it immediately starting upon another flight. During this trial flight of one hour it must be steered in all directions without difficulty and at all times under perfect control and equilibrium.

7. Three trials will be allowed for speed as provided for in paragraphs 4 and 5. Three trials for endurance as provided for in paragraph 6, and both tests must be completed within a period of thirty days from the date of delivery. The expense of the tests to be borne by the manufacturer. The place of delivery to the Government and trial flights will be at Fort Myer, Virginia.

8. It should be so designed as to ascend in any country which may be encountered in field service. The starting device must be simple and transportable. It should also land in a field without requiring a specially prepared spot and without damaging its structure.

9. It should be provided with some device to permit of a safe descent in case of an accident to the propelling machinery.

10. It should be sufficiently simple in its construction and operation to permit an intelligent man to become proficient in its use within a reasonable length of time.

11. Bidders must furnish evidence that the Government of the United States has the lawful right to use all patented devices or appurtenances which may be a part of the flying machine, and that the manufacturers of the flying machine are authorized to convey the same to the Government. This refers to the unrestricted right to use the flying machine sold to the Government, but does not contemplate the exclusive purchase of patent rights for duplicating the flying machine.

12. Bidders will be required to furnish with their proposal a certified check amounting to ten per cent, of the price stated for the 40-mile speed. Upon making the award for this flying machine these certified checks will be returned to the bidders, and the successful bidder will be required to furnish a bond, according to Army Regulations, of the amount equal to the price stated for the 40-mile speed.

13. The price quoted in proposals must be understood to include the instruction of two men in the handling and operation of this flying machine. No extra charge for this service will be allowed.

14. Bidders must state the time which will be required for delivery after receipt of order.

JAMES ALLEN,
Brigadier General, Chief Signal Officer of the Army.

Signal Office,
Washington, D. C., *December 23, 1907.*

《通信兵第486号招标公告》原件 | 艾伦签发 （来源：美国国会图书馆）

1908年1月27日，莱特兄弟正式投标，表示可在200天内拿出符合招标规格的样机，进行试飞。两周后，2月10日，莱特兄弟收到由艾伦签署的、陆军通信兵的正式订单。

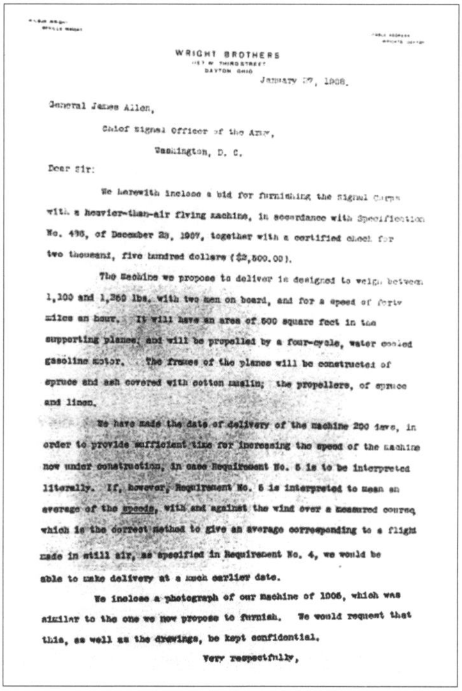

WRIGHT BROTHERS
DAYTON OHIO
January 27, 1908.

General James Allen,
Chief Signal Officer of the Army,
Washington, D. C.

Dear Sir:

We herewith inclose a bid for furnishing the Signal Corps with a heavier-than-air flying machine, in accordance with Specification No. 486, of December 23, 1907, together with a certified check for two thousand, five hundred dollars ($2,500.00).

The machine we propose to deliver is designed to weigh between 1,100 and 1,250 lbs. with two men on board, and for a speed of forty miles an hour. It will have an area of 500 square feet in the supporting planes, and will be propelled by a four-cycle, water cooled gasoline motor. The frames of the planes will be constructed of spruce and ash covered with cotton muslin; the propellers, of spruce and linen.

We have made the date of delivery of the machine 200 days, in order to provide sufficient time for increasing the speed of the machine now under construction, in case Requirement No. 5 is to be interpreted literally. If, however, Requirement No. 5 is interpreted to mean an average of the speeds, with and against the wind over a measured course, which is the correct method to give an average corresponding to a flight made in still air, as specified in Requirement No. 4, we would be able to make delivery at a much earlier date.

We inclose a photograph of our machine of 1905, which was similar to the one we now propose to furnish. We would request that this, as well as the drawings, be kept confidential.

Very respectfully,

莱特兄弟的标书原件　（来源：美国国会图书馆）

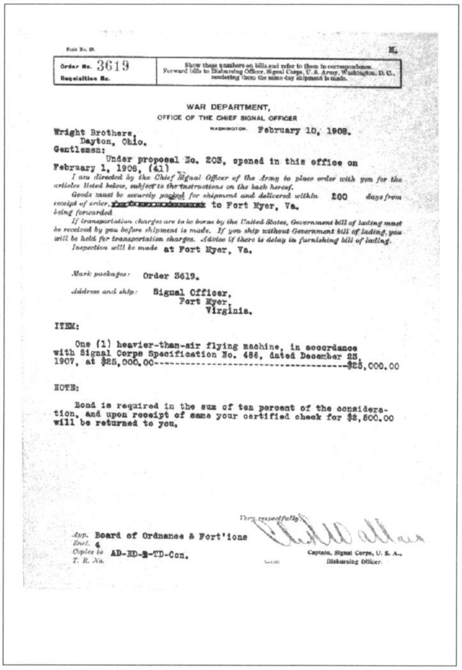

Form No. 29.

Order No. 3619 Requisition No.	Show these numbers on bills and refer to them in correspondence. Forward bills to Disbursing Officer, Signal Corps, U.S. Army, Washington, D. C., rendering them the same day shipment is made.

WAR DEPARTMENT,
OFFICE OF THE CHIEF SIGNAL OFFICER
WASHINGTON. February 10, 1908.

Wright Brothers,
Dayton, Ohio.
Gentlemen:

Under proposal No. 203, opened in this office on February 1, 1908, (41)

I am directed by the Chief Signal Officer of the Army to place order with you for the articles listed below, subject to the instructions on the back hereof.

Goods must be securely packed for shipment and delivered within 200 *days from receipt of order,* ~~XXXXXXXXXXXX~~ to Fort Myer, Va. *being forwarded*

If transportation charges are to be borne by the United States, Government bill of lading must be received by you before shipment is made. If you ship without Government bill of lading, you will be held for transportation charges. Advise if there is delay in furnishing bill of lading.

Inspection will be made at Fort Myer, Va.

Mark packages: Order 3619.

Address and ship: Signal Officer, Fort Myer, Virginia.

ITEM:

One (1) heavier-than-air flying machine, in accordance with Signal Corps Specification No. 486, dated December 23, 1907, at $25,000.00------------------------------$25,000.00

NOTE:

Bond is required in the sum of ten percent of the consideration, and upon receipt of same your certified check for $2,500.00 will be returned to you.

Very respectfully,

App. Board of Ordnance & Fort'ions
Encl. 4
Copies to AD-ED-E-TD-Con.
T. R. No.

Captain, Signal Corps, U. S. A., Disbursing Officer.

陆军通信兵向莱特兄弟买飞机的正式订单原件
（来源：美国国会图书馆）

你知道美军对第一架飞机的基本要求是什么吗？它是：

飞机为双座，除驾驶外可搭载1名乘客，两人合重约350磅（1磅=0.45千克）。时速不小于40英里，飞行距离不少于125英里，续航时间不少于1小时，可自由控制航向，并能飞回起飞地无损伤着陆，可方便拆卸和安装，并能装在军用马车上运输。

基本价25000美元，性能超标可获奖金。200天内研制成功，并需运往迈尔堡作检验飞行一个月，合格后交货、拿钱。

莱特兄弟｜左为弟奥维尔·莱特（Orville Wright，1871年8月19日生）
右为兄威尔伯·莱特（Wilbur Wright，1867年4月16日生）
注意别认错了，有胡子的是弟弟。照片摄与1903年。（来源：wikipedia.org）

1908年9月1日，奥维尔·莱特将他们制成的样机，运到陆军指定的试验场——弗吉尼亚州的迈尔堡（Fort Myer, Virginia也译为迈尔要塞或迈耶堡，离首都华盛顿很近，就在著名的阿灵顿国家公墓旁，是为纪念美国通信兵创始人迈尔Albert J. Myer），进行检验飞行。钱德勒当时不在那里，他5月份就被艾伦派往内布拉斯加州的奥马哈堡筹建通信兵气球站（Signal Corps Balloon Station，Fort Omaha，Nebraska）去了，接待奥维尔·莱特的是代理科长拉姆中尉（Frank P. Lahm, 西点军校毕业，曾随父亲赴法国研习航空气球，并于1906年在法国举行的世界首次热气球比赛中获奖，他终身服务于航空部队，为美军航空先驱之一）。

1908年9月1日奥维尔·莱特将飞机运抵迈尔堡（来源：US Signal Corps）

1908年9月奥维尔·莱特在迈尔堡试飞的情景（来源：US Signal Corps）

那年头，看一眼飞机、欣赏一下它临空飞行的风采所引起的兴奋，远远超过当今观赏航天器升空。因此，每有活动都会引来多人观赏。但初试雏翅的莱特样机，却是“好事多磨”。

从9月3日起奥维尔·莱特单独进行了几天试飞都很成功。于是拉姆决定：开始搭载军官、正式进行检验飞行。第一位随奥维尔·莱特上天的当然就是拉姆，飞行顺利，也使他成了美军第一位坐飞机上天的军官而名留青史（还有个别资料说，他在法国时，就已经搭乘威尔伯·莱特的飞机上过一次天。不管是否属实，总之他都是第一位上天的美军军官）。

9月17日，进行第二次搭载飞行，起飞也还顺利。可是，就在众人全神贯注、欢呼雀跃之际，不幸发生了！

1908年9月18日，《华盛顿邮报》（*Washington Post*）对这一不幸事件做了如下报道：

昨天下午5时许，迈尔堡试飞失事。通信兵中尉塞尔弗里奇（Thomas E. Selfridge,旧金山人，26岁）和航空家奥维尔·莱特重伤。现场约有2500航空爱好者，瞬间由欢呼变为惊叹……事故是由螺旋桨叶片断裂引起。中尉伤重不治于8点10分死于医院，奥维尔·莱特左大腿和三根肋骨骨折、仍留院治疗中……

本来，17日这天是安排海军观察员斯维特（George Sweet）随奥维尔·莱特上机，而塞尔弗里奇则是安排在18日，但因为塞尔弗里奇要于19日赴密苏里州的圣约塞市（St.Joseph，Missori），与弗罗伊斯中尉一起，在博览会上作飞艇表演，故他要求与斯维特互换。这一换，就成了他永远的遗憾，也使他因为是美军第一个因空难殉职的军官而被载入史册，而莱特兄弟为美军研制的第一架样机也寿终正寝。

奥维尔·莱特则在医院住了7个星期，于10月31日出院。

在机毁人亡的打击下，军方并未因此而灰心丧气，同意将合同期限延长至1909年夏天，让莱特兄弟有机会改进设计，再行试飞。

这一折腾又是大半年。

1909年6月3日，在迈尔堡，奥维尔·莱特驾驶经他们改进设计后、为美军研制的第二架样机，在不搭载乘客的情况下，顺利通过试飞。这使军方信心大增，决定选个“黄道吉日”表演一下。

7月27日，这是一个晴朗的夏日，塔夫特总统（Willim H. Toft他于1909年3月4日接老罗斯福总统的班，任美国第27任总统，任期4年）在一些军政要员的陪同下亲临迈尔堡，与把机场围得水泄不通的上万名航空爱好者一起观赏美军第一架飞机试飞。这天，还是由拉姆作为验飞员，再次随奥维尔·莱特飞上兰天，他们在天上飞了 1小时12分38秒，往返飞行约50英里，然后顺利着陆，这创造了双人飞行的世界纪录！令全场欢声雷动。

7月30日，再由弗罗伊斯中尉（Benjamin D. Foulois，也是航空气球迷，未来的陆军航空兵司令）验飞，又一次刷新了双人飞行的世界纪录：时速达到42.583英里，留空时间超过3个小时。皆大欢喜，性能超过了美军所定的指标。至此，两位验飞员都在验飞记录上签了“OK!”

8月2日，航空科正式认可这架莱特兄弟为其制造的飞机。并按照合同，付给莱特兄弟2.5万美元研制费，外加5000美元“性能超标”奖金。

这种飞机当然不能用来打仗，只能用来学习飞行或者尝尝飞行的滋味。但是，美军总算有了第一架飞机（也是随后两年中美军唯一的飞机，历史上称这种机型为“莱特A型双翼机”），该机被美国军方命名为“通信兵飞机1号”（Signal Corps Airplane No.1，简写为SC No.1）。其技术指标如下：

机长：29英尺2英寸（1英尺=30.48厘米，1英寸=2.54厘米）

机高：8英尺2英寸

翼展：36英尺8英寸

空载重：735磅

发动机：莱特4缸30.6马力

时速：42英里

乘员：2人

这个“宝贝”，如今陈列在美国首都华盛顿的国家航空航天博物馆，供人参观。

通信兵飞机1号 | 陈列于美国首都华盛顿的国家航空航天博物馆 （来源：National Air and Space Museum）

学院公园航空博物馆 | 这是在马里兰州学院公园市机场内、当年通信兵创立的美军第一所航校所在地开设的博物馆，展示着当年的点点滴滴。 （来源：作者摄于当地）

有了飞机，要干的事也多起来，航空科的编制也扩展成27人，还培训了3名飞行员，但并未编组正式的飞行单位。

接下来5年，美军也没有在军用飞机研制上投入多少资金，与欧洲相比，仅为德国同期投入的1/50，法国的1/45和俄国的1/28。其间干的“最大的”事，就是1911年在马里兰州的学院公园城办了美军的第一所航校（Army Signal Corps Aviation School, College Park, MD），并经国会“恩准”增购5架飞机（莱特兄弟公司2架、寇蒂斯公司2架、伯吉斯公司1架），钱德勒也调到航校当校长，小打小闹地开始培训“种子”驾驶员。

【旁白：论事实，钱德勒应算是“美军航空第一人”。你看，他干了不少美军航空的“第一”，当了第一任航空科长、经手为美军买了第一架飞机，创办了美军第一所航校，提拔了第一批军事航空人员……。但是，美国空军史家却未对他多着笔墨，有关他的事迹分散而缺乏综述，不知为何？】

在这段时期，别看军队不忙，在美国民间，却忙得不亦乐乎。忙什么？不是忙着造飞机，而是忙着打官司。是莱特兄弟同其他飞机制造商（例如寇蒂斯公司）大打专利官司，弄得大家都放不开手脚干。在这样的军、民形势下，结果必然是进展迟缓。这致使航空科“惨淡经营”了7年。到1913年，累计只有25架飞机和114名工作人员。

1914年6月28日，奥匈帝国皇太子斐迪南大公夫妇遇刺（史称“萨拉热窝事件”），眼看欧洲就要打起来了。

1914年7月18日，美军才把航空机构由“科”级升为“处”级，即“陆军通信兵航空处”（Aviation Section, US Signal Corps），编制也稍大了一点，增至122人。

10天以后，第一次世界大战爆发，欧洲战场上飞机崭露头角。美军手中却连一架可上战场的国产战机也没有，当然更没有一支可以参战的航空部队！你说寒酸不寒酸？这时，美国人有些急了。一方面立即让航空处招兵买马、筹建部队；另一方面由政府出面让打官司的制造商们合解，齐心合力造飞机。但远水解不了近渴，一时半会儿也造不出来。当前怎么办？只好向法国、英国去买。

又过了三年，“中立”的美国决定赤膊上阵。1917年4月派潘兴（John J. Pershing，打完“一战”后他就被封为美国唯一的“合众国特级上将”了）率远征军赴欧参战。这时，上前线一看，人家欧洲的天空，已经十分热闹了。法国人早在1915年就已把机枪搬上了飞机，德国人更是发明了同步射击装置，让子弹射出时不会打着自己的螺旋桨。而用飞机侦察和引导炮兵射击更已是家常便饭。再看看自己的陆军通信兵航空处却仍然十分寒酸：属下不过3个航空中队（即第1、第2和第3航空中队）。掐指一算整个航空处也不过千把人（准确数是1218人，其中65名现役军官、66名后备役军官和1087名士兵）；飞机也只有280架，而且全部是教练机，只能作些辅助勤务，仍然是连一架作战飞机也没有；驾驶员更少，正式驾驶员36名，见习驾驶员也只有51名。

这回美国人真的紧张了，必须奋起直追！一方面赶快造飞机、买飞机；另一方面抓紧培训人员，决定立即开办14所航校、组建航空部队。于是，呈现一幅“大跃进”的局面，从宣布参战到当年年底，几个月时间，中队番号已经排到了“第819中队”（当然，并非都是飞行中队，还包括地勤中队和从事建设的工兵中队）。但是，这样“临时抱佛脚”拉起来的队伍，数量好办，质量却差强人意。航空兵不像步兵，是要飞上天去打仗的，可不能凑数。因此，只有少部分合格的能陆续派往前线。大部份都还在接受突击培训之中。到1918年5月，威尔逊总统（Thomas W. Wilson，美国第28届总统）急了，决心大抓航空。军队方面，立即改组。

1918年5月20日，威尔逊下令，航空部队从通信兵分出来，撤销陆军通信兵航空处，成立直属的陆军航空部队。一开始，脑子一热，取了个“一步登天”的大名：“战争部军事航空部”（Division of Military Aeronautics, Secretary of War）。过了几天，冷静一想，还是低调点好。又于5月24日，改名为“陆军航空勤务队”（Army Air Service），任命肯利准将（William L. Kenly）为首任队长。

但是，即使在这时，那些在前线拚杀的空中勇士们用的也还是人家英国和法国生产的战斗机。这可不行！美国人决心加油干，立即成立“飞机生产委员会”，大批量仿制、研制军用飞机。于是，美军航空兵力呈爆炸式成长。到1918年11月，一战结束时，陆军航空勤务队已发展到19.5万人，空、地勤中队加起来有1111个，飞机7900架，当然良莠不齐。

战后又进行复员、精兵、缩编。到1926年，官兵缩减到只剩9674人。但既然经受了一战的洗礼，又经过8年的磨练，陆军认为航空部队虽然人数不多，但更加成熟，已经可以成为一个独立的兵种了。

1926年7月2日，将“陆军空勤队”改名为“陆军航空兵”（Army Air Corps），帕特里克准将（Mason M. Patrick）为首任司令。到1938年，12年奋斗下来，人员增至2万多人，司令三易其人，这是后话，美国航空部队的发展就先简单地插叙至此。

下面，书归正传，接着谈米切尔。

美西战争后，从菲律宾回国的米切尔，成了通信兵中尉，接着就投身于创设跨越阿拉斯加的电报线路的巨大工程中。

1903年，当他从阿拉斯加回来时，又变成了陆军中最年轻的上尉。就在那一年，飞机问世了，而后通信兵又成立了航空科、买了飞机。身为通信兵的一员、又关心新事物的米切尔，哪能无动于衷呢。只不过那段时期他顾不上，因为他正在深造，先是在读野战学校，毕业后又因成绩优异，直接保送进了参谋学院。

1912年，他又成了陆军最高军事领导机关——陆军参谋部最年轻的参谋，而且逐渐成了力主强化军用航空的核心人物。

1915年5月，他从陆军参谋部调到通信兵航空处任副处长，并晋升为少校。次年，他又去寇蒂斯公司办的航校学会了飞行。就这样，开始了他作为美国航空部队干将的不平凡生涯。“一战”中，1917年3月米切尔中校被派到西班牙。

1917年4月6日美国对德宣战后，他奉命前往巴黎，成了第一位与法军一起对德作战的美国现役军官。他在那里开设了美国陆军通信兵航空处驻法办事处，并与英、法空军广泛接触、研究空战经验和战术。潘兴抵法后，对空战十分重视，将他提升为上校，负责领导赴欧远征军的航空部队。在“一战”中，他的领导才能得到充分发挥，领导美国和盟军的空军打了多次空战，可以说已经是美国航空部队领导中作战经验最丰富的人，也使他成了一位年轻的准将。

战后，从前线凯旋归来的米切尔，等待他的并不是陆军航空勤务队队长的头衔，而是给不懂飞行的航空勤务队队长梅诺尔少将（Charles T. Menoher，西点军校毕业、炮兵出身）当副手，负责作战训练工作。

在随后的（和平）年代中，他发展和鼓吹着他的战略空军、空军致胜的理论，做了许多令追随者们钦佩、使首脑们头痛、让传媒界哗然的大事，在军中度过了一段成果显著、路途坎坷的岁月。

事实上，米切尔终其一生都未担任过（他的追随者们认为他应该担任的）美国航空部队的第一把手，反而是由于其思维前瞻、行动大胆、敢说敢干却又桀骜不驯一直受到保守的陆、海军首脑们的打压，直到十年后因“冒犯领导”而被定罪，并于1926年2月被迫“辞职”退役。也就在那年的7月，陆军航空勤务队又正式升格为兵种，成了“陆军航空兵”（Army Air Corps）。

10年后（1936年2月19日）,年仅56岁的他积郁而终。正是：

壮志未酬身先死，留待后人评千秋。

从而，他也被感叹为“美国空军的殉道者”。当美国空军成长壮大后才为他正名，称其为“站在斗争最前列的、最有名望、最杰出的近代军事家之一”。

1946年8月8日，美国国会追授他一枚金质奖章（U. S. Congress Gold Medal，这是美国国会的最高奖章，第一枚是授给美国国父华盛顿的），在随后的年代又不断为他“补”上一系列荣誉。只可惜，斯人已逝，令人感叹！但其中有两件在此特别值得提及：一件是，把B-25命名为“米切尔”轰炸机，用这种“空前绝后”的方式来为他“树碑立传”（因为这是迄今为止美国军用飞机中唯一一种用人名命名的机型），而且鬼使神差又正好被选中用它去首次轰炸日本本土；另一件是，把第468轰炸机大队命名为“米切尔大队”（The GeneralBilly Mitchell Group），而该大队则是专为用B-29轰炸日本而建立的第20航空队第58轰炸机联队的主力大队之一（关于它，后面将会详述，这正是本书的主题）。这也算是对米切尔这位抗日志士的最大安慰吧。

米切尔发表这篇抗日的“旷世奇文”时，已退役6年，但他的心仍在军中，他时刻都在关注着美国军事航空战略和技术的发展，也时刻都在警惕着日本军国主义的狼子野心。此文就是一例。

其实，对于日本军国主义者的狼子野心，米切尔是美国将领中看得最透彻的人。早在1924年他就曾警告：日本会偷袭珍珠港！这种惊人的前瞻性无人能及。

【旁白：20世纪两次世界大战都是突发的，没有“半仙”掐指“算”出，也没有“水晶球”预先显示。在1941年12月7日前，美国是“中立的”，无论在华盛顿或是西雅图、乃至全美各地，没有人知道美国会在何时、以何种形式被卷入战争，当然也就未意识到B-29计划的历史意义。那时，在绝大多数人的心目中，将美国“拖入”战争的一定会是德国的挑衅。只有米切尔（或者再加上少部分他的“追随者”）看到了危机来自日本，而且会在珍珠港，甚至已经想到了要造远程轰炸机来对付。然而，却被认为是少数人的“异想天开”。如今我们所处的这个世纪又会怎么样呢……】

1931年日寇发动“九一八事变”，并进而侵占我国东三省。这使米切尔感到必须向美国军方大声疾呼了，于是就写了该文。而这时他虽然已被迫离队，但在美国航空部队中，他当年的那些战略空军理论的追随者们，大多已经从尉官升成校官、甚至将军了，也就是说处在有权推行政策的岗位上、可以推行没有米切尔的“米切尔路线”了。

其中，就有身居陆军航空兵装备部长的普拉特准将（HenryConger Pratt, head of the Air Corps Materiel Division），他决心发展米切尔文中提出的远程战略轰炸机。

1933年7月，一份由陆军航空兵装备部工程师拟订的可行性报告正式出炉，它被命名为“A计划”（Project A，请注意：用“A”这个字母，暗示该计划制订者的用意就是首要的、摆在第一位的计划）。在该计划中，勾画了一幅清晰的蓝图，这种飞机将能载1吨炸弹、以大于每小时200英里的时速飞行5000英里，将被布署在巴拿马、阿拉斯加和夏威夷这些美国在西半球的前哨。美空军史称这就是米切尔设想的、最终形成B–29的概念的初步具体化。

虽然，战争部在海军部的怂恿下对这一革命性的新飞机计划态度消极，因为他们都不相信米切尔的理论。但是，陆军航空兵司令弗洛伊斯少将（Benjamin D. Fouois，Chief of Air Corps，1931年12月–1935年12月任陆军航空兵司令）及其前任费切特少将（James E. Fechet，1927年12月–1931年12月任陆军航空兵司令）和陆军参谋长麦克阿瑟（Douglas MacArthur，1930年10月至1935年10月任陆军参谋长，他当时以少将之身勇担四星上将之职，为美军历史上仅有）却热情支持。

麦克阿瑟 （来源：blogspot.com）

普拉特（右）和他的支持者 | 左为弗洛伊斯，中为费切特，此照片摄于1931年。 （来源：fold3.com）

1934年4月14日，陆军参谋部批准了这一计划。普拉特随即决定秘密向厂商招标，并从应标的公司里选中两个，它们是：

在华盛顿州西雅图市的波音公司（Boeing Aircraft Compauy，Seattle，Washington）；

在马里兰州巴尔的摩市的马丁公司（Glenn L. Martin Company，Baltimore，Maryland）。

为什么会选中它们？

那是因为：波音公司已研制过世界上第一种双引擎单翼全金属轰炸机——B-9轰炸机，该机于1931年4月13日首飞。军方认为那是一种革命性的设计，其性能优于当年的大多数战斗机。它有两个型号："214型"（Model 214，实验样机名为Y1B-9）和"215型"（Model 215，实验样机名为XB-901，YB-9），两者结构相同、仅发动机不同。它们均仅被军方试用，并未正式装备部队。然而，波音也未就此罢手，而是在其基础上，扩大机身、修改机型，大刀阔斧地改造一番，就成了波音的一种双引擎民航客机，名叫“波音247型客机”，研制型号为“247型”（Model 247）。使之除驾驶、副驾驶外，还可搭载一名空姐和10位乘客，于1933年2月首飞。它也可算是波音现代客机的“祖宗”。

马丁公司则为陆军航空兵研制了B-10轰炸机，它同样是双引擎单翼全金属轰炸机，该机于1932年2月16日首飞。后来发展成B-10/B-12/B-14系列（其差别主要是所用引擎不同）。一度成为当时世界最好的轰炸机，装备过美国陆军航空兵和一些外国空军，包括中华民国空军。

【链接：这里要介绍一件名垂青史的事。中国空军健儿正是驾驶B-10轰炸机，创下最先空袭日本本土的奇迹！概况如下：

1936年当时的中国曾进口了9架马丁139WC型（它是B-10B的外销型号）。为了打击日寇嚣张气焰，中国航空委员会秘密制定了一个轰炸日本本土的《空军对敌国内地袭击计划》。该计划根据当时的敌我形势和我方条件几经修订。

最后，于1938年5月20凌晨，由蒋介石座机驾驶徐焕升上尉，率领“特别轰炸中队”（亦称“神鹰部队”）的两架B-10B轰炸机，飞赴日本九州岛，投掷“人道炸弹”（传单），事后全身而退、凯旋归来。这一壮举，彰显了中国人民的抗战意志，警告了日本军国主义，提醒了日本国民，粉碎了日本本土“固若金汤”的谎言。这是先于杜立特的对日本本土的第一次空袭，也是中美联手（中国勇士驾美国战机）抗日的一段佳话。】

正是这个“A计划”，掀开了波音公司研制大型轰炸机的序幕，开始了奋战B-29的十年长征。欲知后事如何，请看下章分解。

波音公司Y1B-9 | 外号“飞行铅笔”，你看像不像？（来源：wikipedia.org）

马丁公司B-10B | 基本性能：长13.6米，高4.7米，翼展21.5米，翼面积63平方米，空载重4391千克，加载重6680千克，最大起飞载重7440千克，最大航速343千米/小时，巡航速度311千米/小时，航程1996千米，实用升限7380米，乘员4人。（来源：wikipedia.org）

CHAPTER 3 | 第三章

TEN YEARS
——How the B-29 was born

从1934年军方下达

4引擎远程轰炸机的朦胧构想和波音公司开始预研算起，

直到1944年正式出厂、装备部队、杀向东瀛，

美国陆军航空队整整等了十年，

才盼到了朝思暮想的B-29。

真是“十年磨一剑”……

十年磨剑

The B-29's history is important in more than just military terms.
It was also a major episode in the ongoing story of how
Americans experience rapid changes in technology and industry.
B-29之所以彪炳史册，绝非仅从军事角度，
其重要性还在于它推动了美国快速地技术创新和工业转型。

波音创业 王助创新

下面就让我们来看看美国人如何在“十年磨一剑”中高速创新、转型的壮观场景。

1934年5月12日，普拉特正式授权两个公司进行预研。

两天后，波音公司总裁艾吉维特（Clairmont L. Egtvedt，他是1917年6月就加入波音公司的“创业元勋”之一，1933年8月2日升任波音飞机公司总裁）和马丁公司总裁杜森（C. A. Van Dusen）来到位于俄亥俄州代顿市莱特基地（Wright Field，Dayton，Ohio）的陆军航空兵装备部办公室。由普拉特的助手哈蒙上校（Leonard Harmon）向他们仔细介绍了“A计划”，并要他们一个月后拿出各自的初步方案。军方按照轰炸机的命名法，将两者实验样机定名为：

波音的为XB-15；马丁的则为XB-16。

1934年6月14日，两个公司交卷。两份方案并排放在普拉特将军的办公桌上：

波音公司的方案为：“波音294型”（Boeing Model 294）

马丁公司的方案为：“马丁145型”（Martin Model 145）

经过对比研究，普拉特将军选中了波音的方案。于是年方41岁、刚当上波音总裁一年的艾吉维特得到一份厚礼。

1934年6月28日，他与陆军航空兵装备部签订了一个XB-15的预研合同，内容要求提供设计数据、建造一架与实物一样大小的木制模型和进行风洞试验。兴高采烈的艾总回到公司后，就指定工程师基斯特拉（Jack Kylstra）领导一个小组立即展开研制工作。

从此，波音公司正式开始了研制战略轰炸机的长征。这时的艾总踌躇满志，决心借此东风攻下大飞机的技术关，进而实现他的梦想：把西雅图的波音工厂打造成开发4引擎飞机的世界中心。

波音公司既然成了本书主角B-29的制造商，就有必要介绍一下它的诞生情况。

它的创始人波音1881年10月1日出生于密歇根州底特律市（Detroit，Michigan），全名为威廉·爱德华·波音（William EdwardBoeing，因William的昵称为Bill，故亦称为比尔·波音。为了在讲述中不把波音这个人与波音公司混淆，下文一律用“比尔”讲人，用“波音”讲公司）。

比尔出身于德裔木材富商，但8岁丧父、母亲改嫁，虽然生活富裕，但少年的他基本上是在寄宿学校长大。1900年进入耶鲁大学，1903年缀学、离开东部与友人去华盛顿州西雅图市（Seattle，Washington）重操父亲旧业，经营木材致富、成为当地名流。但他后来却对新兴的航空业着了迷，终于缔造了举世闻名的波音公司。

这里提到的波音工厂（Boeing Plant）则是波音公司的“老家”，位于西雅图市郊的杜瓦米夕河畔（Duwamish River）。那里原来是一个名叫希思的人（Edward Heath）开办的造船厂，后因破产，于1910年3月10日，以10美元的象征性价格卖给了比尔，条件是承接其全部债务。买了船厂、又爱飞机，你猜比尔想干什么呢？当然是水上飞机！所以，他去马丁公司的航校学习飞行，又买了一架马丁“TA型”水上飞机，并在西雅图的联合湖（LakeUnion，Seattle）边建了一间机库。但他并不满足于拥有别人造的飞机，他的理想是自己造飞机、建立一个属于自己的飞行“王国”。

正好，他又有一个志同道合的朋友，此人名叫韦斯特维尔特（George Conrad Westervelt，下文简称“韦氏”），比他大两岁。韦氏1903年从美国海军学院（US Naval Academy）毕业，1909年又以海军研究生院（Naval Postgraduate School）学员的身份被派往麻省理工学院（Massachusetts Institute of Technology，简写为MIT）攻读船舶工程（Naval Construction and Engineering Course）硕士。在那里他结识了海军派去的另一位硕士生。此人名为亨萨克尔（Jerome C. Hunsaker），论资排辈亨萨克尔还应算是韦氏的学弟，亨萨克尔是1908年从美国海军学院毕业，毕业后在加利福尼亚号巡洋舰（USS California ACR-6）上服役一年后，也于1909年被派往MIT攻读船舶工程硕士。

亨萨克尔堪称MIT的“头号”航空迷，课堂上学的是船舶，课下钻研的却是航空，并积极参与了该校航空技术俱乐部的筹建。在他的影响下，韦氏也爱上了航空，韦氏虽然比亨萨克尔年长，但在航空科技上亨萨克尔却是“能者为师”。毕业后韦氏被海军派到西雅图监造潜艇。而亨萨克尔则留校继续攻读博士、研究

比尔·波音 | 波音公司创始人 （来源：Boeing Archives）

艾吉维特 | 波音公司首任总裁 （来源：wahf.org）

空气动力学，并兼任讲师。进而成为MIT航空工业专业的奠基者和学术带头人。1913年亨萨克尔专门去欧洲考察了半年航空实验室和风洞。回美后，1914年，亨萨克尔率先在麻省理工学院开设了全美第一门航空工程课程，为MIT创办了空气动力实验室，还在其助教道格拉斯（Donald W. Douglas）的协助下为MIT建造了全美第一个现代风洞。他1916年拿到博士学位，离开MIT在外工作十几年后，1933年又回到MIT担任机械工程系主任，在该系创建了航空工程专业。该专业于1939年分出，成为航空工程系，使MIT成为培养美国、乃至世界航空航天精英的摇篮。其中也包括中国的导弹之父钱学森。

道格拉斯也是一个航空迷，而且也可算是韦氏与亨萨克尔的学弟，他于1909至1912年也在美国海军学院学了三年，而后又转入MIT，只用了两年就修完四年的课程。1914年5月毕业后，留校给亨萨克尔当了一年助手，1915年8月由亨萨克尔介绍去马丁公司当总工程师，1920年7月离开马丁公司，与戴维斯（David R. Davis）在加州圣塔·莫尼卡（Santa Monica,CA）成立戴维斯–道格拉斯公司。1921年2月他买下戴维斯的全部股份，将公司改名为道格拉斯飞机公司（Douglas Aircraft Company）。

韦氏到西雅图后，与比尔在俱乐部相识，由于两人都对航空有兴趣，因而成为好友。还一同搭乘过别人驾驶的飞机，只不过是趴在翅膀上、而不是坐在驾驶舱。

当比尔提出要自己造更好的水上飞机时，韦氏热情支持。

1916年1月，他们就参照比尔买的那架马丁“TA型”水上飞机，开始组装自己的水上飞机了。他们请了工人在比尔的联合湖旁的机库中制作机身，又把那个卖船厂给比尔的希思聘请回来在船厂指导制作水上飞机的浮筒。经过半年努力飞机终于制成。

1916年6月15日，他们的第一架单引擎双翼双座水上飞机，由比尔亲自驾驶、在联合湖上进行了首飞，一举成功！

志同道合 | 韦斯特维尔特（右）、亨萨克尔（左上）和道格拉斯（左下）三人学历相似、志向相同，风云际会、均获成功，都成了美国航空工业的先驱。巧，实在是巧！谁还能从科技史上再找出同样的事例呢？图中就是亨萨克尔与道格拉斯合作的风洞 。（来源：MIT Archives）

他们兴奋地给这架飞机取了一个亲切的名字：“蓝色比尔”（Bluebill），来纪念比尔第一次驾驶自己造的飞机翱翔蓝天。而型号则用两人姓氏的第一个字母命名为：“B&W型”水上飞机。

接着他们又造了一架，也于当年11月试飞成功，取名“绿头鸭”（Mallard）。本来，他们想把这两架飞机推销给美国海军，可惜海军没有看上。

既然如此，那就罢手？不！他们要继续干！因为他们相信：一定能造出好用、能销的飞机来，这就是勇于创新者的执着！

为此，他们商定：办个公司，继续造飞机。1916年7月15日，两人就在比尔的船厂创办了他们的飞机公司（注册资本10万美元），取名“太平洋航空产品公司”（Pacific Aero Products Co.）。

后来，韦氏因奉调去东岸费城经管海军飞机厂（Naval Aircarft Factory, Philadelphia），只得退出公司。比尔随后于1917年5月9日将公司更名为“波音飞机公司”（Boeing Airplane Co.）。

由于公司设在一间墙壁为赭红色的、全木结构的库房中，故外号人称“红仓库”（Red Barn）。在波音初创的十几年中，这里一直是波音公司的“家”。所以，深受航空制造业人士仰慕，成了西雅图的一处名胜。

2003年该建筑被美国航空航天学会定为“国家航空遗址”。有趣的是，虽然叫“遗址”，但着眼点不是“址”，而是“仓”。因为，当定为“遗址”时，“仓”早已搬家，从杜瓦米夕河畔的老家，搬到了波音机场旁的新址，成了波音的飞行博物馆（Museum of Flight，是美国最大的民间航空博物馆，位于西雅图的波音机场西南端）的一部份。请看下面的图，便知分晓。

波音公司的头一炮是怎样打响的呢？

这就说起来话长，更引出一段佳话。那就是：波音公司的第一位总工程师是一位华人，正是他为波音公司设计了第一个正式产品，而且正是这个产品为波音挣到了第一桶金。从此，波音公司才一路发展下来，成为当今世界航空航天业的霸主。

此人名叫王助（英文名为Wong Tsu），1893年8月10日生于北京，原籍河北省南宫县。12岁小学毕业，王助进入清政府办的烟台水师学堂（1903年设立，培养初级海军骨干。北洋时期改称海军学堂，民国时改称海军学校。据史料载，著名作家冰心的父亲谢葆璋是该校第一任校长）。

1909年，他作为海军首批派往英国的留学生，在英国的阿姆斯特朗理工学院船舶工程专业学习（Naval Architecture and Mechanical Engineering, Armstrong Technical College）。

"红仓库"的今与昔 彩图为设在西雅图飞行博物馆旁的"红仓库"展览馆，它是把波音公司初创时的原建筑（上图），于1975年从原址用船整体搬运过来的（中图），全程约3.2千米。你看，下了多大功夫！

（来源：Boeing Archives）

波音厂鸟瞰图 | 圆圈中为“红仓库”原址，左下角为其移至飞行博物馆后的形象。

（来源：google.com）

毕业后，他于1915年又被派往美国学习航空。到美国后他先去纽约州水牛城寇蒂斯公司的航校（Flying Boat School of the Curitiss Co., Buffalo, NY）学习飞行，而后进入麻省理工学院攻读硕士。真是“无巧不成书”，这时正值亨萨克尔在MIT开设新的航空工程专业课程，王助就拜在他的门下。

1916年6月，王助从MIT毕业。随后，他去了纽约。

为什么？因为要见一个人。

谁？韦斯特维尔特！

当时，韦氏已确定要调往东部，比尔请他代为寻找航空工程师，韦氏则向亨萨克尔求援。亨萨克尔就把他的得意门生王助推荐出去。他在给韦氏的信中写道：“王助是个优秀人才，他正准备在美工作两年，以便有机会实践他在飞机设计和制造上的能力。”韦氏那时正好去怀俄明战列舰（USS Wyoming BB-32）出差，该舰泊在纽约港。因此韦氏约王助在纽约见面。两个“师出同门”的人相见（都是海军军官学校出身，只不过韦氏是从美国海军，王助是从中国海军。最终又都是从MIT、从亨萨克尔这个门坎走出来的），他们之间因为有太多的共同语言，所以一拍即合。“王”答应立即去西雅图“助”波音干，于是波音就有了王助！

【注：这里要说明一下，当王助来到西雅图时，公司还叫太平洋航空制品公司，几个月后才改为波音，但为方便计，我们就都直呼波音了，以免造成是两个公司的误解。】

你想，那年头，是航空工业的初创期，有几个科班出身的航空工程技术人员？凤毛麟角！有王助这样出自名校的高才生来帮助波音，比尔无比高兴。于是，立即封为工程师；啊，不，主任工程师；唉，干脆一步到位：总工程师！

其实，当时的波音，可不像现如今这么神气：产品以千计、人员以万计、资金以亿计，而是产品为零、利润为负（只有投入，没有产出，造了一架飞机也还未卖出），正式员工满打满算只有28人。正经八百的航空工程师嘛，走了个韦氏，来了个王助，如此而已。所以，书刊和网上，对王助有这样三种不同的“封号”。实际上怎么叫都是一样，反正技术上无人能出其右，必然由他抓总（据查，王助自己写的履历中是“总工程师”，故本书以此为准）。当然，也得有两个前提：

其一是，比尔的信任。这在“白人至上”、排华风盛的当年，比尔能慧眼识珠，这是难能可贵的；

其二是，王助的能力。他真正扛起了这个重担，不但设计和制造出了飞机，而且马上就被美国海军看中，为默默无闻的波音闯出了名号，也为华人争了光。让波音和世界航空界念念不忘！

请看，下页那份杂志版面：这是90年后，波音公司发行的刊物《挑战》2006年12月号刊登的纪念王助专文，醒目的标题是：

The 1st…and the Best

（第一而且最好）

这就是今天的波音人对王助的评价！

【旁白：请注意，不仅仅说他是第一位，而且赞扬他是最好的！这才是最不容易的！】

事实正是样，王助没有辜负比尔对他的信任。被任命为波音的第一位总工程

Above: Bronze plaque of Wong Tsu, Courtesy Museum of Flight

Chinese-born Wong Tsu was The Boeing Company's first engineer and helped put the company on a sound footing.

The 1ST ...and the Best

By Eve Dumovich

A fledgling Boeing Airplane Company got an industry footing in the early 1900s, due largely to the creative talents of its first engineer – a Chinese graduate of the Massachusetts Institute of Technology.

Wong Tsu, born in Beijing, in 1893, designed Boeing's first mass-produced product – the Model C training seaplane. The airplane went on to become Boeing's first financial success. He also introduced aviation innovations on two continents, and set the stage for Boeing China today. Wong was dedicated to advancing aeronautical science as both an inventor and as an ambassador.

Wong was only 12 years old when he was selected for the Manchu government's Yang-Tai naval academy. Four years later he was one of the first Chinese naval cadets sent to England, where he earned a bachelor's degree in naval architecture and mechanical engineering from Armstrong Technical College. The Chinese government then sent him to the United States and the Massachusetts Institute of Technology to study the new science of aviation.

The MIT aeronautical engineering program was the first in the country, started in 1914 by Jerome Hunsaker, helped by graduate student Donald Douglas. Its first students also included Navy engineer George Conrad Westervelt, who in 1915 was in Seattle with William Boeing designing the first Boeing plane – the B & W.

Westervelt was stationed back east before it was finished and Boeing formed Pacific Aero Products. He asked Hunsaker to recommend a skilled aviation engineer, and Hunsaker recommended Wong.

"[Wong] is a good man," Hunsaker wrote. "Intends to spend two more years working in this country and wants a chance on aeroplane design and construction."

Wong meets Westervelt

Wong graduated from MIT in June 1916 and had learned to fly at the Flying Boat School of the Curtiss Co., Buffalo, N.Y. He talked to Westervelt, now aboard the USS *Wyoming* in New York harbor, and then headed to Seattle to work on the Model C, using data from the MIT wind tunnel and research from Gustav Eiffel.

Wong was able to test his theories in the air. According to a Seattle newspaper of the time, William Boeing allowed his em-

第一而且最好｜这是波音公司发行的刊物《挑战》2006年12月号刊登的纪念王助专文　（来源：boeing.com）

师后，他亲自设计并带领大家日夜奋战，很快就研制出了波音的第一代产品：波音“C型”（Model C）水上飞机。

1916年11月15日，“C型”样机由波音的试飞员孟特（Herb Munter）在联合湖上空进行了首飞。发现舵较小、不够稳定。

1917年4月6日，美国对德宣战，一战达到高潮。

4月9日，波音“C型”样机在换了新舵、并改进稳定性能后，由孟特再次试飞成功，引起美国海军关注。

海军部长丹尼尔斯（Josephus Daniels）向波音提出要求：尽快在“C型”样机的基础上，为海军制造一款双座水上教练机，送交海军检验，合格后即可订货。

为了适应海军提出的要求，在经过半年改进后，波音又研制出了两架定型样机。它是一种双浮筒的双翼双座海军用水上教练机，两个座位为前后座。该机长8.23米，高3.84米，翼展13.36米，翼面积45.99平方米，空载空量861千克，满载重量1086千克，动力为一台霍尔–斯科特发动机（Hall–Scott A–7A），功率为74.6千瓦。最大时速117千米，巡航时速105千米，航程322千米，飞行高度1981米。

1917年7月17日，波音的柏林（Claude Berlin）和孟特两人专程将这两架样机送往海军在墨西哥湾的彭萨科拉海军航空站（Naval Air Station Pensacola, Florida）进行检验飞行、深受好评。海军随即拍板：向波音订购50架。

哇，波音终于迎来了第一笔买卖！

于是，波音立即招兵买马、大干一场，并从1918年4月开始向海军交货，至11月交出最后一架。就这样，波音挣到了第一桶金。这无论是在波音的历史上、还是美军的历史上都是一件大事！也是华人航空工程专家第一次名垂青史的大事！

该订单价值575000美元，含义如何？只要说一下当年波音每月全体职工的工资总额不超过3000美元，就可看出这无疑是个“天文数字”。波音发了，海军笑了，24岁的王助出名了。

波音“C型”机，在后来波音的称谓中又叫“波音2型”（Boeing Model 2）。为什么明明是“老大”（第一个正式产品，第一批卖出的货物）却排成“老二”了呢？这是因为，原来那两架（美国海军未看上的）“B&W型”终于也卖掉了。为什么能卖掉？因为，如今有了王助的“C型”的成功经验，又有了美国海军飞机供应商的声誉，那两架飞机几经改进，到1918年终于卖给了新西兰的航校，用于飞行训练，并用它为新西兰开创了国内航空邮递。而这可是两位创始人（比尔和韦氏）亲自研制的产品，虽然后卖出，但却是波音的第一批产品，又是第一笔国际贸易，当然应“追认”为老大。因此，“B&W型”就叫“波音1型”（Boeing Model 1）。

最后的结果是，王助设计的“C型”机正式生产了56架：

海军买了51架。除按照定型样机生产的50架双座双浮筒的水上教练机之外，还订购了一架单浮筒、在两侧机翼各附加一个小浮筒的改型机，称为“C-1F型”（Model C-1F），该机动力改用寇蒂斯发动机（Curtiss OX-5）；

陆军也“凑热闹”订购了两架陆上型，称为“EA型”（Model EA），但座位不前后放置而改为并排；

波音自己也造了一架民用机型，称为“C-700型”（Model C-700）。

1919年3月3日，比尔亲自率领波音公司的驾驶员胡伯德（Eddie Hubbard），驾驶着这架“C-700型”飞机，完成了一桩壮举：他们驾机参加了加拿大航展并将60封信，从加拿大温哥华（Vanconver）送到了美国西雅图（Seattle）。这又是一个“第一次”（国际邮递）。下图就是他们降落后的英姿，比尔亲手提着那个载入史册的邮袋。

【旁白：为何编号为700呢？有资料说给海军的那50架最后一架的编号是C-699，但第50架为何要用699呢？可能是“障眼法”：位数变成百位数，这可是大买卖哟！而且，从此波音飞机的型号序列就与7字结了缘！

另外，你也别小看“C-700型”的这次飞行，认为它只不过送了60封信，来了个貌不惊人的“第一次”。其实这正是比尔在重用王助之后，又一次独具慧眼。

波音“C-700型”机完成首次国际邮递 （来源：Boeing Archives）

一战结束后，军事航空业务骤降，靠战争暴涨起来的航空制造业一片萧条，不少公司倒闭。可是波音却靠航空邮递业务和客货运输维持下来，不仅相继开发了“波音6型”（Boeing Model 6, 也称为B-1）、“波音40A型”（Boeing Model 40A，用于旧金山到芝加哥邮递专线）既可运邮件、还可搭载两名乘客的客货商用机，而且还建立了民用航空公司：波音空运公司（Boeing Air Transport，美国联合航空公司的前身），大张旗鼓地开展客运服务。

直到今日，波音的700系列客机广销各国，坐过民航机的人谁不知737、747、767、787的大名？世界上哪一条航线上没有波音的民航客机？

这，就是波音人的700情结！它透露出波音人对开创了波音事业、而又先后都离开了波音的王助和比尔的深切怀念！】

为了“正统”，波音后来又郑重其事地将型号作了规定：

那两架定型样机就被称为“波音3型”（Boeing Model 3）；

给陆军那两架称为“波型4型”（Boeing Model 4）；

给海军那50架称为“波音5型”（Boeing Model 5）。

再加上“Boeing Model 2”、“Boeing Model C-1F”和“Boeing Model C-700”，你看，“C型”机的阵容多么“庞大”！

由此也可见王助给波音带来了多大的惊喜，多大的骄傲！

从此，波音开始展翅高飞……

【链接：读者一定关心王助后来的情况。值得钦佩的是，他没有留恋在波音的荣誉和待遇，而是激流勇退，于1917年底，怀着航空救国的宏图大志，与志同道合的同窗好友相约，一起回到了苦难中的祖国，为开创中国的航空事业共同奋斗。在航空制造、航空运输、航空教育各方面都作出了卓越贡献，以中国航空事业的奠基人之誉，名留青史。

在航空制造方面：他先是领导创办了中国第一个飞机制造厂：北洋政府在马尾船政局附设的海军飞机工程处（民国后改名为海军制造飞机处，直属海军部），任副处长、处长。这十来年中（1918-1929年），在军阀混战而且人财物均不足的情况下，他们仍克服困难、共造出了15架各种不同类型的飞机。填补了中国自制飞机的空白。还研制了世界上第一个水上飞机浮动机库，取名“浮坞”。其间曾短期调上海海军总司令部飞机处任处长。

抗战期间又促成中美合作的中央杭州飞机制造厂的建立，并担任监理（中方最高领导职务）。在任4年中（1934-1938年）该厂共制造、组装和维修飞机235架，极大地支持了中国空军的抗日战事。后又根据中国航空委员会的决定，在成都创建航空研究所（后扩大为航空研究院），任副所（院）长（院长为航空委员会副主任兼任，故王助为实际负责人）。前后7年（1939-1946年）为培养航空研究人材以及研制飞机部件和各类整机（包括教练机、滑翔机、驱逐机、轰炸机、运输机）作出了贡献。

在航空运输方面：也是“无巧不成书”，那就是韦氏1927年从海军退役，到寇蒂斯-莱特飞机公司当上了副总裁，并作为美方代表，带领该公司的子公司——航空发展公司（Aviation Exploration，Inc.），来与中国政府商谈合作创办中国第一家民航公司——中国航空公司（简称中航）。该公司1929年4月成立，先后由铁道部长孙科和交通部长王伯钧兼任理事长。王助受韦氏之邀也先后在中航工作多年，担任工程师（1931-1934年）、机航组副主任（1934-1947年）、总经理主任秘书（1947-1950年，后公司解散）。

在航空教育方面：他除了在工厂、研究院言传身教、著书立说外（例如编著《飞机制造手册》和《空气动力工程》），还曾兼职或专职任教。早在回国初期，

天高任鸟飞 | 这就是王助精心研制的波音“C型”水上飞机的风采。此图是2014年5月1日在加州圣地牙哥航空航天博物馆举办的航空艺术作品展上的展品，描绘的是该机于1922年6月24日在美国阿拉斯加州安克雷奇市（Anchorage，Alaska）上空第一次飞行的情景。它是画家雷明顿（Steve Remigton）的杰作。

（来源：Colleeectair.com）

1918年成立福州海军飞潜学校，他就曾兼任飞机制造教官。后来又指导过来工厂、研究院见习的学者，例如1934年钱学森考上清华大学庚子赔款奖学金的飞机设计科目，该奖学金规定出国前必须在相关产业见习1年，当时指派给他的导师就是王助和王士倬。钱学森在功成名就之后曾总结对他最具影响的17位人物，王助就名列其中。

王助人生的最后10年都是在传薪授业中度过。1955年8月起他在台湾成功大学教授航空工程，直至1965年3月7日在教职上去世，培养出了台湾的许多学界名人。

王助在成功大学教书的那些年，波音公司还不断派人去看望他、并赠送纪念品。2005年8月22日，波音公司又专门在飞行博物馆的“红仓库”展览馆中设立王助的常设纪念展台，来纪念那段光荣的创业岁月，缅怀王助对波音的卓越贡献。至今，还有艺术家在描绘他的成就、展示它的风采。请看，下图就是一例。

波音，在如今这个世界上已经是太有名了；王助，却不见得有很多人知道。但波音人对王助却念念不忘。海峡两岸关心中国航空事业发展的人，也在不断梳理这位先驱和奠基者的事迹。因此，了解他的人定会越来越多。】

插叙完毕，继续来谈波音为陆军航空兵研制轰炸机之事。

雄鹰展翅 巨鹏凌空

正当艾总还在为拿到XB-15模型的研制合同而兴奋和激动之际，一件意外的消息，令他更加激动和兴奋。那是什么事?

1934年8月8日，艾总盯住一份文件面带惊喜、两眼发光。原来，这是一份陆军航空兵的通告和性能指标（Air Corps Circular 35-26 and Sepcification 98-201A）。在这份文件中，陆军航空兵宣布：军方已于7月18日作出决定，还要再订购一种轰炸机，它比“A计划”要求的XB-15稍小而轻，可以有较小而灵活的尺寸。载弹量和速度相似，但航程可以减少一半。这样，动力也可小点，双引擎就可以了。具体说来，它应能携带2000磅炸弹，在10000英尺高空，以超过每小时200英里的速度，飞10小时。如果可能的话，最好速度能达到每小时250英里、航程达到2000英里以上。能以每分钟2000英尺的初速爬升、最高升限能达25000英尺，还能在任何一个引擎熄火的故障条件下、保持7000英尺的高度。

陆军航空兵非常希望能用这种机型来取代马丁的B-10、并在未来与XB-15这种憧憬中的机型搭配使用，以适应未来的战事需要。并且要求：有关厂商应于明年（1935年）8月将样机送往莱特基地，进行检验和比试，胜选者有可能得到220架的订单。

啊呀！艾总能不激动吗？！这不仅预示着会有一个新合同的机会，而且更重要的是会有更好、更快的经济效益。这对在20世纪30年代美国经济大萧条中挣扎的波音公司来说，无异天上又掉下来一个馅饼！因为，1934年上半年，“波音247”商用运输机的市场情况不佳，公司利润下降，董事会认为只有大量裁员才能度过难关！即使如此，预计到年底公司还可能会有大量赤字。虽然XB-15带来一线生机，搞好了有名又有利，不但有研制经费可拿，而且给了波音突破发展大飞机技术的绝好机会，但这却是个很难啃的硬骨头，不见得能很快搞出来，从而也不可能很快见到经济效益。然而，这个新提出的机型，却显然有可能更早研制出来，更快投入批量生产、装备部队，从而也就意味着大批的现金流入波音的金库中，艾总怎能不兴奋呢？！于是，他立刻行动起来。

1934年8月16日，艾总召集他的设计师们开会，让他们尽快拿出一个方案来，供董事会决策。

一月后，9月26日，波音董事会开会，一致同意艾总的提议，由公司自己先拿出250000美元（后来又陆续追加了182000美元），立即开始设计和制造满足军方要求的飞机，该机型号编为“299型”（Model 299），力争在明年8月前研制出原型样机、提交军方检验。

十万火急！艾总立即开会宣布：

从现在起由他亲自挂帅、组成攻关领导小组，成员有执行副总裁蒙迪士（Charles N. Monteith，MIT毕业，原在军队任职，1925年转入波音，1927年任总工程师，1934年任副总裁）、总工程师明歇尔（Robert J. Minshall，1918年入波音，1934年接蒙迪士的班，任总工程师，他俩合作默契、曾共同申请邮递飞机专利）和总裁助理韦尔斯（Edward C. Wells，是波音的“少壮派”，1930年只有20岁的他还在斯坦福大学学习时就曾到波音实习，次年毕业后正式进入波音任工程师，1943年升任波音总工程师，后又升为工程副总裁、高级副总裁，他参加过二战期间所有波音飞机的设计，是波音的一位技术明星）。

同时，正式成立攻关小组。艾总指定由工程师埃默里（E. Gifford Emery）

牵头，组成“299型”项目攻关组，由总裁助理韦尔斯直接协助，以期早日实现他的“新鸟”梦想。

艾总在向大家重申陆军航空兵的要求之后，则话锋一转，强调他的主张：研制的产品要大于陆军航空兵目前所使用的任何飞机，当然也包括自己的B-9和马丁的B-10。因此，不必按军方的说法，去搞军方说的双引擎，而是直接搞4引擎！最后还特别叮嘱一句：关键是要快点搞出来！

他的如意算盘是，如此一来，不但能因拿出了比军方要求还高的产品，从而赢得合同，而且波音也就理所当然地成为4引擎飞机的老大了。

与此同时，他又指示韦尔斯再筹组一个班子，去平行研制一种比“波音247”更大型的民航客机，该机要像“299型”一样，为4引擎、可在同温层飞行，编号为“307型”（Model 307）。

你看，艾总就这样三管齐下地向4引擎飞机突击进军！他要让“299型”和“307型”成为XB-15的两个开路先锋，在前面披荆斩棘，让波音先在4引擎飞机的领域站稳脚跟。

而且，他强调：这三股人马，要相互协作、时时交流、紧密配合，以便既能早日拿出“299型”和“307型”的样机、批量投产，进而为XB-15的研制“保驾护航”，促使其更好、更早地问世。【旁白：你看，在银根很紧的情况下，还不惜投入血本；在大量裁员的背景下，还调兵遣将、亲率主力一下组织了三个班子！看来艾总是决心拼一把了。这，就是创新者的执着！企业家的魄力！创业者的大无畏精神！真可谓“置之死地而后生”！】

后来的事实证明，他这条路是走对了。“299型”产生了B-17，成为二战中轰炸德军的主力（这是后话，下面还会细说）。而“307型”最终成为“波音307”同温层客机，除了正、副驾驶外，还可容纳一名飞行机械师、两名空姐和33名乘客。是世界上第一种具有增压客舱的客机。于1938年12月31日首飞，1940年7月8日投入到横穿美国的客运航线。二战中曾用作军用运输机，军用型号为C-75（本书主题为轰炸机，对它就不多着笔墨了）。

现在，来看“299型”的研制情况。话说埃默里这组人马受领任务之后，对艾总的意图心领神会，为了加快进度，他们决定采取“拿来主义”，即尽可能利用已有成果。于是，他们一方面沿用“247型”行之有效的全金属、低单翼、流线型等成果；另一方面又吸收先干了两月的“294型”研讨出的、有关大飞机的一些新概念。这一招果然管用，不到一年艾总就看到了成果！

1935年7月初，“299型”样机在波音工厂加工完成，一架艾总梦寐以求的新型战机出现在波音的机库之中。“299型”样机的诞生意味着波音、乃至美国从此进入了大飞机时代。

1935年7月16日，是个“黄道吉日”，“299型”样机正式亮相。那一天，波音不仅请来了军方的观察员，而且还邀请了媒体人士。当机库门打开之时，人们

惊艳亮相 | 这就是1935年7月16日“299型”从机库推出时的情景（请注意：观众是站在围栏之外）

（来源：Boeing Archives）

一片惊谔，发现一个空前的庞然大物出现在面前！与之相比人们的身躯是那样矮小，当它被缓缓推出、离人群越来越近之时，令人产生一种它似乎还在膨胀的幻觉。人们甚至开始怀疑：它是从后面的那个“小”机库里推出来的吗？而且，在那光滑的机身上，上下左右凸出的几个炮塔更是分外抢眼……

那真是一次惊艳亮相！

艾总兴奋地向大家介绍：这就是我们波音将要向陆军航空兵推荐的新型4引擎、全金属、远程、重型轰炸机：“299型”样机，民用注册序号为X13372。它是迄今为止陆基飞机中体积最大、载弹量最多、自卫火力最强的轰炸机。至于它在天上的表现如何？近期我们就要试飞，届时它将从我们的波音机场起飞，中间不停顿地、直接飞往陆军航空兵在俄亥俄州代顿市的莱特基地，请大家拭目以待吧。

《西雅图时报》（*Seattle Times*）的记者史密斯（Richard Smith）在看到“299型”样机有那样多炮塔和机枪时，盛赞其为“空中堡垒”（Flying Fortress，也译为“飞行堡垒”），并惊叹这架新飞机“看起来像头史前时期的巨兽！”

【注：也有资料称是记者威廉姆斯（Richard L. Williams）取的“空中堡垒”这个名字。也许，这是个“悬案”。总之是《西雅图时报》先登出这个词，大家并无异议。但波音的档案中用史密斯，故本书也用他。】

“空中堡垒”这一外号，很快就流传开来。艾总当然对这一赞誉非常满意，立即叫人去注册了“空中堡垒”的商标使用权。几年后，当该机型正式装备部队之时，这一称号也受到军方青睐，于是就成为制式称谓了。

现在，让我们来看看它是怎样的威武雄壮吧。最引人注目的，当然是它的巨大身躯和空前强大的火力。

该机长度为21米，高度为4.54米，翼展31.6米。空重为9832千克，正常起飞重量为14711千克和最大起飞重量为17261千克。使用4台风冷式增压普拉特–惠特尼（Pratt and Whitney）R–1690ES1EG“大黄蜂”9缸星型发动机为动力，每台功率为750马力。设计的机组编制为8人，包括正副飞行员、投弹手、领航、无线电报务员和4个机枪手。机身上设置了4个流线形机枪炮塔：一个在机背靠近机翼后缘的位置，第二个在机腹机翼后缘之后的位置，后机身腰部两侧各一个，机枪通过内部的支架自由转动，另外在机头上方还有一个透明的圆形窗，附加一挺机枪支架，共5个机枪支架。每个支架可以安装一挺0.30或0.50英寸（7.62或12.7毫米）口径的机枪。它的内部炸弹仓可载8枚600磅（272千克）的炸弹。还有特别吸引军方之处，它采用了一系列前所未有的新技术。例如，自动驾驶仪，双向无线电话，无线电归航仪，可调螺距的螺旋桨，可收放的起落架，甚至连轮胎也是专门开发、首次应用。

17, 1935 Seattle Times 7/17/1935 THE

ies Protest Agains

FLYING FORTRESS TO MAKE TEST HOP FROM SEATTLE SOON

SEATTLE, Wash., July 17.—(UP)—A non-stop flight from Seattle to Dayton, Ohio, will be the supreme test of a gigantic mystery bombing plane, a veritable flying fortress built for the United States army, it was learned today.

The cross-country flight will be attempted after a series of shorter experimental flights from the Seattle plant of the Boeing company, builders of the new battleship of the air.

Has 2500-Mile Range

The 15-ton plane, constructed on specifications calling for a 2500-mile non-stop range and a speed of 250 miles an hour, may receive its baptism in the air today. The initial flight, however, may be delayed until Thursday or possibly until next week. Company officials refused to specify a definite time.

They awaited the reports of technicians on the manner in which the four 700-horsepower motors stood up under a warming-up test yesterday, when the secretly-built bomber was wheeled from the shops for the first time.

Looks Like Monster

The plane looked like some prehistoric monster from the pleistocene age as it stood glinting in the sunlight at Boeing field while Chief Test Pilot Les Tower and his aides tried out the powerful motors.

Streamlined over its 70-foot length, the low-wing monoplane had a wing spread of 108 feet and stood 15 feet above the ground to which it was anchored.

Like warts on a dinosaur, machine gun turrets, protected by unbreakable glass made through a new formula, jutted from the aluminum body.

Inside was the latest equipment known to aviation—two-way radio telephone apparatus, a radio compass and automatic pilot for "robot" and blind flying; and quarters for a crew of ten men.

One of the features of the new ship, it was learned, is one motor can sustain the plane in the air after the other three had failed.

Mrs. Waley

Police Patrol In Matanuska

PALMER, Alaska, July 17.—(UP)—Discontent was reported rife again today among the 200 midwestern families lifted from marginal farms to colonize the fruitful Matanuska valley in Central Alaska.

Simultaneous with the spread of new dissensions among the colonists a police force of eleven former soldiers appeared on patrol in the camps occupied by federal transient workers sent into the valley to help the settlers build their log cabin homes before the dread Alaska winter reaches the Matanuska.

Walter Olson, formerly of St. Louis county, Minnesota, and Carl E. Ellison, who came from Douglas county, Wisconsin, were the latest to give up their forty-acre plots and government credits of $3000 and seek regular employment in Anchorage.

They followed nine other families who several weeks ago decided they "weren't interested" in farming and returned to the United States.

Charles Lund, a carpenter, was ready to follow Olson and Ellison, but decided to "stick it out awhile longer" when promised steady employment and good wages at his trade.

Engineer Case

《西雅图时报》｜1935年7月17日（来源：aerovintage.com）

面对如此美景，惊喜万分的艾总拍着埃默里的肩膀说道：

“咱们就叫它XB–17吧！”

“不好吧，人家还未点头呢。”老埃却面带犹疑地嘟囔道。

怎么回事？难道陆军航空兵不想要？那倒也不是。

原来，这回陆军航空兵装备部多了一个心眼，同时向三家公司放风，却又未慌慌张张地与哪家先签合同，而是气定神闲地在一旁看着：你们先干吧，干出来后我再表态。

所以，老埃心里明白：艾总布置的这个紧急任务，还是个“妾身未定”、自掏腰包的私房货。此时尚有两家对手在那里比着：

一家是“老对手”马丁公司的“146型”（Martin Model 146）；

另一家是“新强人”道格拉斯公司的“DB–1”（Douglas Bomber–1）。

“299型” | 样机侧视图 （来源：wp.scn.ru）

“299型”细部 | 左上图为头部炮位
右上图为驾驶舱
右下图为腰炮位
（来源：Boeing Archives）

如今，样机虽然搞出来了，行不行呢？人家还是那句老话：“是骡子是马，拉出来遛遛！”

1935年7月28日，“299型”样机拿出来“遛”了，进行首飞。由波音的首席试飞员陶尔（Leslie R. Tower）驾驶。他在波音机场（Boeing Field）的临近空域、塔科马（Tacoma）和刘易斯堡（Fort Lewis）之间来回飞了90分钟，然后安全降落。

【链接：波音机场在西雅图市区以南8千米处，从1928年到1947年它不仅是波音公司自己的试飞基地，也是大西雅图地区主要的民航机场，直到西雅图–塔科马国际机场建成它才让位。】

当艾总问及他有何感觉时，他轻松地说道：“操控起它来就像一只不大的小鸟。”

1935年7月28日首飞 | 上图为“299型”展翅长空，右图为波音的首席试飞员陶尔 （来源：Boeing Archives）

在接下来的3个星期中，陶尔又反复试飞了8次。一切妥当之后，艾总才与军方联系：择日飞往莱特基地。

1935年8月20日，这架“未正妾身”（非官方认可的设计）和已有传奇色彩外号（“空中堡垒”）的庞然大物，由陶尔熟练地控纵着，在波音人的欢呼声中，在军方人员挑剔目光的注视之下，由波音机场顺利地、无停顿地飞抵莱特基地。全程2100英里，共飞行9小时零3分钟，平均时速为每小时232英里。一举超过了军方要求的两项指标！

艾总笑了，军方迷了。因为，比之另外两个对手来，“299型”样机的优势十分明显。无论从体积、动力、航速、航程，还是从乘员配备、载弹量、自卫火力、作战性能都超越对方。

先看马丁公司，上次XB–16落选，杜老总就有点泄气，一来认为军方偏爱波音没有道理；二来觉得自己搞的双引擎轰炸机已经赛过了波音（马丁的B–10选上，波音的B–9落选），如今军方还是要双引擎，只不过大点、快点，又有何难?只需在B–10的基础上进行改造即可。【旁白：骄傲和轻敌这是进步的最大障碍，杜森就犯了这个忌！】

果然，当他们辛辛苦苦搞出来的“146型”样机亮相之时，军方的印象却是：酷似B–10，毫无新意！依然是莱特发动机两台、乘员4名，唯一的卖点就是机身大了点，使得正、副驾驶可以并排坐了、肚子里能多装点炸弹而已。你想，这种“货色”怎会让军方满意。（看来马丁真不争气，接连两次都都败给波音了。）

再看道格拉斯，却是另外一番景象。上次搞大轰炸机原型样机时（指波音的XB–15和马丁的XB–16）军方没有选它，使他憋了一口气。所以，这次他还真想露一手。加上他们虽然没搞过重型轰炸机，但却搞过大型客机。他的双引擎DC–2型客机，在得到军方要搞这种重型轰炸机之前3个月（1934年5月11日）就已上天，它可以坐14个旅客、外加2名空姐（超过波音247型）。能以每小时210英里的速度飞上千把英里。当时在美国国内航线飞得正欢，并引起欧洲市场的关注。目前，正在作进一步提升，打算搞更大型的DC–3型客机，目标是可以坐更多的人

（最多能坐32人）和飞得更快（最快每小时能飞230英里）。

你想，有这样的基础，在接到的军方通告之后，会有什么样的反应呢？

当然是干！加油干！把军机列为第一优先，军、民用机型两手抓，结合起来干！（最终的结果是，既干出了B-18，又干出了DC-3，而且都派上了用场、反应颇佳。这是后话。）

说干就干！于是，在位于加州圣塔·莫尼卡（Santa Monica, California）的道格拉斯工厂中，立即展开了一场轰炸机大会战。他们把DC-2的翅膀加长、翼面加大，安装上马力更大的发动机，再把机身加大，以便增设炸弹仓和投弹瞄准仪，又在鼻、背、腹三处增设了炮塔等，如此这般大动干戈之后，一架新型双引擎轰炸机就崭露头角了。

DB-1的规格如下：长17.27米，高4.52米，翼展27.28米，升限7879米，作战航程1368千米，最大重量9593千克，动力为2台930马力的莱特R-1820-45引擎，最高时速349千米/小时，乘员6人，机枪3挺，载弹量908千克。

1935年4月，“DB-1”首飞成功（比波音的“299型”样机还早3个月）。又经过几个月磨练改进，道格拉斯满怀信心地、也于8月把这架宝贝送到了莱特基地（他也私下的给这架样机定名为XB-18）。显然，它比马丁的“146型”样机强。可是，与波音的“299型”样机一比，却有点相形见绌。不过，道格拉斯并不气馁，他向军方代表如是申辩：我的鹰虽然比波音的个子小点、性能差点，但我的比他的便宜一半，而且可靠性好，这点有DC-2证明在先，如今我的DC-2已接到欧洲的大量订单。

他的话还真的触动了军方的神经。除了价格的考量之外（两个公司的报价是：波音“299型”的单价为99620美元，道格拉斯“DB-1”的单价为58200美元），军方还真的很担心“299型”的可靠性。因为，这是迄今为止美国（也是全世界）最大的陆基轰炸机。万事开头难，谁也心中没底。因此，虽然“299型”各项指标都十分诱人，但是军方态度仍然有点犹豫。于是，要求再飞一段时间来检验可靠性（其实，军方已暗下决心：如果可靠性好，就是它了！）。

1935年8、9、10三个月，波音这架尚未正名的XB-17就在莱特基地一股劲地不断试飞、不断改进。每天看着那庞然大物灵巧自如地起落滚翻，军方是越看越顺眼、越飞越满意。于是，放出风来：10月30日将由军方人员上机试飞，进行最终的检验飞行，如果通过，打算第一批就订65架！

波音人，努力吧，请送上一份“感恩节大餐”！

看来，艾总已胜券在握、毫无悬念了。

在紧张而兴奋地准备中，这一天很快就到了。

1935年10月30日，风和日丽，上午9点半，机场上已是人群云集，既有身着戎装的军人，又有穿戴整洁的百姓；既有波音的人和道格拉斯的人，又有马丁的人和媒体记者。大家都全神贯注地盯着那个在艳阳下闪闪发光的银色大鸟。人们在议论着、打听着参加这次验飞的勇士们的姓名和经历。看呵，他们正在向大鸟走去！人们远远地用敬佩的目光、送5位验飞机组乘员相继登机，他们是：

希尔少校（Ployer P. Hill），他是陆军航空兵的优秀试飞员，当初马丁的B-10就是他验飞的，现任莱特基地飞行科长，他登上左边的驾驶座位，这次他要第一次亲自试飞这架新式飞机；

帕特中尉（Dolnad L. Putt），他是陆军航空兵飞行员，这次担任希尔的副驾驶，并进行飞行评估；

陶尔，就是那位波音的首席试飞员，他坐在前两人的身后，随时准备提供协助和建议；

卡亭（John B. Cutting），他是波音的工程师，试飞观测员；

库格尔（Mark H. Koogler），他是莱特基地飞行科的技师。

大家都坐定之后，希尔快速地查看了一下飞机，几个月来，他已多次在地下和天上看过陶尔飞行，对飞机的性能也已熟悉，今天他决心亲自领略这只心仪已久的大鸟的风采。随即，他自信地发动了飞机。地面的工作人员和观赏人群同样兴奋地注视着这只即将展翅高飞的大鸟，人们看见飞机沿着跑道正常地滑行、起飞，并且开始向上攀升……

突然，坐在希尔身后的陶尔本能地感到：好像有什么不对？“快！升降舵解锁！”他向希尔急呼。可是，已经来不及了……

这时，飞机正攀升到300英尺高度，地面上也有两位军官：吉奥范诺利中尉（Robert K. Giovannoli，以下简称吉中尉）和哈曼中尉（Leonard F. Harman），已发现飞行姿态不对、感到会有麻烦，他们立即向前跑去……

与此同时，人群惊叫起来，只见发动机失速，大鸟鼻子朝天，而后又来了个180度大转折。大鸟疯狂地向左下方栽去，左翼首先着地，接着是起火燃烧……

一瞬间，仅仅是一瞬间呀！悲剧发生了！

警笛长啸，消防车、救护车风驰电掣地奔来……

吉中尉冲进驾驶舱背出了陶尔，陶尔重伤昏迷，吉中尉再次冲进去救希尔，可是，希尔身体卡在驾驶盘上、已不省人事……

这时，哈曼已将帕特救出，帕特身受重伤，但哈曼仍听见他在耳边有气无力地吐出一句：“不是飞机的错……”

哈曼也再次冲进、与吉中尉一起营救希尔，他趴在地上切去希尔的鞋，希尔的脚才从方向舵踏板上松开，吉中尉才得以把希尔抱出驾驶舱，递到马丁公司的雇员米勒（Barney Miller，他是跟随两位军官跑上来的观众之一）怀中，不幸的是，这时希尔已经咽气了。

其他两人，卡亭和库格尔，也被众人从后舱救出，均身受重伤。值得庆幸的是，由于不是机身、而是左翼首先着地，缓冲了一下，使他们和帕特均有幸生还，在医院中经过一段治疗，恢复了健康。后来，帕特还成为负责B-29研制的军方代表。

然而，坐在左前方的希尔却首当其冲，牺牲了。而他身后的陶尔也伤势很重，在救治过程中大多处于昏迷状态，偶尔有两次清醒了一会，最终仍然回天乏术、不幸殉职。

【链接：1939年7月，国会同意陆军航空兵将犹他州奥格登航空仓库（Ogden Air Depot, Utah）投资扩建，并改名为“希尔机场”（Hill Field），以纪念这次殉职的希尔少校。1948年，又改名为“希尔空军基地”（Hill Air Force Base）。】

一桩粗心事 导致梦成空 | 这是“299型”样机坠毁现场 （来源：USAF）

针对这次机毁人亡的严重事故，军方专门成立了调查组，组长为拉克兰中校（Frank D. Lackland）。他们仔细查看了现场，听取了营救人员的描述，详细询问了事故的幸存者，也在陶尔醒来时抓紧记录了他的证词，还访问了多个地面目击者（其中许多人都有飞行经验），最后于1935年11月15日提出了一份详细的事故分析报告。其基本结论是：

事故既不是由于飞机结构损坏，也不是飞行控制、自动驾驶仪、引擎或螺旋桨的故障，或者结构和空气动力设计以及任何其他技术故障引起。（意思就是，飞机本身无问题。）导致事故的直接原因是升降控制被锁定。（这暗示，调查组的判断是：飞行员操作失误、没有解锁。只不过没有直接说出来。）

得出这一结论的基本根据是：

首先是陶尔和帕特的证词。他们都认为是起飞时升降舵控制锁未打开，陶尔还自责地说：“都怪我未事前未提醒希尔……”

第二是对飞行控制结构的详细分析。升降舵的内部控制锁有三档：两档是“升”、一档是“降”。调查组分析：出事时，它既不会是在终极“升”档，因为那样的话，驾驶盘就会一直倾向于12.5度角，若不解除，驾驶员就坐不进座位；也不会是在“降”档，因为那样就起飞不了。这点也由发动机制造商普惠公司代表依果（Henry Igo）的回忆得到证实，他说当他预热发动机时已将控制锁置于初级“升”档。

第三是对飞行阶段的调查。调查证实，如果控制锁置于初级“升”档，而又无人告之的话，任何飞行员在起飞时都察觉不到升降舵已被锁定，因为滑行和起飞时驾驶员都会感觉情况是正常的，直到升空加速时才能发现有问题而采取补救措施，但却来不及了。这点也得到试飞观测员卡亭的证实，据他描述：起飞正常，即使机尾在低高度时也达到了每小时74英里的时速，直到再加速时，由于升降舵被锁，才迫使鼻子朝天而熄火，导致悲剧发生。

所以，唯一可以避免出事的措施就是：预先检查！而这次显然既无人告知，又未作预检。于是……

这一摔，既摔碎了艾总的梦，又摔醒了军方的迷。尽管结论是飞机没错，错在操作，但国会认为：这型飞机“太大、太复杂，操纵困难”，连希尔和陶尔这样军、民两家的顶尖试飞员都难幸免，怎么能装备部队呢？！

这一摔，也使军方两派的矛盾公开化。前面曾提到，从米切尔时代开始，美国军方对战略空军（从而远程轰炸机以及独立的空军）的态度就分为促进和反对两种截然相反的观点（*我们姑且称之为“两派”，以便描述，但请记住：美军内部并不存在有组织的两个派别，只是观点相同、人以群分的相互支持*），具体到1935年，情况就更加错综复杂。因为，在这一年，陆军高层人事大换班，航空兵也进行了机构大调整。头头观点不同，对事件、对订货的结论自然就不一样。俗话说“神仙打仗，凡人遭殃”，大致势态是这样的：陆军最高首长陆军参谋长麦克阿瑟和陆军航空兵司令弗洛伊斯都是促进派，所以原本一直顺利；谁知“无巧不成书”，就在出事前二十多天，10月2日，由克雷格（Malin Graig）接任陆军参谋长，而他只接过了麦克阿瑟手中的权，却未接过麦克阿瑟的观点。他是主张航空兵的任务就是支援地面部队作战的人，本来就对重型轰炸机兴趣不大，原本延续上届已定的事也就罢了，如今出了事故，当然得另当别论了。无独有偶，过了两个多月，12月22日，陆军航空兵司令弗洛伊斯也被韦斯托弗（Oscar Westoves）换下，本来还有一个候选人，就是那位安排了XB-15、299型和DB-1的装备部长普拉特，但是普拉特却落选了，读者一定猜得到韦斯托弗是什么观点。这还未完，又过了几个月，最上层的战争部长也由德恩（George H. Dern, 1933年3月4日—1936年8月27日任战争部长）换成了伍德林（Harry H. Woodling,1936年9月25日—1940年6月20日任战争部长），前者是促进派，后者正相反。

因此，这一摔，把道格拉斯摔成了最大的赢家。刚刚上任、尚未满月的陆军参谋长克雷格，立即拍板：否定了订购65架波音“299型”的动议，决定订购DB-1，并正式定名为B-18，后来又加了个大名“Bolo”（大刀）。并要求尽快定型投产、装备部队。

1936年1月28日，军方订购82架B-18，6月又增订50架，加上改进后的那架“DB-1”样机，共计133架。

1937年2月23日第一架B-18定型样机出厂送达莱特基地，通过军方鉴定，5天后按B-18定型样机修改好的那架“DB-1”样机也送达军方。

1937年6月10日，军方再订购177架经过改型的B-18A（主要改变是动力改用两台1000马力的莱特R-1820-53引擎）。

1938年6月30日，又增订78架，共计255架。送达军方的第一架B-18A是于1938年4月出厂，最后一架是于1940年1月出厂，共生产217架。

还剩下38架指标，按军方要求改为B-23，它是在B-18的基础上，又参照民用机DC-3的经验，加大了体积和动力（用两台1600马力的莱特R-2600-3引擎），并在尾部又加了一挺机枪。但也只生产了这38架，因为陆军航空兵并不十分满意。

现在，让我们来总结一下道格拉斯这一轮军用、民用大飞机“会战”业绩。

军用机最后的结果是：B-18/ B-18A共生产了350架。在20世纪30年代末和

40年代初，在没有更先进机型可用的情况下，它短期内成了美国陆军航空兵的主力中型轰炸机，也曾出口加拿大和巴西。但陆军航空兵始终对它不是太满意，觉得它火力弱、航程短、新技术含量不足，难于应付未来战争的挑战，这也是没有大规模批产的原因。太平洋战争爆发后，在珍珠港和菲律宾日寇炸毁的轰炸机大部是这个机型。留在本土的后来被改作反潜巡逻，或干脆转卖民用。

相比起来，民用机DC-3的情况却正好相反。它是1935年12月17日首飞，在二战期间直至喷气民航客机流行之前，它成为最具代表性的运输机和民航客机，活跃在全世界，各国竞相引进。到1939年底，全世界90%的商用飞机都用的是DC-3，

B-18A Bolo | （上图）（来源：USAF）

DC-3 | 最有趣的是，波音组建的美国联合航空（United Airline）是最早使用DC-3的民航公司（下图）。（来源：blogspot.com）

全球各地机场均能看到它的身影，甚至被誉为“最受欢迎、价廉物美的螺旋桨飞机”。军用型号为C-47，大名“空中列车”（Skytrain，二战后也大多廉价销售、改作民用）。它共生产了16079架。这也算道格拉斯历史上最风光的一页。

这一摔，对波音而言，既摔出了危机，也摔出了转机。

危机，是明摆着的。你看，机毁人亡，这买卖还做得下去吗？！

且不说事故调查颇费时日，也不谈舆论哗然、众人悲愤，就算查下来不是飞机的技术失误，就算军方还想买样机，可波音哪里去拿样机交货呢？就那么一架心肝宝贝都已经灰飞烟灭了！也让432000美元化为乌有！原本想马上卖出去，不但可捞回成本、小赚一笔，而且还能得到一份批量订单、大赚一番。谁知这一摔，就一切都泡汤了……

转机，又从何说起？转向何方？这就说来话长。

严格的事故调查，虽然是查出事原因，但必然的让军方人员又一次详尽而彻底地梳理和了解了“299型”的结构和技术性能，从而也再一次领略了它的先进性，而且又得出了飞机没错的结论。既然如此，军方的促进派们又怎么舍得让这么好的一个苗子就此夭折呢？而且，如此优秀的一个波音大轰炸机研发班子，怎么能让它散伙呢？何况XB-15的订货还在他们手上。不行，得想办法挽救“299型”、挽救波音！加之，他们又认定陆军的确急需一款这样优秀的飞机，来填补远程重型轰炸机这个空白。但是，他们都只是些中层带兵骨干，没有最终拍板权，得去说服上司和国会，还要平息舆论压力，这事还真让他们伤透了脑筋。

碰巧，那时虽然上层领导不断在换，但有一个人也在“大官”位上，他就是陆军航空部队总司令部司令安德鲁斯少将（Frank M. Andrews，Commander of The General Headquarters Air Force）。而这位司令的身份可非一般，他既是“美国空军之父”艾伦的女婿，又是“美国战略空军之父”米切尔理论的信奉者，其态度可想而知。加之，他的手下还有两位得力干将，那就是：第1轰炸机联队队长阿诺德准将（Henry H. Arnold，他就是后来成为“美国现代空军之父”的本书主角之一。他于1933年11月至1936年1月担任此职）和第2轰炸机联队队长普拉特准将（Henry C. Pratt，他就是当年那个装备部长。他于1935年3月至1937年3月担任此职）。这三位直接带兵的将军加在一起能量可想而知。

常言道“天下无难事，只怕有心人”。最后，终于让他们这些“有心人”琢磨出一个“窍门”：不正式列装，而以“服役测试机”的名义向波音订货。

于是，1936年1月17日陆军航空兵向正在“一筹莫展”波音订购了13架以“299型”为原型的“服役测试机”（这数量足够装备一个轰炸机中队），取名为YB-17（这里“Y”代表“服役测试”，波音叫它“299B型”），外带一架地面用静态测试机。（啊哈，波音得救了，要不然就没有今天这个“巨无霸”，世人也坐不成波音客机了。）

后来，1936年11月20日又改称为Y1B-17（加这个“1”只是为了堵“反对派”的嘴，表示买飞机的钱不是占用常规拨款，而是用于飞机测试和维护的所谓“F-1”基金。）

【链接：这里需要介绍一下“航空部队总司令部”是个什么机构。1935年3月31日，陆军参谋长麦克阿瑟根据战争部长德恩的决定，在陆军中建立一个新的作战领导机构，称为“航空部队总司令部”。它的英文全称是The General Headquarters Air Force，简称GHQAF。将陆军所有的空中打击力量集中由这个机构的司令统帅，该司令直接向陆军参谋长和战区（战时）首长报告。具体说来，它负责所有陆军空中作战部队的组建、训练和作战指挥。陆军中原有的空中作战部队，除一部份侦察中队配属给军一级的部队之外，其它的作战部队（包括侦察、驱逐、轰炸和强击等）均置于其统帅之下。原陆军航空兵司令（Chief of Air Corps）职位仍然保留，但不再领导作战部队，而只管人事、装备和后勤。GHQAF的第一任司令就是安德鲁斯。在当年，他手下的主力作战部队就是3个混成联队：

第1联队：联队长为阿诺德准将，队部设于加州的马奇机场（March Field, California,又称“三月场”），下辖2个轰炸机大队和1个强击机大队，外加3个独立侦察机中队；

第2联队：联队长为普拉特准将，队部设于弗吉尼亚州的兰利机场（Langley Field, Virginia, 安德鲁斯的总司令部也设在此处），下辖2个轰炸机大队和2个驱逐机大队，外加3个独立侦察机中队；

第3联队：联队长为布兰特上校（Gerald C. Brant, 他于1935年3月至1937年3月担任此职），队部设于路易斯安那州的巴克斯代尔机场（Barksdale Field, Louisiana），下辖1个驱逐机大队和1个强击机大队，外加4个独立中队：1个轰炸机中队，1个强击机中队和2个驱逐机中队。】

有了订单，还不只是一、两架，而是14架！真的使波音从危机变成了转机。“299型”样机虽然摔毁了，但那是人为操作失误，飞机本身是成功的，再造新机应是轻车熟路。那就赶快干吧！但具有战略眼光的艾总却想得更远，有两点特别值得一提：

其一是，军方促进派费心费力为我们争取到这个转机，我们一定要倍加珍惜，要有决心用最快的速度造出比“299型”更好的“299B型”，用这14架服役测试机打一次“翻身仗”，让它去再一次巩固军方的信心，为更大规模的批产开路。因此，他要求研制班子不能只求一个“快”字，而要在“好”字上（即改进质量上）狠下工夫；

其二是，既然是“轻车熟路”，就可以多架同时开工，以加快进度。但是，这样做的困难是厂房不够、人手不足。因为，“红仓库”这边的厂房，虽经1918年和1925年两次扩建，但造小飞机尚可，造这种大飞机仍有困难，那架“299型”样机的总装，都是在波音机场的机库中完成的，如今要造十几架，显然更铺不开。因此得建新厂房。同时还要招收、培训新人。这也是为将来的批产未雨绸缪。

于是，艾总决定兵分两路：第一路负责在“红仓库”原厂址研究改进方案，并赶制一架“299B型”的定型样机；第二路负责招兵买马、寻觅新厂址。

第一路当然是重点，仍由两位技术总管——副总裁蒙迪士和总工程师米歇尔坐镇，继续由埃默里和韦尔斯两员干将带领冲锋。

第二路人马是要筹建一个新厂，这可不是关起门来自己苦干就能解决的，牵涉面广、动静大，得由艾总亲自挂帅，夺取胜利。在波音的历史上，这个厂可谓功勋卓著，围绕它有不少趣事轶闻，这里只挑两件重要的来讲。

要建厂当然先得找地。可是，众人在艾总的指挥下东侦西察，不是看不上，就是人家不卖，一个多月下来仍然毫无着落。任务紧、可不能拖！于是，艾总在董事会上提出动议：去南加州大洛杉矶地区，那里土地好找，又是航空工业聚集地，道格拉斯、洛克希德都在那里，搞协作、招聘熟练工人也都容易。这消息，很快就在西雅图传开了。

这事惊动了西雅图一位名人。此人名叫德西蒙（Giuseppe Desimone）。他是早年来自意大利的移民。初来时，无以为生，开了几亩荒地、当了农民。靠在路边贩售农产品，存了几个钱后，就到西雅图市中心的派克市场（Pike Place Market，它是全美最老的农贸市场，位于西雅图市中心的派克街，如今已成西雅图的著名景点，举世闻名的第一家星巴克咖啡馆“Starbucks”就开在那里）摆起了摊。据传，由于经营有方、逐步发了起来，最终竟日积月累、不露声色地把整个派克市场“赚”入囊中，郊外的农场也扩展到300多英亩（1英亩=0.4公顷）的规模，成了西雅图的一位传奇人物。

波音要搬家，可急坏了德西蒙。因为他太爱西雅图了，这里是他心目中的宝地，可不能让别人议论：连给西雅图争了光、扬了名的波音飞机公司都容不下。不行，得把它留下！于是，他主动找上门来，对艾总说道：“不就是为了要一块建新厂的地吗？我捐一块地给你们，只要你们别搬离西雅图就行。”

“大家都是做生意的，我们波音这样的大公司哪能白要你的土地呢！”艾总惊喜而诚挚地回应。

“你们是造军机、保家卫国，我作为公民理当支持，那就收你们1美元吧！

这买卖当然一谈就成。于是，波音以1美元的象征性费用“买”了德西蒙28英亩（11.34公顷）农场土地，位置也令艾总十分满意，在杜瓦米夕河的南园大桥（South Park Bridge）旁边，水陆交通都很方便，而且离波音机场也很近。

艾总决定，从今以后，“红仓库”那边的老厂，改名为“波音一厂”（Boeing

派克市场 | 一家小商店，众人驻足看，这个在拍照，那个在指点。你猜，为什么？因为，这就是派克市场上那家星巴克咖啡老店如今的场面。（来源：作者摄于当地）

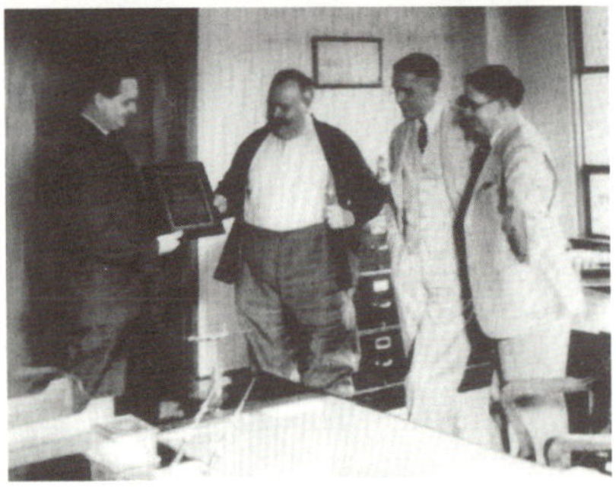

赠匾鸣谢 | 这是艾总（左一）向德西蒙（左二）赠纪念匾，感谢他送给波音的大礼，表彰他的公民意识和爱国热情。（来源：Boeing Archives）

Plant 1），马上要建的新厂取名“波音二厂”（Boeing Plant 2）。于是，一场赶建波音二厂的战斗，又在艾总指挥下展开。这也是一场空前的“硬仗”：他们要建当时世界上最大的厂房，来安装当时世界上最现代化的飞机生产流水线，来组装当时世界上最大的轰炸机。这里将成为波音名垂青史的三大“堡垒”的诞生地，成百上千的B-17空中堡垒将从这里飞赴欧洲前线，更大的本书主角B-29超级空中堡垒也要在这里研制成型（包括其变种B-50超级空中堡垒），而显赫一时的B-52同温层堡垒也将在这里诞生。还有波音的早期民航大飞机波音307、377、737等也会从这里飞出，以及其他军民用飞机等等。其厂房面积从1936年最初的

波音二厂 前面就是杜瓦米夕河上的南园大桥。这是1937年初期的情景，后来又在其周边逐步扩建成为一大片厂区

（来源：Boeing Archives）

伪装后的波音二厂外貌（来源：seattlepi.com）

“市镇”顶上风光好 （来源：Boeing Archives）

伪装后的波音二厂临河侧外貌 （来源：Boeing Archives）

“市镇”顶下生产忙 | 左为机身座窗车间，右为出货口。 （来源：Boeing Archives）

5600平方米到1942年的165000平方米，6年暴增30倍！就可见它发展之迅猛。1944年4月高峰时，这里每天生产16架B-17。因此，可以这样说：波音二厂既是波音大飞机的摇篮，又是波音现代化大生产的先锋，它见证了波音在二战期间那段光荣史。

在航空史上，波音二厂曾多次受到媒体的青睐，成为头条新闻的来源。到本世纪的2010年，这个厂又被媒体热炒了一阵。这次却不是因为它又要扩建、或造什么新的“巨无霸”，而是它要被拆了。拆除旧厂还会成为新闻热点？那是因为它很特殊。正是这时媒体才大肆报道，这个二战时曾经严格保密的，制造军机的大厂的“庐山真面目”。

原来，二战时，由于担心日寇飞机前来轰炸这个宝贝工厂，美国军方费尽心血、派工程兵团对当时占地14公顷的波音二厂进行了整体伪装。用伪装网将它覆盖，又在上面用胶合板、麻袋、铁丝网和羽毛等“制”成了模型房舍、树木、汽车、亭院、街道等，还有“居民”在那里“休闲”，使它看起来像个郊区市镇、百姓家园。你看，前面这几幅图就是如今才“揭露”出来的场景。正是：

真心实意造飞机，虚情假意搞伪装。

市镇顶下生产忙，市镇顶上好风光。

由此，也可看出军方多么期待大轰炸机，从而对能建大轰炸机的波音多么“偏爱”。

而波音也没有辜负军方的热望。在艾总的带领下，为了把被道格拉斯“夺”走的生意夺回来，把被“摔”掉的声誉重新竖起来，波音人鼓足了干劲。正是：

这边建厂甚匆忙，那边造机更紧张。

两路人马齐努力，要打一场翻身仗。

波音的“四大金刚”：蒙、明、埃、韦根据艾总的指示，很快就研究出了改进的方向，领导全班人马加班赶点，终于在当年送出了“圣诞节大礼”。

重大的改进是：起落架结构简化，换用了动力更大的莱特飓风引擎（Wright R-1820-39 Cyclone Radial，每台930马力）以及乘员减为6人。不断改进、精益求精，这就是“299型”样机事故“摔”出的转机之一。

1936年11月20日，波音机场又是一片喜气洋洋，第一架“299B型”服役测试机定型样机首飞，安德鲁斯司令率领众干将亲临现场观看。

这边飞、那边看，“299B型”更能干，司令越看越顺眼，不觉心里起盘算：这样好的鹰，波音公司出厂前已作过仔细测试，难道还需要送到莱特基地、让装备部那些技师去左测右试吗？何不直接交给基层部队去试用？于是安司令转过身来征询联队长们的意见。你想，哪个部队不渴望早日装备新型战机？联队长们当然是一致赞同：服役测试机嘛，理应直接下部队服役、测试！

人人争抢：我的联队万事齐备，只等司令把话讲。

不用争，不用抢，飞机要找“老首长”。老首长是谁？

就是第2联队的队长普拉特，正是他当年任陆军航空兵装备部长时，论证决定购买波音这个型号的，他对这型飞机思考最多、用情最深。所以，安司令投其爱将所好，决定把样机直接交到他的手里。

于是，军方通知波音：该机将由军方代表来厂验收合格后，正式出厂，并正式启用军方名称Y1B-17（其序号为S/N36-149），直接送往兰利机场，交付第2联队。而且全部12架服役测试机均照此办理。

两周后，1936年12月2日，第一架Y1B-17顺利验收合格，正式递交军方。

普拉特联队长则决定将飞机交给第2轰炸机大队（2nd Bombardment Group）进行服役测试。

第一架Y1B-17 | （S/N36-149） （来源：Boeing Archiv es）

为什么要给第2轰炸机大队呢？当然事出有因！那就是该大队是美军航空部队中有着光荣历史的大队，也可以说是“战略空军之父”米切尔的“嫡系”。它是一战时美军在前线投入的第一个轰炸机大队，1918年9月10日在法国前线建队，当时名叫“第1日间轰炸机大队”（1st Day Bombardment Gourp），一成立就在米切尔的统帅之下投入战斗，是美国远征军中7个轰炸机大队的主力【链接：在一战结束时米切尔率领的美国运征军航空部队总共有45个作战大队，其中7个轰炸机大队、18个侦察机大队、20个驱逐机大队】，参加过多次战斗，包括米切尔指挥盟军航空部队参加的著名战役：圣米耶勒战役（St. Mihiel）和默兹-阿尔贡战役（Meuse-Argonne）。

一战时，美国陆军航空兵力暴增，从1916年的311人增至1918年的195023人，战后和平时期又大幅裁军，到1920年锐减至9050人。该大队成了轰炸机大队唯一的“种子”被留了下来，于1921年3月31日，改名为第2大队（轰炸机），1923年1月25日才又正式定名为第2轰炸机大队。从那时起它就“定居”在兰利机场，直到美国参加二战才奉派赴欧作战。

【链接：读者朋友可别误会，以为有第2轰炸机大队，就有第1轰炸机大队。其实，在一战后那几年，美国陆军的航空部队是混编的，当时美国陆军的空中打击兵力在美国大陆一共只有3个大队：第1大队（驱逐Pursuit）、第2大队（轰炸Bomb）、第3大队（强击Attack）。此外还有一个第9侦察大队（Observation），在每个陆军军还有一个侦察中队。在海外有三个混成大队：第4大队在菲律宾，第5大队在夏威夷，第6大队在巴拿马。如此而已。当时，第2（轰炸机）大队属下有4个中队：第11、第20、第49和第96中队。】

也就在1921年，该队又被时任陆军航空勤务队副队长的米切尔选中，用来验证他的制空权理论，抽调该队的轰炸机中队，参加了著名的飞机轰炸军舰试验，写下了美国空军史上重要的一页。

情况是这样的，虽然一战中飞机已在欧洲战场大显神威，但在美国国内，军队的大多数首脑还是不太看得起航空部队，甚至连战功卓著的米切尔也被视为过份强调飞机作用的异类。米切尔认为：无论在陆地或水面制空权都十分重要；在陆地上空和水面上空，航空兵力的战术形式的唯一区别，只是飞机起飞场所和战斗环境不同。对于这一论断海军首脑更视为笑谈。于是1920年夏天开始米切尔和他的理论的追随者们就展开了强大的“舆论攻势”，刊登文章影响大众，游说国会争取支持，这在1921年春达到高潮，米切尔发表了一本专著《我们的空军》，公开而详尽地总结了他的战略空军理论。终于促使国会和海军同意他进行海上轰炸试验。

1921年7月13至21日，在切萨皮克海湾（Chesapeake Bay）进行了试验，轰炸的靶舰是一战时缴获的3艘德国军舰：奥斯蒂弗莱斯兰号战列舰（Ostfriesland，24,700吨）、法兰克福号轻型巡洋舰（Frankfurt）和G-102驱逐舰。两个月后，9月23至26日，该队再次参加了米切尔的轰炸军舰实验，不过这次轰炸的却是美国海军自己的老式战列舰：阿拉巴马号（USS Alabama BB-8）。两年后，1923年9月5日，该队又参加了米切尔的另一次轰炸军舰实验，这次轰炸的也是美国海军自己的老式战列舰：弗吉尼亚号（USS Virginia BB-13）和新泽西号（USS New Jersey BB-16）。试验均获成功，该大队立了军威，米切尔也出了风头。

【旁白：从而也加深了他与海军以及保守的陆军军头们的“冤仇”，三年后就把他逼下台了。正是：伸张了理论，结束了官运。这就是政治！】

再说一件该大队的事。就在得到样机几个月前该大队又立了一功。1936年8月13日，它奉命参加陆军第2军的演习。为它预定的演习科目是：在恶劣天气条件下依靠仪表和导航远程奔袭地面目标。当天由该队的第96轰炸机中队派出3架马丁B-10B轰炸机，空中指挥为纽金特上尉（Richard E. Nugent，时任第2轰炸机大队副官）。按照《演习想定》，它们应在22:00到达密歇根州阿勒根市（Allegan，Michigan）空域，对地面目标实施空袭。纽金特率队于16:30从兰利机场起飞，另两架飞机分别由西门桑中尉（Edwin G. Simenson）和阿姆斯特朗少尉（Burton W. Armstrong）驾驶。升空不久飞机就穿过薄暮钻入密云之中，纽金特就靠仪表飞行，其他两架紧跟其后，形成紧密的三角队形，起初他们还可看见纽金特飞机的导航灯，但后来就遇上了雷暴和浓雾，致使队形失散，纽金特只得降低高度钻出云层在前方空域徘徊，一刻钟后，另两架才陆续归队、继续前行，并于21:58按时到达预定空域，成功实施空袭。全程共飞行600英里。由于这一出色成绩，由纽金特代表9位参演人员（每架飞机3人）接受由陆军参谋长克雷格亲自颁发的麦凯奖杯（Mackay Trophy，该奖由美国航空协会于1911年设立，一年一次由战争部审批颁发给当年最优秀的飞行员或单位。第一位得奖者就是阿诺德）。

再来看该大队的班子状况，该大队队长奥尔兹中校（Robert Olds）以及他手下的年轻骨干，包括威廉姆斯上尉（Gerald E. Williams）、特拉维斯上尉（Robert F. Travis）和李梅中尉，他们都是米切尔理论的忠实追随者，当然也是支持订购波音重型远程轰炸机的铁杆。尤其是李梅，这年正是他而立之年，虽然他不是科班出身，未上过西点军校，目前也还只是该队的中尉飞行员，主要负责导航。但他却是航空兵的一员闯将，几年之后他就将成为轰炸日本的统帅，将成为美国空军的未来之星。

特拉维斯比李梅大2岁，威廉姆斯比李梅小1岁，但他们与李梅不同，都是西点军校科班出身，毕业后就将一生献给了陆军航空部队，屡建功勋。但遗憾的是后来均因飞机失事而殉职（威廉姆斯上校死于1949年，特拉维斯准将死于1950年）。

队长奥尔兹比李梅大10岁，他可是高中毕业就参军入伍，又进了柯蒂斯航校学习飞行，是个老牌飞行员，参加过一战，战后又在陆军航空勤务队计划处干过，成为米切尔的得力助手和坚定的支持者。1927年进入航空兵战术学校，又与安德鲁斯成了同窗好友，同在第8班学习（这个班出了不少空军将领）。毕业后就来到兰利机场，在第2轰炸机大队任作战官、队长至今（两年后还将进入指挥与参谋学院，成长为陆军航空兵的高级领导）。

你看，第2轰炸机大队是不是很棒，把新型战机交到他们手里，真可谓部队开心、领导放心！

【旁白：可惜！也就在这一年，米切尔与世长辞了。他既未看到他憧憬追求的远程战略轰炸机光彩面世，也未见到第一支用重型远程轰炸机装备的部队——第2轰炸机大队悄然成形。但随着B-17、B-29陆续投入实战，他的战略空军梦想正逐步变为现实。】

在波音与军方的密切配合下，从1937年3月1日至8月4日，其余11架Y1B-17也陆续交到第2轰炸机大队手中，进行飞行测试及战术开发（到部队后，人们常常把“1”字也略掉了，就叫它YB-17。因为这个“1”本来就只是“促进派”用来说明资金来源的“挡箭牌”）。

对于奥尔兹和李梅等人而言，拿到了心仪已久的战机，是既兴奋又紧张。兴奋可以理解，紧张又是为何？那就是绝不能让类似希尔那样的事件重演！如果那样，不仅会使大型轰炸机项目从此化为乌有，而且也会葬送所有促进派领导的前程，从而航空部队出头的日子也就遥遥无期了。如此重担能不紧张吗？

让他们伤透脑筋的就是那句“连希尔和陶尔这样顶尖的试飞员都难幸免”的论断。那么，究竟事故的根在哪里？“太大、太复杂、操纵困难”就得给飞机“判死刑”吗？要知道，随着条件的改善、技术的进步，任何武器和兵器都会越来越复杂、操纵越来越困难，这是个铁律，除非你永远用刀枪剑戟！

他们想，既然这次事故深究其因就是上面提到的“无人告知，又未作预检”，那么反过来岂不是“有人提醒、预先检查”即可克服。于是，他们与波音的专家们经过仔细研究，列出了一个《检查清单》（*Checklist*），规定驾驶和副驾驶在飞行的各阶段（起动发动机前→起飞前→巡航时→下降前→着陆前→着陆后→关发动机后，以及紧急情况时）都要根据清单、一丝不苟地检查。用这个办法来弥补飞行员的记忆力和注意力的潜在局限，以避免和减少人为的操纵失误所导致的事故。

【旁白：《检查清单》，看似简单，实则意义非凡。它避免了对驾驶员记忆能力不切实际的依赖，使飞机操纵建立在科学的程序上。《检查清单》这一措施，后来形成了制度，写进了条令，而且日益细化、深化，并推广到其他机种和民用航空，甚至推广到其他兵种和行业，卓有成效。尽管随着技术的进步，《检查清单》的形式不断变化：文本的、机械的、电子的以及电脑智能化的，但文本清单仍然是最基本的。从这个意义上说，根据“299型”样机事故的教训所拟订的各种清单，在以后的年代中，成功地挽救了成千上万人的生命。因此被航空史学界誉为“清单革命”。而这正是这次“299型”样机事故“摔”出的最大转机！】

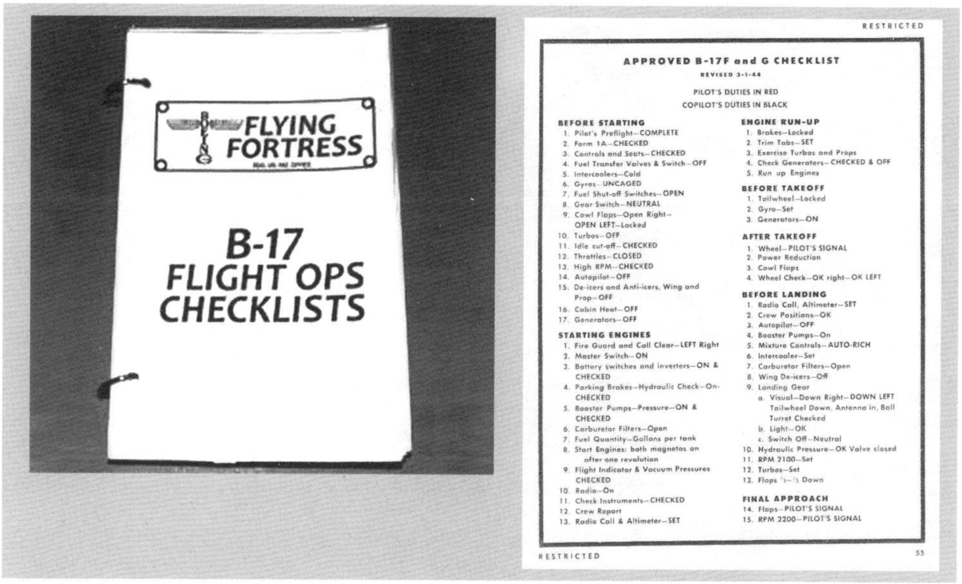

《检查清单》举例 | 检查清单貌似简单，却掀起一场清单革命，挽救了成千上万人的生命。这一事例，难道不值得深思吗？在我们的生活中有多少貌似简单却很值得做的事情啊！（来源：USAF）

在服役测期间，YB-17有几次引入瞩目的表现，被作为“里程碑”式的标志性事件，记入了美国空军史册。它们突显了这款新型飞机的能力，从而彻底扫除了人们的疑虑，不仅使YB-17站稳了脚跟，而且为XB-15、从而B-29的继续研制注入了新的动力。下面举例介绍一下。

1937年7月10日，由罗斯福总统亲自下令，在加州西面海域，进行陆-海军夏季联合军演。其中的重头戏是“第4号联合空中演习”（Joint Air Exercise No.4, Amry-Navy Summer Maneuver）。

演习的科目是，1937年8月12日中午开始，在24小时内搜寻并炸毁“敌舰”。

海军派出由30架飞机组成的一个巡逻机联队、负责搜寻。由金少将（Ernest J. King, 时任海军加州北岛航空基地司令，珍珠港事变后成为海军第一把手，任美国舰队司令、海军作战部长）指挥；

陆军派出41架陆军航空兵的轰炸机、负责轰炸。由安德鲁斯少将指挥。其中包括7架由奥尔兹率领的第2轰炸机大队的YB-17空中堡垒重型轰炸机，由马奇机场起飞。

目标是由“犹他号”靶船（USS Utah，它是1911年服役的21,825吨的、佛罗里达级战列舰，原弦号为BB-31，曾风光一时。1931年后改为靶船，弦号改为AG-16，它也就是珍珠港事变中被日寇击毁在港内的舰艇之一）代表的假想敌舰队（假设由2艘战列舰、1艘航空母舰、9艘驱逐舰组成）。

演习开始后，最初是海军巡逻机“误报”敌舰位置，使陆航机队扑了个空（据说海军申辩此系“笔误”，可笑！）。最终在接近演习期限时，第2轰炸机大队的YB-17飞行员自己找到了靶船，并于400英尺高度进行了低空轰炸。谁知海军又“耍赖”，提出轰炸高度太低不能算数（更可笑！）。于是第2次重演，也未难住奥尔兹带领的精英，这次4架YB-17在18000英尺的高空成功实施了轰炸，顺利地结束了演习。

还有一件轰动国际、露脸之事：

1938年2月15日第2轰炸机大队的6架YB-17，由奥尔兹亲自带队从兰利机场起飞，长途奔赴阿根廷的布宜诺斯艾利斯（Buenos Aires, Argentina），然后于2月27日返回，创造了全程12000英里无严重事故的飞行纪录。又荣获1938年度麦凯奖杯。

再举一例：

1938年5月，在安德鲁斯司令的领导下，陆军航空兵组织了一次建军以来最大的演习。出动了468名军官、2380名士兵、131架飞机（包括第2轰炸机大队的8架YB-17），他们来自陆军航空部队总司令部所属三个联队和美国东北部的18个机场。

这一次，安司令向第2轰炸机大队下达了一项远程奔袭的训练科目，目标是位于纽约以东约800英里的意大利“雷克斯号”班轮（Italian Liner Rex）。

5月12上午，3架YB–17由海耶斯少校（Caleb Hayes）带队，由李梅负责导航，在恶劣的天气下，成功地找到目标，并数次越过该船拍照。这项展示了YB–17远程奔袭能力的事例，却引起海军的“醋意”，提出陆军航空兵“跨界”管起海上的事情来了。官司打到上头，最后搞了个协议。陆军航空兵负责海岸防御最远不得超过300英里。不过，海军始料不及的是，这事闹得沸沸扬扬，反而为YB–17扬了名。

好了，12架交给第2轰炸机大队的服役测试机的“服役测试”举例就到此为止了。总的说来，精心操作加上《检查清单》的辅助，12架服役测试机不仅佳绩频传，而且累计飞出了1800000英里未发生严重事故的出色成绩。于是，YB–17的“Y”这顶“帽子”也被摘掉，“B–17飞行堡垒重型轰炸机”正式登台。

锋芒初露 | 上图为1937年8月第2轰炸机大队演习途中的YB–17
右图为被“攻击”的犹他号靶船
（来源：USAF）

最后再交待一下其它两架的情况：

第13架，是唯一按程序送到莱特基地去进行各种“正统”的飞行测试。毫无悬念、顺利过关。于是，也改为B-17，送去服役。

第14架Y1B-17（其序号为S/N37-369），原本只作为地面静态测试用的。可是，这么好的飞机怎么能如此浪费呢？于是，军方通知波音：测试完后，立即按服役机要求，进行升级改装，提供部队使用。该机于1938年4月19日开始试飞，并结合前13架的服役测试机的实测数据和经验，进行了多次改进，成为第一架作战变型，直至1939年1月31日才交给军方，改进后售价也升为100000美元。军方将其命名为B-17A。

从此，B-17名言正顺地成了陆军航空队正式列装的重型轰炸机，投入批产，并不断改进，名称后面的字母也不断往后排，有了B，C，D，E，F，G各型。但

一展雄姿 | 这是1939年旧金山金门国际博览会（Golden Gate International Exposition）期间，在珍宝岛（TresurIsland）联邦大楼前展出的YB-17 。 （来源：wikimedia commons）

一开始，也并未将它用作远程轰炸机，而是主要用于美国东、西两岸的海岸防卫，产量也不是很大，在珍珠港事变前（即美国正式参加二战前）从1937年11月至1941年11月，4年共生产155架。

1939年，YB-17还作为美国航空工业的成果精品，参加了著名的旧金山国际博览会，前页下图就是它展出时的雄姿。

美国参加二战后，情况迅速变化，B-17成为远程轰炸机的主力，产量也越来往大，高峰时期，波音二厂每天出厂16架。请看，下页就是当年的出厂场面，多么壮观！

美国参战后，订货数量多、要求急，波音公司一家忙不过来了，按军方的安排由波音公司与道格拉斯公司和洛克希德公司的一家子公司“维加公司”（Vega Aircraft Corporation, 1937年成立的生产轻型飞机的公司），三家公司组成联合体（简称为BVD，分别为波音、维加和道格拉斯的字头），合力突击生产B-17。即使这样都还供不应求！至1945年5月德国投降时，共生产了12,731架。其中，B-17G是最后一个改型，也是生产数量最多、军方最满意的机型。下表是当年生产数量一览表。

B-17 生产数量一览表

型号	波音	道格拉斯	维加	总计
299型	1			1
Y1B-17	13			13
B-17A	1			1
B-17B	39			39
B-17C	38			38
B-17D	42			42
B-17E	512			512
B-17F	2300	605	500	3405
B-17G	4035	2395	2250	8680
总计	6981	3000	2750	12731
注：本表根据出厂型号分类制作，以波音公司的档案为准。在实际应用中，尚有一些改型机或出口型号，被命名为其它尾部字母或其它代号，但数量均在总数之列				

铁流 | 这是1944年4月30日生产高峰时期，波音二厂每24小时出厂16架B-17的盛况。 （来源：Boeing Archives）

亭亭玉立 | 这是停在扬基航空博物馆机坪上的“扬基夫人”号B-17G飞行堡垒轰炸机 （来源：Yankee Air Museum）

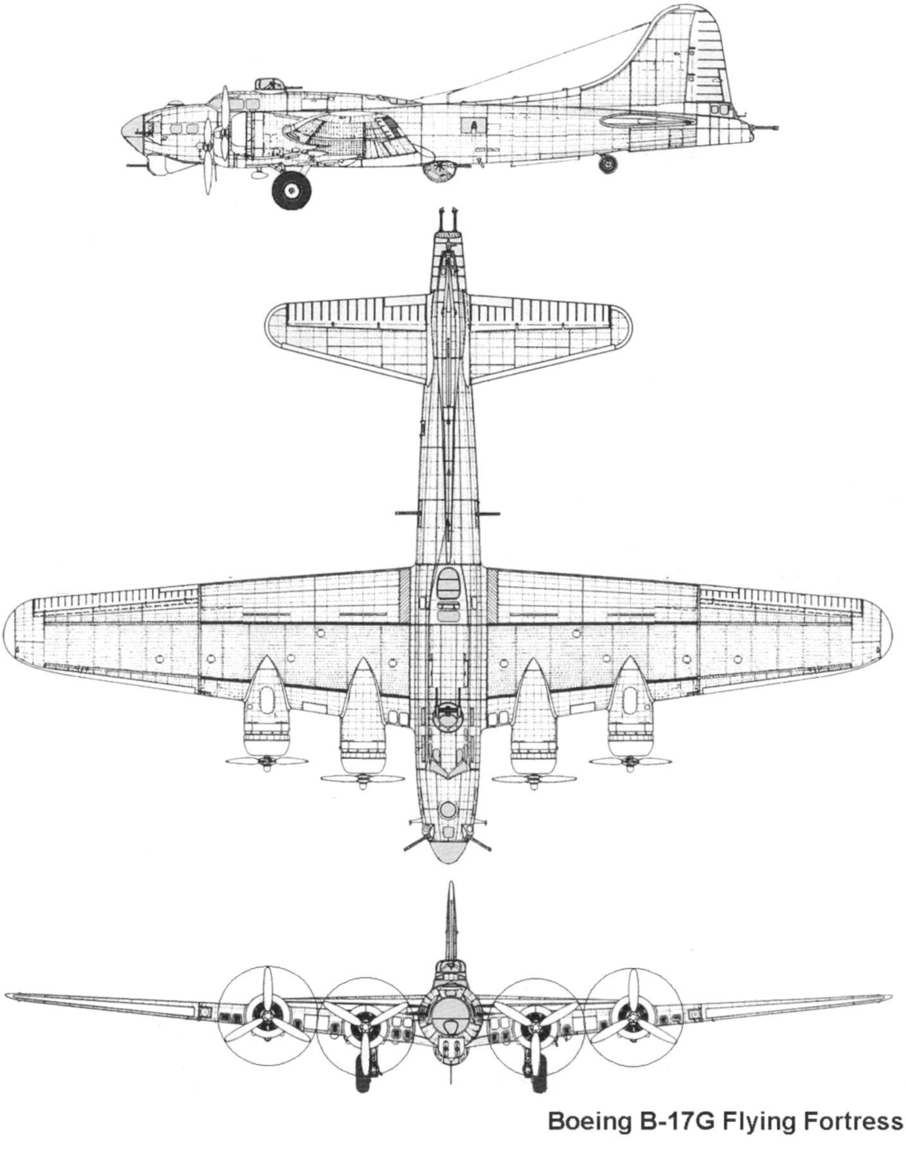

B-17G的三视图 | 上为侧视图，中为俯视图，下为正视图 。 （来源：rechard.ferriere.free.fr）

第2轰炸机大队，也于1939年12月6日改编为第2重型轰炸机大队。这对于波音和美军都是一个里程碑，从此开启了美军战略空军的历史。

波音从1934年开始战略轰炸机的长征，经过4年多的时间，B–17终于脱颖而出、展翅蓝天，这是波音对美军的一大贡献，而艾总也被誉为“B–17之父”。

对于B–17的功劳，阿诺德曾这样评价：

“B–17参加了二战中每一个战区的作战行动，是我们在世界各地空中作战的中坚力量。”

斯帕茨（Carl Spaatz，二战时，先任欧洲战区战略空军司令，后又任太平洋战区战略空军司令；美国空军独立成军后，他任第一任空军参谋长，相当于其他国家的空军总司令）也有一句名言：

“没有B–17，我们会失去战争。”

由此看来，军方对B–17是非常满意的。然而，满意不等于满足。即使在得心应手地驾驭B–17的时候，无论是军方还是波音，也都没有忘记他们憧憬的是“A计划”那种的更为诱人的目标。也就是说，B–17的成功，只是走了战略轰炸机长征的第一步，只能算是一个阶段性成果。

事实上，在进行“299型”（以及后续的Y1B–17）研制的同时，艾总最先任命的4引擎飞机的攻关小组，也就是由工程师基斯特拉领导的、XB–15（Boeing Model 294）的攻关小组并未闲着，他们就在Y1B–17班子的旁边、与之比肩接踵地加油干着（先是同在波音一号厂、后来也搬往波音二号厂。因为只有那里的巨大新厂房才能装下它那更为巨大的身躯）。而踌躇满志的陆军航空部队的促进派们，更不只是在等待Y1B–17送货上门，他们同样也未闲着，也一直在加紧谋划。

先来看军方这边，在波音、马丁和道格拉斯密锣紧鼓地埋头苦干波音“299型”、马丁“146型”和道格拉斯“DB–1型”之时，1935年2月5日陆军航空兵装备部又一个新计划出炉了。这也许算是普拉特在陆航装备部长任上谋划的最后一项杰作，因为他新年过后就已走马上任、到部队带兵去了，担任第二（航空）联队的联队长。这个新计划名叫“D计划”（Project D）。其最大特点就是更加冒尖，它不但延续了“A计划”研制巨型轰炸机的要求，而且对航程不封顶，即不但要大，而且要远！也就是说，不限于“A计划”那个“5000英里”，而是鼓励厂商“拼命”地干，争取尽可能飞得远点、再远点，争取能翻上一番，以便“研究未来飞机所能达到的最大航程来促进军用航空的发展。”

这次，军方也选中了两个公司：

一个是，前面已出现过的道格拉斯公司。选上它是因为通过B-18和DC-3的成功，军方认为该公司在巨型飞机研制上的潜力应当进一步发挥，有意让它再与波音一决雌雄；

另一个是，前面未出现过的，它是位于康涅狄克州斯塔福德市的西科尔斯基航空公司（Sikorsky Aircraft Corporation，Stratford，Connecticut）。关于它，一般人不太熟悉，但说起“黑鹰”直升机，大家也许就耳熟了。西科尔斯基公司就是美国著名的直升机制造商，它是由俄裔西科尔斯基（Igor Ivanovich Sikorsky，俄文名是：И́горь Ива́нович Сико́рский）于1923年在美国创办的。

西科尔斯基1889年出生在俄罗斯的基辅（现为乌克兰首都），自幼热爱航空，在基辅工学院读了两年大学，就忍不住跑到法国去学习航空了。回国后，于1913年5月13日，试飞了他自己研制的世界上第一架4引擎飞机。在第一次世界大战时，他就为俄军制造过这种轰炸机，引起世界瞩目。俄国十月革命后，他移民美国，成立该公司，继续圆他的研制飞机梦，制造了许多水上飞机和直升机。那时，它已为泛美航空公司制造了10架4引擎越洋飞船S-42 Clipper（俗称“泛美飞剪船”）。美军方也希望西科尔斯基能施展一下他制造陆基大飞机的才能。

1935年6月5日，道格拉斯和西科尔斯基两家公司的代表都被请到莱特机场，与军方研讨“D计划”的细节。军方希望他们能在1938年3月31日之前拿出实验样机。

接着，就是紧锣密鼓地落实工作。

3周后，6月29日，军方通知波音：决定将前年制定的“A计划”与今年新制订的“D计划”合并成一个项目，统称为“远程轰炸机”（Bomber，LongRange，缩写为BLR）项目。因此，研制的实验样机，称为“实验远程轰炸机”（Experimental Long Range Bomber，代号为XBLR）。因此，将XB-15的

黑鹰临空 | 这是西科尔斯基公司为美军生产的四旋翼、双引擎直升机UH-60L黑鹰（Black Hawk），2004年1月在伊拉克上空执勤。（来源：wikipedia.org）

名称改为XBLR-1。并与波音公司正式签订了XBLR-1实验样机的研制合同。

过了10天，7月9日，军方也通知道格拉斯公司和西科尔斯基公司，有关两个计划合并的决定，并指定：道格拉斯公司将要研制的实验样机定名为XBLR-2；西科尔斯基公司的则定为XBLR-3。

又过了3个月，10月18日，军方也与道格拉斯公司和西科尔斯基公司分别签订了预研合同：要求进行初步设计和详细设计、制作木制模型并进行元部件的测试鉴定。

这就是说，就在道格拉斯的“DB-1”和波音的“299型”均已首飞成功之时，一种新的、比它们体形更大、飞得更远的“实验远程轰炸机”比赛又已鸣枪开跑了。

跨越美中 | 这是1937年，泛美航母公司开辟中国航线时所做的广告，用的就是西科尔斯基公司生产的世界上第一种4引擎越洋飞船S–42 Clipper。该飞船可乘37位座位乘客或14位卧铺乘客。那时，泛美航空已用它开辟了由美洲大陆飞檀香山、新西兰和香港等地的航线。（来源：wikipedia.org）

而波音当然占了“便宜”，因为它已预研了一年。所以，两多月后，当道格拉斯和西科尔斯基两家公司还在为完善设计打拼之时，波音公司的XBLR-1木制实样模型已经送往位于弗吉尼亚州汉普顿市的兰利研究中心（Langley Research Center, Hampton, Virginia）去做风洞试验了。该中心是美国国家航空咨询委员会（National Advisory Committee Aeronautics，它就是如今的美国国家航空航天局的前身）的下属机构。

从1936年1月3日至5月6日，XBLR-1模型边改边测，在兰利研究中心做了8轮风洞试验，取得了满意的结果。而这期间，道格拉斯和西科尔斯基两家的方案也得出了结论。

1936年3月，经过对木制模型的检验和比较，军方宣布选中道格拉斯的方案，即保留道格拉斯XBLR-2的合同，撤销XBLR-3的合同。灰心失意的西科尔斯基公司，从此退出了远程轰炸机的舞台，一心一意去搞直升飞机去了。

风洞试验 | 这是1936年5月6日，XBLR-1模型在进行整体风洞试验。注意，可别误认为它“小”得像个玩具。请注意一下右下方站的人与它的比例，便知分晓。（来源：nasa.gov）

接着，军方又对飞机命名进行了调整，1936年7月，军方通知波音和道格拉斯：撤销XBLR命名，波音的XBLR–1改回XB–15，道格拉斯的XBLR–2改为XB–19。

你看，现在又剩下波音和道格拉斯两家对决了。

【旁白：的确，它们两家都是硬主，这就难怪60年后，当它们终于拼累了之时，就选择了合并。1967年道格拉斯公司并入麦克唐纳公司（McDonnell Aircraft Corporation）成为麦道公司（McDonnell Douglas）。1997年麦道公司又并入波音公司，彻底结束了道格拉斯公司75年的奋斗史。不过，在波音新的编年史中，都同时将道格拉斯当年的成就一并列出，作为波音人和道格拉斯人（或者合起来叫"新波音人"）共同的骄傲。】

在这轮对决中，道格拉斯不幸又处于下风。这不仅因为波音已先干了两年，而且由于先签订了实验样机合同，拿到了60万美元的研制经费，何况还有那个Y1B–17"大鸟"在旁"伴飞"，因而基斯特拉领导的团队干得既欢又快。决心要造出一架"前无古人"的"重、大"产品，让世人惊艳、让波音风光。

他们真的做到了！就在接到军方通知改回XB–15大名一年之后，而且赶在12架Y1B–17服役测试机的最后一架交付军方之前，他们终于赶造出了美军历史上第一架最重、最大的飞机。

1937年10月15日，XB–15从西雅图波音机场的机库中缓缓拖出，停在跑道起点，波音的王牌试飞员艾伦（Edmund T. Allen，被誉为"美国的试飞先驱"，他几乎飞遍了美国早期的飞机），在众人聚精会神地注视之下，登上这个庞然大物，发动、滑行、拉起、爬升……

"首飞成功了！"众人一片惊呼。

1938年8月2日，波音正式将该机移交给军方。由于是实验样机，所以军方未改称为B–15，而是始终保留原名：XB–15。陆军航空兵也将这架宝贝，交给第2联队的第2轰炸机大队（因为它是全军最先、也是当时唯一正式装备了大轰炸机的单位）。这时，联队长普拉特准将已调到航空兵战术学校（Air Corps Tactical School）当校长去了，由原第3联队的联队长布兰特调来接任（他由上校升为准将），而大队长还是我们前面提到过的奥尔兹中校。

至于它是否惊艳和风光，相信你看了下文后，自有结论。

先来看看，它到底有多大、多重?

长：87英尺7英寸（26.70米）

高：18英尺1英寸（5.51米）

翼展：149英尺（45.42米）

空载重量：37709磅（17120千克）

最大重量：70706磅（32100千克）

最后改装增加到：92000磅（41768千克）

最大速度：197英里/小时（在5000英尺高度航行时）

巡航速度：152英里/小时（在6000英尺高度航行时）

作战升限：18900英尺（5761米）

最大航程：5130英里（8254千米）

机组乘员：10名（可分两组轮休）

武器装备：0.3英寸和0.5英寸口径机枪各3挺，分别安装在头部和顶端的炮塔，以及左右两侧各1个和腹部的流线水泡形枪室中；内弹舱最大载弹量为12000磅。

雄鹰展翅 | 左图为XB-15展翅长空的英姿，其编号为35-277，外号“天空战舰”（Sky Battleship）。（来源：Simithsonian arhives）

右图为美国试飞先驱艾伦。（来源：wikimedia.org）

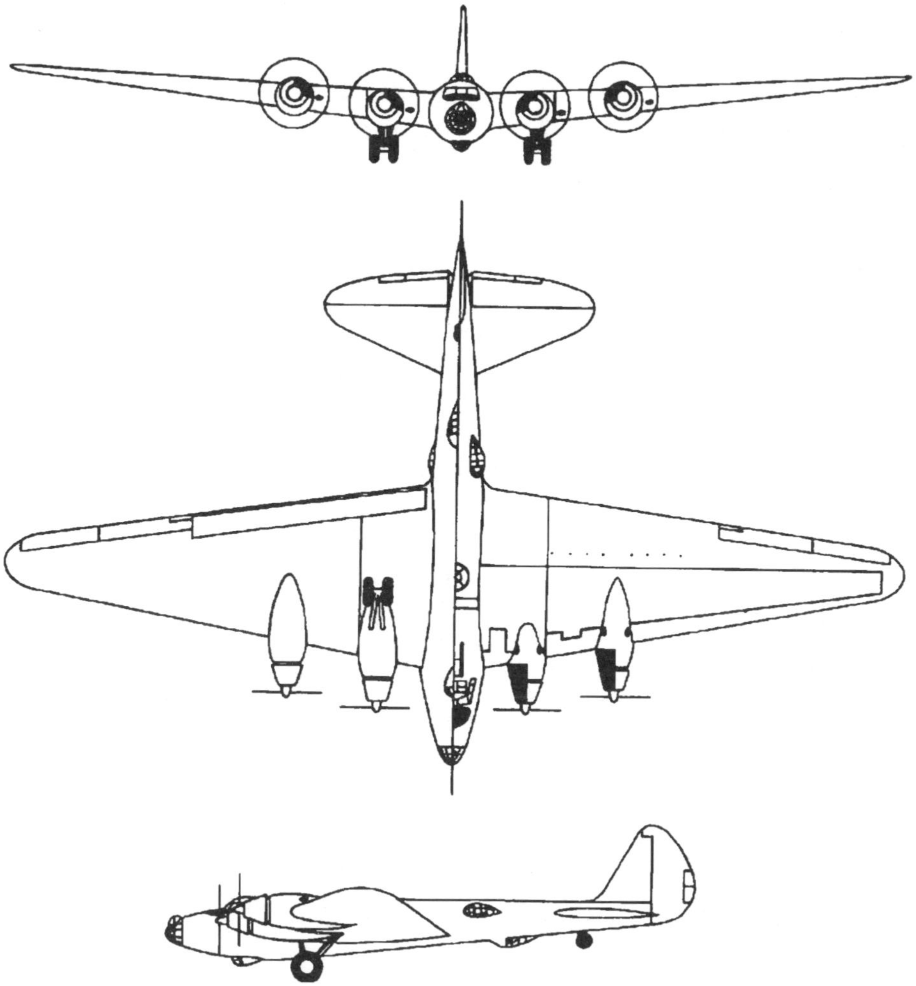

XB-15 的三视图 | 上为正视图，中为俯视图，下为侧视图。（来源：aviastar.org）

基斯特拉的研制团队，为了给这架当时最大、最重的实验样机添彩，还特别费劲、甚至独出心裁地为它配置了许多当时其它机型所不具备的功能，例如：机组乘员可从翅膀中到达引擎处排除故障；有自动驾驶系统和无线电导航；有加热、增压和通风系统；有机翼除冰功能；有110伏的附加电源；有为轮休机组乘员提供的舱室卧床和洗手间；甚至还有做饭的厨房等。

唯一使他们感到美中不足之处是，他们原计划选用艾里森发动机公司（Allison Engine Company，它是美国一家老牌航空引擎制造商，后来被劳斯莱斯公司收购成为其子公司）正在试制的大功率液冷式发动机Allison V-3420，其每台动力可达2600马力（1939.6千瓦）。遗憾的是，艾里森公司尚未试制成功，不能按时供货。他们只能改用普惠公司的、较低功率的空气冷却式发动机Pratt & Whitney R-1830-11，其每台动力只有850马力（634.1千瓦，只有艾里森的三分之一）。由于这一变动，使该飞机的速度和运载能力都有所下降，从而使军方一直未要求波音批产，所以，该机是个“独生子”。即使如此，由于它的确是当时最大的陆基飞机，军方还是用它创造了不少傲人业绩。以下略举几例。

1939年1月24日，南美洲的智利发生大地震，几座沿海城市损失惨重，5万人死、6万人伤、70万人无家可归。罗斯福总统急令陆军航空兵协助美国红十字会进行人道救援，向智利运送疫苗和其他医疗急救物资。任务下达到第2联队，布兰特联队长和奥尔兹大队长研究认定，为了可靠地完成这一繁重而紧急的任务，只有让XB-15这架当时最大、载重能力最强、而又能飞得最远的飞机出征。

十万火急！第2轰炸机大队的11名执行这一紧急任务的人员，在机长海恩斯（Caleb V. Haynes）少校率领下，争分夺秒，只用了40小时18分钟就圆满地完成了这一光荣任务。往返航程4933英里，全程飞行时间29小时53分钟。为此他们11人集体荣获1939年度麦凯杯。XB-15也名声大振，正是顶着这一光环，两个月后，它被送往在纽约举办的第20届世界博览会。

请看！兴奋的陆航官兵和靓丽的模特把XB-15巨大而结实的身躯当作午台，尽情地展示了这株人类航空的奇葩。

巨无霸亮相 | 要问有多大，美女来丈量。一只翅膀上，模特十七双。这是XB-15在1939年纽约世界博览会上展出时的盛况。
（来源：wordpress.com）

【链接：1939年4月30日在纽约开幕的第20届世界博览会，是二战前的最后一届世博会，有64个国家参展，前苏联也“盛装”出席，美国的罗斯福总统向60万欢乐的人群发表了热情洋溢地讲演，连爱因斯坦也出来共襄盛举。与会的人们尽情地用当时最新奇的科技成就和最激越的话语了论述应届世博会的主题：“明天的世界”是多么的美好！

可是，几个月之后，当恶魔希特勒用他的铁蹄来践踏人类的“明天”之时，媒体把这次盛会定义为“噩梦前的狂欢”。】

参加这次人道救援和得奖的机组人员，除少校海恩斯外，其他10人为上尉奥尔德（William D. Old）、上尉萨姆福特John A. Samford）、中尉弗里曼（Richard S. Freeman）、中尉沃尔特（Torgils G. Wold）、技术士官海尔特（William J. Heldt）、技术士官欣斯（Henry L. Hines）、技术士官斯派塞（David L. Spicer）、参谋士官朱尼尔（Russell E. Junior）、参谋士官桑德斯

（James E. Sands）和士官长卡他鲁斯（Adolph Cattarius）。

也就是在这一年的夏天，海恩斯少校又带领他们创造了受到国际航空联合会（Fédération Aéronautique Internationale，简写为FAI）和国家航空协会（National Aeronautic Association）认可的几项世界纪录：

先是在7月30日创造了两项载重高飞的世界纪录：

世界纪录1：载重14136千克，高度2000米

（国际航空联合会纪录文件号：8739）

世界纪录2：载重10000千克，高度2508米

（国际航空联合会纪录文件号：8740）

地点：俄亥俄州费尔菲尔德（Fairfield，Ohio）

驾驶：少校海恩斯

乘员：2人，分别是上尉奥尔德和技术士官海尔特

接着，3天后（8月2日），他们又创造了载重远飞的世界纪录：

世界纪录：载重2000千克，以267.67千米的时速，航行5000千米（国际航空联合会纪录文件号：10865）

地点：俄亥俄州代顿市（Dayton，Ohio）

驾驶：海恩斯

乘员：共6人，分别是上尉奥尔德、上尉布里特（Walter G. Bryte，Jr.）、上尉布兰特（A. C. Brandt）、士官长卡他鲁斯、技术士官斯派塞和参谋士官桑德斯。下图是创造纪录的机组人员在巨无霸旁的合影。

你看，XB–15是不是既惊艳、又风光？所以，陆军航空兵也一度心动，希望波音在XB–15的基础上，将发动机的功率加大，试制两架服役测试机，新机取名为Y1B–20（这个“1”字，大家已经见过，通俗说来就是“预算外拨款”）。有了新订单，波音何乐而不为，也投入人力研究了方案，最大的改变就是动力改用普惠的1400马力的发动机Pratt & Whitney R–2180–5，不过，还未来得及制造，军方却改变了主意。

合影留念 | 左起依次为海恩斯、奥尔德、布里特、布兰特、卡他鲁斯、斯派塞、桑德斯 （来源：FAI Photo）

为什么？因为他们已经在想B–29了。

那么，XB–15后来的命运如何？虽说它一直戴着“X”这顶帽子，但却是正式移交给了军方的，也算“服役”了吧。虽未用作轰炸机，却也曾一度用于反潜巡逻，1940年4月10日海恩斯曾率队驾驶XB–15到巴拿马克河区执行巡逻任务，并进行轰炸试验，5月11日返回美国，机组人员中，也包括负责导航的李梅。试验并不成功，命中率低。因此，后来的使用主要还是利用它的载重能力。珍珠港事变、美国参战后，也曾想用它去轰炸，但终因顾虑其载弹后速度不快、遇敌机拦截时难以逃生，而未下决心。后来干脆把它的自卫机枪也拆了，用来跑运输。1943年5月6日，更正式从第2轰炸机大队“调”到在巴拿马运河区霍德华机场驻扎的第20运输中队（20th Troop Carrier Squadron，Howard Field，Panama），改为运输原型机，改装了货舱，重量增加到92000磅，名称也正式由“B”（轰炸）改为“C”（运输），新名叫XC–105。并在头侧画了一个运货的大象，取了个昵称

1943年XC-105及其机组成员在巴拿马霍华德机场 （来源：wikipedia.org）

叫“爷爷”（Grandpappy），机组人员改为6人。后来，又随第20运输中队换场至阿尔布鲁克机场（Albook Field，Panama），并于1944年12月退役，结束了它为期18个月的运输机生涯。二战结束前，1945年6月奉命报废、拆毁。

现在该来讲一下XB-19了。比起波音来，道格拉斯的研制工作进展并不顺利。原因是多方面的：

第一方面是军方资金不足。可以这样说，美国在二战参战前，由于参战决心未下、战略意图不明，在战略航空设备的研制上更是态度犹豫，甚至有国会议员质疑：“我们打算跟谁打仗？”。而当时的军方高层又多为不支持战略轰炸者。

因此，在大轰炸机的研制上，是处于一种“鸭子划水”的势态，即下面积极、上面观望。也就是说，陆军航空兵雄图伟略地提出了许多计划，有的被搁置，有的虽然批准了却又缺经费，特别是在1935至1937年间，研制经费更紧。当时注意力聚焦在支持波音的Y1B-17和XB-15作最后冲刺上。所以，虽然1937年7月军方就已与道格拉斯订下了XB-19这个项目，但到当年11月19日（也就是波音的Y1B-17全部移交军方和XB-15首飞成功一个月之后）军方才与道格拉斯草签研制XB-19的原型样机合同。但仍因经费牵制，直到1938年3月8日合同才正式生效。在这时，军方才正式授于该机编号：38-741。即使如此，军方的经费仍然到位迟缓，致使道格拉斯公司必须自掏腰包、维持研制。

第二方面，道格拉斯信心不足。本来，“D计划”提出之初，道格拉斯是雄心勃勃地要与西科尔斯基一决高下，但当胜利在握之后，军方却不是一杆子插到底地支持下去，而是又把它与波音的“A计划”拉到一起去比拼。按说，道格拉斯倒也并不怕与波音对决，问题是波音已早跑两年，这比赛就有欠公平，公司方面担心，勉强比下去，会是费力不讨好，临了只是当个“陪练”的角色。再加上军方在合同的签订、经费的支付上又总是拖拖拉拉，致使道格拉斯公司对军方的“诚意”也生疑窦。还有就是他们现在的确很忙，大批B-18要急着出厂，全世界的DC-3订单又在不断加码，一句话，人财物的压力都很大，大有“手忙脚乱”之势，而这个“前景不明”的XB-19却拖着资金的后腿、占用着精兵强将和大型厂房。在这样的背景下，如果你是道格拉斯公司的领导，该当何想？果然，就在波音的XB-15移交给军方的当月，1938年8月30日，道格拉斯正式向军方提出建议：撤消XB-19项目！但是，军方并不同意。因为军方的目的并未达到。陆航装备部当初制订“D计划”的目的与“A计划”并不一样，如果说制订“A计划”时，他们还真的想要一架能实战的远程轰炸机实验样机的话（因为那时他们两手空空），而到了“D计划”时，他们已左手有个B-18、右手有个B-17、前面还有个XB-15了。这次的“D计划”，说穿了，他们就是要一架概念机，探讨一下新技术、验证一下新能力，为陆航战略轰炸机的发展探路。因此，军方希望道格拉斯公司一定要把这段路走下去、把这架飞机造出来，而且还要反复试验改进。基于此，军方给道格拉斯的答复是：研制进度可以慢、但不能停！

这一慢，转眼就到了1940年，而XB–19仍在襁褓之中。这时，欧洲、亚洲都已经打得很热闹了，各国的轰炸机已在不断地推陈出新，美国军方也已意识到参战是迟早的事了。于是决定把这架不会列装的概念机解密，让媒体大肆渲染。这样可一举两得：一得是，用一些不太成熟的技术去误导敌方，或用相对落后的技术去迷惑敌人；二得是，也用媒体的气势来逼着道格拉斯加油。

第三方面，研制团队干劲十足。他们既与军方的“模糊”态度相左，又与领导的“消极”态度相右。虽然，常因资金问题使元部件和材料供应迟缓，从而延误工期。但他们热情未减，坚持不懈。对于这些实干家而言，他们心中只有一个目标：造出一架举世瞩目的大轰炸机！而且，既然比波音晚了几年，那就要争取造出一架超越波音的样机来！

就凭着这股劲，他们终于在1941年5月，总装完成了XB–19，从下面这张总装时的照片就可看出它果然是大！机长为132英尺2英寸（是XB–15的1.5倍）、机高为42英尺9英寸（是XB–15的2.4倍）、翼展为212英尺（是XB–15的1.4倍）。而最令军方满意之处是，它们不仅有巨大的、足以承载这个巨无霸的轮胎，而且还配有可以全升缩的起落架，这在当时的同类中还是首创！于是，它一举取代了波音的XB–15，成为美国有史以来最大的飞机，又因媒体广为宣传，也使它成为美国航空制造能力的一个标志。这荣誉它保持了5年，直到二战后，1946年8月8日，由康维尔公司（Convair）研制的新的巨无霸XB–36问世，它才让位。

当然，这超越不能只是比XB–15大，而是还要有更多的实质性内容。就让我们来看看：

与XB–15一样，XB–19也为乘员准备了舒适的舱床和美味的厨房，也能让乘员从翅膀过去排除引擎的故障。但它的额定乘员可不是10名，而是16名，包括正、副驾驶，机长，领航，飞行工程师，无线电员，投弹手各1名和9名枪炮手。而且，如果必要还可以再增加2名机械师和6名替补乘员。武器配备也远比XB–15强大，与XB－15的6挺机枪和能载1万2千磅的内弹舱相比，XB－19不仅有0.3英寸口径机枪6挺、0.5英寸口径机枪5挺，而且还有两门37毫米口径的机炮，它们分别放在头部和前背部的炮塔中，与0.3英寸口径的机枪并肩战斗；至于载弹那就更是多出XB－15两倍，不但能内放、而且还能外挂。细说起来，内弹舱可载8枚2000磅炸弹（或者16枚1100磅的炸弹、或者30枚600磅的炸弹），还可在两翼外挂10枚2000磅的炸弹。内外合计最大载弹量达37100磅。再加上它的油箱可容纳10350加仑燃油，还在炸弹舱中有可容纳824加仑的备份油箱，以及乘员防护装甲等，就使XB－19的总重量也大大超过XB－15，空载重量为86000磅，最大重量为162000磅。要把这个庞然大物驮载上天，可得有巨大的动力才行。因此，道格拉斯的设计师们，把原定的用4台艾利森公司制造的Allison XV－3420－1型液冷发动机，每台1600马力，换成了4台马力更大的莱特公司制造的Wright R－3350－5型风冷发动机，每台2000马力。即使这样，都还是有点“负担过重”。下面就来看看试飞的情况。

说起XB－19的试飞，也是好事多磨，本来预定1941年5月17日首飞，可是从5月6日开始进行的滑行测试却是故障连连，左修右调、一拖就是一个多月，直到6月底才算搞定。

1941年6月27日，是XB－19首飞的黄道吉日，由美军的首席试飞员乌姆斯特德少校（Stanley M. Umstead，时任怀特机场、陆军试验中心的飞行队长）率领6名试飞成员（首飞未装炸弹和枪炮，自然也不用投弹手和枪炮手）、在“万众瞩目”之下、登上了停在道格拉斯的克洛维尔机场（Clover Field，Santa Monica，California）上的XB－19，他们将从那里飞往陆军的马奇机场（March Field，Roverside，California），由军方进行评估，全程65英里，历时55分钟，一切顺利！不仅媒体轰动，连罗斯福总统也亲自给道格拉斯总裁发贺电。

在马奇机场，XB－19又在军方的参与下进行了总计30小时的制造商飞行测试，然后于1941年10月起由军方进行试飞。转眼到了年底，世况大变，12月7日珍珠港事变爆发、接着是美国参战。这时在马奇机场试飞的XB－19，为了安全，装上了枪炮、涂上了迷彩。在那里试飞了4次之后，为了预防遭受日机空袭，军方

你看大不大 | 这是XB-19在道格拉斯的圣塔·莫尼卡工厂进行最后装配时的壮观景象
（来源：nationalmuseum.af.mil）

你看高不高 | 这就是XB-19的巨胎（来源：usaf）

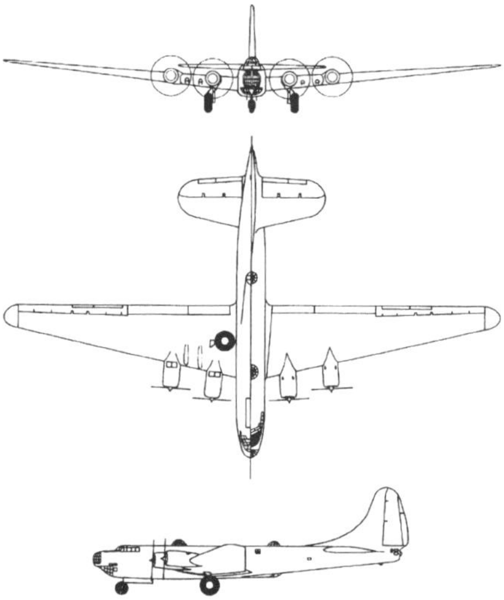

XB-19的三视图 | 上为正视图，中为俯视图，下为侧视图
（来源：aviastar.org）

于1942年1月23日将它由加州的马奇机场，转场至俄亥俄州代顿市的莱特机场，又继续试飞了半年。

1942年6月，军方才正式接收XB-19，并向道格拉斯支付完剩余款项。至此，离“D计划”提出已过去整整7年了，离正式签订样机合同也已4年多了。这些年来，军方总共为此项目支付了140万美元（精确数字是1400064美元）。然而，道格拉斯宣称他们实际投入了近400万美元。表面看来，这回道格拉斯是赔了钱财、赚回吆喝，亏了！其实，是探讨了技术、培养了人才，积累了数据，这对道格拉斯公司、对美国的航空工业、对美军战略轰炸机的发展都有着奠基性的作用。其飞行性能归纳如下：

最大时速：224英里/小时（15500英尺高度时）

巡航速度：135英里/小时

作战升限：23000英尺

航程：7300英里（载6000磅炸弹时）

最大航程：7900英里

整个测试和试飞进行得比较平顺，仅发动机致冷有点令人遗憾，经常过热，得靠开启风鳃和降低速度来解决。例如，在15700英尺高度时，将原本224英里/小时的速度降至204英里/小时。之所以有这个缺陷，说穿了是力不从心，即对于这个巨无霸而言，它的动力稍嫌不足。因此，1943年，军方同意将发动机改为4台马力更大的艾利森研制的Allison V-3420-11型液冷发动机，每台为2600马力，这个问题也就解决了。更换发动机后，军方将该机改名为XB-19A。这时，尺寸未变，但飞行性能有变：

空载重量：92400磅

最大重量：140230磅

最大时速：265英里/小时（20000英尺高度时）

巡航速度：185英里/小时

作战升限：39000英尺

航程：7710英里（载2500磅炸弹时）

可惜的是，这架巨无霸的命运，也与XB-15一样，军方并未将它用作轰炸机，而是将其解除武装，也改行去搞运输了。只不过，它比XB-15晚“生”几年，也就迟“死”几载。它最后一次飞行是1946年8月17日（那时它的“接班人”XB-36刚刚在9天前亮了相），这次是它自己飞往亚利桑那州的戴维斯-蒙森机场（Davis-Monthan Field，Tucson，Arizona，那里是许多报废飞机的集中地，俗称“飞机坟场”）。在那里“静养”3年后（1949年6月），终被肢解。只留下两个巨大的轮胎分别展示在犹他州的希尔航空博物馆和俄亥俄州的国家空军博物馆中，让人们去感叹那个无言的结局。

巨鹏凌空 | 左图为XB-19凌空飞行的雄姿，其编号为38-741，外号“半球悍卫者”（来源：Goleta Air & Space Museun）
右图为美军首席试飞员乌姆斯特德少校（来源：blogspot.com）

B-17G ｜ 1941年的宣传画 （来源：flickriver.com）

至此，“A计划”的XB-15和“D计划”的XB-19都进入了历史。回头来看，这两个计划所产生的原型样机都只不过就是两架概念机罢了，它们既未投入批产，也未用于实战。但是，通过这两个计划、两架概念机，却把制造商、国会、以及舆论的积极性都调动起来了，结果是挤出了经费、摸清了技术、锻炼了队伍、提高了名声。接下来就是向终点冲刺了。

“终点”是什么？那就是制造B-29！

讲到这里，有些读者朋友可能会问：为什么序号一下子就从“19”跳到了“29”？莫不是广告的花招、唬人的格调，或者数字的迷信、文化的诀窍？非也！要知道，军队是用来打仗的，打仗是会死人的！因此，军人不搞那些花里胡哨的虚事，都是实打实的，一就是一，二就是二。正如我们前面说的“踌躇满志的陆军航空部队的促进派们……也一直在加紧地谋划。”因此，他们不仅谋划着我们已经提到过的XB-15、B-16、B-17、B-18、B-19，而且还谋划了Y1B-20、XB-21、XB-22、B-23、B-24、B-25、B-26、XB-27、XB-28其中B-24我们在前面提到过，它与B-17一样，也是美军在二战中重型轰炸机的主力；B-25我们也曾提到，它是我的《航母来了》一书中的主角。其它的我们大都未涉及，虽然它们也有许多有趣的故事，但离我们的讲述主线远了一些。而且，陆军航空部队的促进派们，岂只是谋划了B字头的轰炸机（Bomber），还有A字头的强击机（Attack）、C字头的运输机（Cargo）、F字头的战斗机（Fighter）、P字头的驱逐机（Pursuit）等各型飞机，也都在他们谋划之列，那可也是成十上百的品种！可见他们不但没闲着，还应当说是忙得很！只不过我们这里关心的是轰炸机，而且是超重型的轰炸机。

话又说回来，他们这么忙，一定得有人支持才行。军队，说到头，只干两件事：打仗和准备打仗。而干事就得听命令。不是有句土话这样说“参谋不带长，放屁也不响”嘛。那么，这些陆军航空部队的参谋们，能够忙得起来，就一定得有人下命令、发指示。这个人是谁呢？他怎么对超重型轰炸机如此积极？他就是阿诺德！此时，他已经是陆军航空部队的司令了。

1935年12月28日，第一（航空）联队长阿诺德，调往陆军航空兵司令部，给刚上任一周的韦斯托弗司令当助理，分管采购与供给。两年多后（1938年9月21日），韦斯托弗因空难殉职。

1938年9月29日，阿诺德接任陆军航空兵司令（Chief of Air Corp），并晋升为少将。从此开始了他厉精图治，在战斗中为建立美国空军而奋斗的岁月。他上台后的名言是：

不仅要飞机，还要基地和人才。

作为米切尔的忠实追随者，他对体现米切尔思想的战略轰炸机B-29情有独钟，在他的大力推动下，陆航和波音终于冲破重重难关，把B-29送上了战场、立下了战功，而他也又有了一个新的“父亲”头衔，被美国空军史家誉称为“B-29之父”。

下面就接着来看他是怎么抓B-29研制的吧。

按一般人想象，有了B-17、XB-15和XB-19这些基础，要搞B-29应当是轻车熟路了吧？谁知，大谬不然，麻烦事还多着呢。

Arnold挂帅 B-29登台

阿诺德当上了美国陆军航空兵司令（Chief of Air Corps）这事，在美国不能算是大事。因为只不过是一个准将升成了少将，而少将在美国有的是。而且上下左右还有多层管着，论直线要想上达总统，中间还隔着陆军副参谋长、参谋长、战争部长，要想指挥作战部队，也还隔着个陆军航空部队总司令（Commander of the General Headquarters Air Force）。但这事，对世界却不能算是小事。因为他就是从这个位不高、权不重的职位做起，终于干出了惊“天”动“地”的大事。最明显的两个例子就是：他带领推出了个B-29超级空中堡垒轰炸机，美国人用它从天上向日本的地下投了全世界迄今为止“唯二”的两颗实战原子弹；他又抓出了个美国空军，美国人用它从天上飞过去在全世界的地上建了许多军事基地。你说，算不算惊天动地？于是，他被许多美国人誉为双料“父亲”：美国航空工业界誉之为“B-29之父”，美国军事航空界誉之为“美国现代空军之父”。

我们这里要说的正是他抓B-29的故事。B-29的研制，可以说是波音公司和陆军航空兵的一部联合演奏的“4引擎轰炸机三部曲”：第一部是B-17；第二部是XB-15；第三部就是B-29。而指挥演奏这个组曲、特别是这最雄伟壮丽的第三乐章的就是阿诺德。因为，这时他已是陆军航空兵的司令。而这，正是他这个分管“人事、装备和后勤”的司令份内之事。

他上任之时，世界已战云密布。在亚洲，中日武汉会战已到最后关头，日寇已占领中国的半壁河山！在欧洲，虽然尚未明确开打起来，但（就在他当上司令那天）英、法、德、意四国首脑已在慕尼黑签订了所谓《关于捷克斯洛伐克割让苏台德领土给德国的协定》，接着德国地面部队就“明言正顺”地在500架战机支援下“和平地接管”了苏台德地区。

而阿诺德从内行的角度看到德、日的航空工业和航空兵力都在迅速地发展。德国纳粹正在谋划，用他们的空军加上地面机械化突击“闪电”般征服欧洲；日本法西斯也打算用狂轰滥炸来“炸垮”中国，建立它梦想的“大东亚共荣圈”。但是，由于这两个恶魔当前的战略目标是蚕食周边国家和地区，而这并不需要远渡重洋，因此，他们重点发展的是配合地面部队的战术空军，尚未着力发展远程轰炸机。

当然，还有个日本的山本五十六海军上将想得远点，但也只是想用航空母舰把（飞得并不远的）舰载机（鱼雷轰炸机、俯冲轰炸机、水平轰炸机以及战斗机）运到敌人跟前去疯狂轰炸（三年后，他就是用这一招去捅了“马蜂窝”——偷袭珍珠港）。比起来，倒是英国人精明一些，想到要用大一点的轰炸机飞越英吉利海峡去轰炸柏林，因而埋头研制它的兰卡斯特（Lancaster）4引擎重型轰炸机。

【链接：这里需要延伸解释一下。实际上，德国和日本也并非没有想到美国可能会飞越大洋轰炸他们，甚至美国积极研制B-29的情报他们也略有所知。而且，即使为了届时能实施报复，他们也想越洋轰炸美国。因此，他们也曾以轰炸美国为目标，各自偷偷地搞了一个研制洲际重型战略轰炸机的计划：

德国叫“美洲轰炸机计划”（Amerika Bomber Projekt）。主要有：梅塞施密特（Messerschmitt）的Me-264、容克斯（Junkers）的Ju-390、福克-沃尔夫（Focke-Wulf）的Ta-400和亨克尔的He-277；

日本叫“Z轰炸机项目”。主要有：中岛的G10N和川崎的Ki-91。

这些型号，都是4或6引擎的重型轰炸机，载弹量都在几吨以上，可以从他们的基地飞越大洋，轰炸北美目标。但由于并非德、日当时的战略重点，因而抓得并不太紧，最早的也是到1942年底才首飞（例如Me-264），最快的也不过造了两架原型样机，慢的甚至仅仅做了书面设计或制作了部件，而战争却已迫使他们转入战略防御、只顾得上防卫本土了，因而到1944年秋天以后，这些“雄伟”计划的项目也都一个个夭折了。】

在阿诺德看来，美国却大不一样，它的潜在敌人都在大洋彼岸，陆军过不去、海军行动慢，得用飞得快而远的空军才行。所以他坚信米切尔的战略空军理论对美国特别适用，也赞赏5年前米切尔的那篇呼唤远程重型轰炸机的旷世奇文。如今，他既然已站上了这个岗位、担上了这份职责，那就得加油干。没有战略轰炸机，战略空军也是空谈，所以得先抓战略轰炸机，而且得抓紧！至于战略空军部队嘛，总会有那么一天他将把两个司令的权集于一身来挑（读者将会看到，这一天也并不太远）。

可是，掐指一算，当下自己的手上只有14架YB-17在部队试用。外加两架更大的原型样机还只是在试制之中，XB-15刚刚试飞，XB-19还不知何日能飞？而且，等它造出来时，恐怕又已落后了。万一这仗很快就打起来……唉！怎不叫人心急！因此他要求部下抓紧B-17的定型生产和重型轰炸机的研制工作。

其实，着急的不仅是他，最上面的罗斯福总统，对世界局势也是看在眼里、急在心里，只不过他的视野更广、气魄也更大。

1939年1月，罗斯福总统亲赴陆军航空兵的波林机场（Bolling Field，在首都华盛顿，一战时根据米切尔的要求建立的，使用至今），视察了B-17和其他航空装备（据李梅回忆，这次也是由海恩斯领队、他领航，驾着他们第2轰炸机大队的YB-17，由兰利机场飞到首都华盛顿去接受罗斯福的视察），召号加强美国的航空兵力建设。接着，他又于1月12日致函国会，强调新的战争威胁，要求增加国防拨款，提出至少要给陆军买3000架飞机。4月3日国会批准3亿美元给陆军航空兵，用于买机、招人和增设基地及培训设施。

阿诺德当然积极行动，当务之急自然是落实B-17的批量生产，但同时又想到一旦打起来，仅靠一个公司、一种机型如何能成，要有储备、要调动更多公司的积极性。于是，他先是让装备部多找几家公司商量，可否以许可证转让方式协助波音生产B–17，以扩大其产量；接着，又要求装备部寻求类似B–17、甚至（最好是）比它飞得更远、更快、能载更重的轰炸机。

据此，装备部于1939年1月中旬找到总部在得克萨斯州沃思堡的联合飞机公司（Consolidated Aircraft Corporation, Fort Worth, Texas），希望他们提供阿诺德想要的那种远程轰炸机方案。

为什么会找这家公司呢？那是因为，前些日子，与陆军航空兵装备部商讨按许可证转产B–17的几家公司中就有联合飞机公司。为此，该公司总裁弗利特（Reuben Fleet）专门带人去西雅图，对B–17进行了考察。事后，他回应陆军航空兵装备部说：我们能生产比B–17更好的飞机。所以，这次军方就直接找他了。

弗利特可不是信口开河的人，他敢那样说，是因为他手中有两件“法宝”：

第一件是，他们已为海军研发过一种4引擎海上巡逻轰炸机XPB2Y–1（1937年12月17日首飞，定型后称为PB2YCoronado，共生产了217架）；

第二件是，他们有航空工程师戴维斯（David R. Davis）设计的一种性能较好的飞机翅膀技术，称为“戴维斯翼”（Davis Wing，是一种水滴形、低阻力、高长宽比的、升力较强的翅膀设计方案，翼体较厚甚至可用于储存油料，可做成所谓的“湿翅膀”），它已在联合公司制造的双引擎飞船Model 31 Flying Boat上得到证实（海军买了该样机，并命名为XP4Y–1）。

弗利特不但是企业家，而且在第一次世界大战时参过军，正好还当的是通信兵航空处招的航空兵，在通信兵的圣地牙哥航校学习飞行，成为陆军飞行先驱之一，还代理过第18航空训练中队队长。经历将他磨练成了雷厉风行的实干家。所以，接到陆军航空兵装备部的要求后，就立即行动起来。他完成这个机型的速度，只需用一个字来形容，那就是：快！特别是在看惯了前面那些机型的“慢”之后。

他快，陆军航空兵当然也不会慢，这两个“快”加起来，进展就可想而知了。不信的话，请看下面的时间链：

1939年1月30日，弗利特与其公司的总工程师拉登（Isaac M. Laddon）到莱特机场，向陆军航空兵装备部讲述他们的回应方案，该方案的基本思路是：以XPB2Y-1机身加上戴维斯翼为基础，研制一款优于B-17的新型轰炸机。并将新机型命名为“联合32型”（Consolideted Model 32）。

何其相似 | 左边为海军，右边为陆军，都是联合造，一定共基因。
左上图是海军的巡逻轰炸机PB2YCoronado，右上图是陆军的B-24(这架是出口给加拿大军方的)，你看它们的机身和机尾是否有共同基因。左下图是海军的双引擎飞船XP4Y-1，它用的就是“戴维斯翼”，右下图是陆军的B-24，你看它们的机翼是否有共同基因。
（来源：来源：左上oocities.org；右上warbirdcentral.com；左下wikipedia.org；右下i.dailymail.co.uk）

1939年2月1日，也就是才过了一天之后，陆军航空兵装备部研究了他们提出的方案后，正式向联合飞机公司提出了一份性能指标（Air Corps Specification C-212），其本要求是：最大速度大于300英里/小时，航程大于2000英里，作战升限能达35000英尺，载弹量应多于B-17的载弹量。

1939年2月16日，联合飞机公司已按军方要求制造完成“联合32型”的木制模型，并开始风洞试验，试验进展顺利。

1939年3月30日，军方与联合飞机公司签定原型样机合同，该样机命名为XB-24，并授予序列编号为39-680。合同要求年底前试飞。

1939年4月27日，军方与联合飞机公司签订7架服役测试机YB-24的合同，飞机的序列编号为40-696至40-702。

1939年8月10日，军方又向联合飞机公司下达了38架试用型飞机的订单（用以评估飞机的实战性能），并正式将其定名为B-24A，飞机的序列编号为40-2349至40-2386。

（旁白：请注意，这一切可都是在XB-24原型样机尚未首飞之前，足见军方要新飞机的迫切和对研制方的信心。这信心，既是根据海军对PB2Y和XP4Y-1的反应，也是建立在他们对XB-24研究进展的了解上。）

1939年12月29日，联合航空公司的研制团队，在总工程师拉登和设计师杜森（CA Van Dusen）的带领下，在该公司的圣地牙哥工厂奋战了9个月，终于没有辜负弗利特的期望，按军方的合同要求（还提前了一天）完成任务、进行首飞！

XB-24首飞是在加州圣地牙哥市的林德伯格机场（Lindbergh Field, San Diego, California, 现为圣地牙哥国际机场）进行。由联合飞机公司的首席试飞员惠特利（Bill Wheatley）担任驾驶，乘员还有纽曼（George Newman）、克林（Jack Kline）和基思（Bob Keith），军方派帕特中校（他就是那个在波音“299型”试飞失事中幸存的副驾驶，时任装备部试验工程师）为代表来审查这次试飞。第一次飞行虽然只在机场上空飞了17分种，但却是一次让研制方和军方都满意的成功亮相！

YB-24 | 请看白色处就是它的两个巨大的炸弹舱。XB-24和YB-24结构和性能均相同，区别只是后者加了除冰功能
（来源：mission4today.com）

XB-24的特点是：它既有类似PB2Y的大肚机身和双垂面H形尾翼，又有类似XP4Y-1的戴维斯翼。翅膀上装有4台普惠R-1830-33引擎，每台为1200马力。使这架新飞机的样子看起来有点像大肚子的飞船。而肚子大就可多载航油和炸弹。航油多，当然就能飞得远，因此它能比B-17多飞200英里。而载弹多，则是因为它在肚子上设计了前后两个炸弹舱，均与B-17的炸弹舱尺寸相当，因而如果它的前炸弹舱改装油料，它就能比把炸弹舱改装油料的B-17多飞600英里。而这时，它的后炸弹舱还可载弹，B-17却已没处载弹了！基于此，XB-24的航程可达3000英里（当载2500磅炸弹时），最大航程为4700英里。机组定员为7人。

由于采用戴维斯翼，XB-24的翅膀比B-17的细长，其翼展为110英尺（即比YB-17的翼展长6英尺3英寸），而其机翼面积却只有1048平方英尺（即比YB-17的翼面约小四分之一），再加上这种机翼的阻力较小、燃油效率高，因此XB-24的承载和升力都优于YB-17，其作战升限为31500英尺，它6分钟可爬升10000英尺。机长为63英尺9英寸，机高为18英尺8英寸，巡航速度为186英里/小时，最大速度为273英里/小时（15000英尺高度时，这比军方要求的航速稍低，后来发动机改用4台普惠R-1830-41后，速度增至310英里/小时）。

由此，不难得出结论：XB-24基本上达到了军方的要求，它的确做到了比波音的YB-17飞得远、飞得高、飞得快、也能载更多的炸弹（虽然并不尽如人意，实战中也还会发现这样、那样的问题）。应当可以与B-17比翼长空了。何况，这时的欧洲已经打得热火朝天。于是这个机型就一边改进、一边投产了。而且给它取了个响亮的名字：B-24“解放者”重型轰炸机。为什么叫“解放者”（Liberator），因为它造出来后，首先不是装备美军，而是运到英国，帮助英国去“解放”纳粹德国铁蹄下的欧洲大陆。连那7架服役测试机也是只留1架给美军测试，另外6架都拿给英国。英国曾一次就下了个164架的大订单。其实，它的第一张大订单是来自法国，法国先订了60架，而且还取了个出口代号：LB-30-MF，其含义是“LB”是陆基轰炸机（Land Bomber）的缩写，“30”是联合飞机公司的出口机代号，“MF”是法国任务（Mission Francais）的缩写。遗憾的是几天之后法国沦陷，只能等待它去“解放”了。

美国参战后，需求量就更大，联合飞机公司自己的两个工厂（一个在得克萨斯州的沃斯堡，另一个在加州的圣地亚哥）忙不过来，（与B-17的情况相似）军方又找了3个公司的工厂组成生产联合体（也用各公司字头简写为CDNF），它们是：

道格拉斯飞机公司在俄克拉荷马州塔尔萨市的“塔尔萨轰炸机厂”（Douglas——Tulsa Bomber Plant，Tulsa，Oklahoma）；

北美飞机公司在得克萨斯州达拉斯市的工厂（North American——Dallas，Texas）；

福特汽车公司在密歇根州贝尔维利市的“柳溪厂”（Ford——Willow Run Plant，Belleville，Michiga）。

二战期间，这5个工厂开足马力生产。特别是福特公司的柳溪厂是一个包括机场和飞机装配的大工厂，厂房面积达33万平方米，飞机总装线绵延2公里，号称“世界最大的在同一房顶下的单个厂房”，福特公司甚至用上了它生产汽车的经验，以流水线方式生产B-24。在1944年8月生产高峰期，该厂平均59分钟生产一架B-24。这个厂共生产了8685架B-24。

【链接：需要说明一下，1943年联合飞机公司与伏尔提飞机公司（Vultee Aircraft Corporation）合并，开始用两家名称之和，称为联合-伏尔提飞机公司

（Conolidated–Vultee Aircraft Corporation），后来又改名为康维尔公司（Convair Corporation，就是前面提到的研制新巨无霸B–36的公司）。但其公司结构的变化，并未影响B–24合同的进行。】

B–24生产了多种型号，除XB–24、YB–24外，还有A、B、C、D、E、F、G、H、J、K、L、M等轰炸机型以及改装成运输、反潜、护航、侦察、教练等各种变型。还有海军用的PB4Y型以及出口给英国、加拿大、澳大利亚、荷兰、巴西、印度、中国等出口型号。

因此，B–24成了二战时期美国订单最多、生产量最大、参加战斗最多的、出口外国也最多的军用战机。生产总量为18482架。英国还根据租借法案生产了6678架B–24J。

请看如下两图，B–24总装的场面是何等壮观！

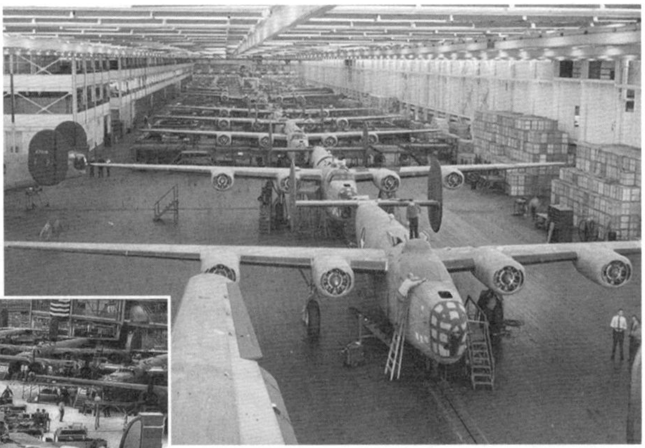

福特柳溪厂 | B–24总装线，它是世界最大的单个车间。（来源：wikipedia.org）

联合沃斯堡厂 | B–24总装线，它是世界最大的双线总装车间。（来源：wordpress.com）

按说，有了B–17和B–24主打天下，阿诺德应当心满意足了吧？非也！在他看来，米切尔的理想并未实现，美国一旦参战，这两个机型的性能仍不足以应付未来的战争，他必须未雨绸缪。在他指示部下抓紧落实B–17的批产和XB–24研制之时。他的思路已转向比这两个机型性能更好的轰炸机。他在想：是叫“超级战略轰炸机”（Super Strategic Bomber）好呢？“超远程轰炸机”（Very Long Range Bomber好呢？还是叫“超重型轰炸机”（Very Heavy Bomber）呢？

1939年5月5日，他指示基尔纳准将（Walter G. Kilner，阿诺德升任司令后，他就顶替阿诺德原来的职务，任司令助理）成立一个特别委员会，来细化他的上述思路，为陆军航空兵制订长期装备方案。该委员会成员有：斯帕茨中校（Carl A. Spaatz）、奈登中校（Earl L. Naiden）、莱昂少校（Alfred J. Lyon）和林德伯格少校（Charles A. Lindbergh）。

这几个人中有两个是传奇人物。

一个是斯帕茨，他是本书后面还会多次提到的人，是阿诺德未来的接班人，也就是美国空军独立成军后的第一任空军参谋长。斯帕茨1891年6月28生于宾夕法尼亚州波耶城（Boyertown，Pennsylvania）。1914年6月西点军校毕业，在夏威夷当了一年步兵少尉，1915年10月进入设在加州圣地牙哥市的通信兵航校学习飞行，从此进入航空领域。1916年5月调入第1航空中队、随潘兴在墨西哥边境“剿匪”，1917年参加一战在米切尔麾下任战斗机中队长，1925年6月从航空兵战术学校（Air Corps Ttactical School）毕业后到陆军航空兵办公室任职，1931年11月任第一航空联队队长，1933年10月他调任陆军航空兵训练和作战处处长，1935年8月去指挥与参谋学院进修，1936年6月结业后，在陆军航空部队总司令安德鲁斯手下工作，1939年1月调任陆军航空兵任计划处长。

另一个则是林德伯格，1927年，当他还是一个密苏里州首府圣路易斯市的邮递飞行员时，就曾驾驶一架原始的小型单翼飞机，飞越大西洋，从纽约直达巴黎，这趟创造奇迹的开拓之旅，使他成了英雄，也成就了所谓“圣路易斯精神”的诞生，让当时的无名小城圣路易斯，一夜之间举世闻名。1938年他受邀到德国参观，还被纳粹空军头子戈林授予德国荣誉勋章。他回来后，曾向阿诺德汇报，他在德国的飞机制造厂和空军基地有惊人的发现：德国的航空工业和空军装备技术十分超前。因此阿诺德让他参加基尔纳委员会出点主意。

【旁白：不过，令阿诺德意外的是，这位仁兄却是个活跃的“和平主义者”、并有亲德倾向。二战爆发后，美军取消了他的军籍。珍珠港事变后，他曾要求重新入伍，但被军方拒绝。后来通用动力公司的老板福特请他到通用公司的柳溪厂协助生产B-24。直到二战后、冷战期间，美国又与西德“亲热”了，1954年，艾森豪威尔总统又特许恢复了他的军籍，并授予他空军准将。也就是说，他的经历是随着政治这个“变色龙”而冷热交替。】

基尔纳委员会，研究了航空兵装备的各种问题，不仅涉及关键技术（例如液冷式大功率发动机、火控系统）的开发，而且还涉及新技术（例如喷气式发动机、导弹以及电子兵器）的应用前景。更研究了战斗机和轰炸机的发展。重点当然还是轰炸机。

1939年6月28日，一份基尔纳委员会的报告放到了阿诺德司令的办公桌上，它提出了5年内航空兵装备应达到的水准。其中最醒目的就是列出了陆军航空兵装备各型轰炸机在1944年前应当达到的指标。现将其归纳为下表：

基尔纳委员会建议的轰炸机基本指标

机型	作战半径（英里）	最高速度（英里/小时）	载弹量（磅）
远程轰炸机	3000	400	4000
重型轰炸机	2000	375	2000
中型轰炸机	1000	400	1600
轻型轰炸机	300	400	1200

不难看出，这个表，只能算是指出了已有的轰炸机类型的发展前景。而对于阿诺德最感兴趣的超远程或超重型战略轰炸机却仍然没有明确。事实上，在那个年头，对他们来说，“超”字头轰炸机仍然是个难以捉摸的概念。因为，他们既

未见过、更未用过、想得也还不多。如今，领导交待下来了，怎么办？当然只有一个办法，那就是找内行商量！于是，基尔纳委员会向阿诺德司令建议，由陆军航空兵装备部与波音公司联合研究。

1939年7月，军民联合的班子组成。双方派出的人员如下：

先看陆军航空兵装备部方面：

埃科尔斯上校（Oliver P. Echols, 时任装备部部长助理，一年后升为部长、准将）

库克中校（Frank Cook，当B-29项目正式确定后，他被指派为生产工程的军方负责人）

帕特中校（装备部实验工程师，就是那个"299型"事故幸存者，当B-29项目正式确定后，他被指派为军方项目工程师）

另外，阿诺德还指定几位航空兵司令部的军官也在必要时参予研讨。他们是：

克雷吉上校（William Craigie, 司令技术助理）

克洛尔上校（Frank O. Carroll, 陆军航空兵工程部长）

欧文少校（William Irvine）和辛姆斯少校（Turner A. Sims, Jr.）

其中，关于埃科尔斯，需要特别介绍一下。因为他不仅是这个项目军方抓总的，而且本身也是个传奇性人物。他在抓陆军航空装备的工作中口碑极好，有文章说他是"唯一"受到航空工业界、国会、上司和部下齐声称赞之人，甚至被称为"赢得二战的人"（The man who won World War II），这是美军中十分稀有的赞誉，可见人们公认他对二战时美军航空装备的发展贡献很大。

【旁白：这也是美国空军B-29情结的一个侧面，因为他们认为是B-29"炸降"了日本，而埃科尔斯则是抓出了B-29的人。】

埃科尔斯，1892年3月4日生于弗吉尼亚州夏洛茨维尔市（Charlottesville, Virginia），在弗吉尼亚大学和弗吉尼亚理工学院航空工程专业毕业。1916年参军当飞行员，一战时，1917年8月至1919年4月，在美国远征军中跟随米切尔对德空战。战后回国成了攻读军校"迷"，先是到陆军工业学院学院学习，毕业后到刚成立的陆军航空兵装备部工作，成为“开部元勋”之一，担任采购处处长，在那里干了一年（1930年至1931年），深受普拉特部长赏识。于是又被送往军校深造。先在航空兵战术学院进修一年（1931年至1932年），接着又去攻读指挥与参谋学院。1934年毕业后，回到装备部任总工程师。在他的领导下，完善了装备部的核心技术部门，相继组建了9个实验室：飞机、动力、螺旋桨、武器、飞行测试、照相、设备、材料、修配厂，这些单位也与部机关一起都设在俄亥俄州代顿市的莱特基地，统由实验工程处管辖。还配属有一个无线电实验室（建制属通信兵）。1938年，他又被派往陆军战争学院又读了一年高级研究班，1939年回到装备部任部长助理，1940年又委以重任，被任命为装备部研究、采购、供应和维修总管。1940年10月升任装备部长。

自从陆军航空兵装备部成立以来，他已经是第4任部长。第1任就是前面多次提到的普拉特（1930年7月至1935年1月），第2任是罗宾斯（Augustine W. Robins，1935年1月至1939年1月），第3任是布雷特（George W. Brett，1939年2月至1940年10月），这些人离任后都调离了装备部。而他在1940年10月接任之后，却一直干了下来。1942年，当陆军航空兵“升级”为陆军航空队后，他也“升级”为陆军航空队装备司令部司令，1943年再升任陆军航空队副参谋长（还是分管装备）。如此一系列培养和提拔，可见阿诺德司令对他的赏识和器重，而他也不负所望，成为阿诺德在航空装备上得力的助手。据统计，在他任职期间经手为陆军航空队订购了价值为825亿美元的飞机，外加435亿美元其他物资和装备。为陆军航空队装备了230,287架军机，其中最受注目的当然是投过原子弹的B-29。

德国投降后，1945年5月，他离开装备部门，奉命调驻德国时，阿诺德曾这样动情地对他说：

在陆军航空队装备保障上，没有人比你懂得更多、也没有人比你贡献更大……国家、陆军航空队和我个人都欠你一份感激！

在当时（1939年7月），他正是军民联合班子的主帅。米切尔的追求、阿诺德的理想，将通过他的指挥来实现。

将帅图 | 这是一张1942年7月在莱特基地的照片。从左起为马歇尔上将（时任陆军参谋长）、安德鲁斯中将（时任陆军参谋长助理）、阿诺德中将（时任陆军副参谋长兼陆军航空队司令）、埃科尔斯少将（时任陆军航空队装备司令部司令）
（来源：USAF）

再看波音公司方面：

比尔（Wellwood E. Beall, 时任总工程师，1943年升为分管工程的副总裁）

韦尔斯（Edward C. Wells, 时任总裁助理，后接比尔的班、任总工程师）

伍德（Lysle A. Wood，他是韦尔斯的老搭档，是研制波音307和B-17的主力，也领队研究过Y1B-20，时任总工程师助理）

另外，还有两人也在必要时参与研讨，他们是：

史凯雷尔（George S. Schairer，时任波音公司总空气动力师）

肖瓦特（N. D. Showalter，时任波音公司军工项目经理）

关于韦尔斯这个青年才俊，我们前面已介绍过。这里，需要特别介绍一下比尔，因为他不仅是这个项目波音方抓总的，而且经历曲折，是波音领导层中的多面手，甚至还是一个中国通。

比尔，于1906年10月28日，生于柯罗拉多州佳能市（Cannon City, Colorado）。自幼喜爱航空。1929年从柯罗拉多州大机械工程毕业后，又进入纽约大学航空专业深造。毕业后，先在加州奥克兰市的波音公司航校当了两年教练，1934年转至西雅图波音总部任销售工程师。正是在这时，他前往中国，推销波音产品，后升任远东公司经理。1936年从中国回美后转入波音工程部，负责所有商用飞机项目，他经手的第一个项目就是为泛美航空研制波音 314飞船（Boeing 314 Clipper, 是一种4引擎飞船，1938年6月7日首飞，共生产12架）。1939年6月升任波音总工程师。到1952年一直做到资深副总裁。道格拉斯并入波音后，他又调任该公司的执行副总裁。

现如今（1939年7月）他正是带领波音团队向4引擎轰炸机技术巅峰攀登的旗手。

基尔纳委员会之所以建议找波音，就是因为他们认为波音有世界上最好的研制4引擎轰炸机的技术团队。

事实上，这些年来，不管陆军航空兵是否找他们，也不管军方是否将一些4引擎轰炸机项目交给了其他公司，波音公司都一直在按艾总的“既定方针”办，即使无军方投资、自掏腰包也毫不松懈地向4引擎飞机的世界顶峰攀登。让我们来归纳一下继XB-15之后，这两年来，他们又紧锣密鼓地针对4引擎轰炸机干了哪些工作：

1938年3月着手波音“316型”（Boeing Model 316）

1938年6月着手波音“322型”（Boeing Model 322）

1939年1月26日着手波音“333型”（Boeing Model 333）

1939年1月27日着手波音“333A型”（Boeing Model 333A）

1939年2月21日着手波音“333B型”（Boeing Model 333B）

1939年3月4日着手波音“334型”（Boeing Model 334）

1939年7月着手波音“334A型”（Boeing Model 334A）

你看，他们抓得多紧！归纳起来，这些课题的目的，就是要在B-17和XB-15的基础上改进，研制一款大小适度、而性能却比他们更好的4引擎轰炸机。说得更形象点，这一个个型号就相当于波音团队从B-17和XB-15向B-29攀登的“步步高”阶梯，每搞一个型号，就跨高一个台阶。现在，都是波音自掏腰包在干，虽然并未造出一架正式的样机，但却已制作了一个个实体模型，进行了一系列测试和试验，积累了许多数据，摸清了技术关键、找到了解决方向，应当说已渐进佳境。这时，军方找上门来，要求联手研讨，真是何乐而不为！这既是对他们这两年埋头打拼的肯定，又是他们继续努力的新动力。换句话说就是：自选课题将变成官方项目！这预示着：经费将有着落、产品将有销路。怎不叫比尔等人无比庆幸！

其实，对于新型轰炸机，应当说他们比军方更清楚。不清楚的只是军方要到那一档，也就是说军方究竟要求“先进”到什么程度？因此，当军民联合班子碰头时，军方说出的想法，虽然比较朦胧，但他们却能体会，因为这正是他们天天在干、时时在想的事。

1939年8月，他们立即针对军方的想法，确定了新的攻关方向，并将其定名为：波音“341型”（Boeing Model 341）。

为什么从上个月的“334A型”一下就跳到了“341型”？那是因为，波音并不是光搞4引擎轰炸机，“335型”至“340型”是研制另外一些课题。

为什么这么快就能决定？因为他们胸有成竹。一来，他们发现，“334A型”就已经与军方想法比接近；二来，他们还有一系列改善空气动力学的设计思路，其中最拿手的是波音“115型”（boeing Model 115）流线型翅膀的设计方案。这种型号的翅膀要比B-17的翅膀每平方英尺的载重能力高出两倍。因此，他们立即回复了军方。

如今，球踢回军方了。对于波音的积极反应，阿诺德司令如何考虑呢？

得悉波音“341型”项目上马后，阿诺德却是喜忧参半。喜的是，朝思暮想的超远程轰炸机有了希望；忧的是，若与波音签约，经费却无着落。因为，还在为局势争论不休的国会，不到紧急关头，是不会同意“开支票”的。就在前些日，他曾试探性地提出一个陆军航空兵的扩军方案，就有议员问他：“我们打算跟谁打仗？”

所以，他知道：必须等待时机。

1939年9月1日，这个“时机”突然来到！纳粹进占波兰，欧战突然爆发了。这让美国上下震惊、国会紧张，议员们热议开了：如果战火燃烧到美国本土来，那可怎么得了！

这时，阿诺德站出来说他有“锦囊妙计”一则：如果国会拨款给陆军航空兵造一批超远程战略轰炸机，他就能让战火只在敌国的本土燃烧。议员先生们经过一番争吵，结论当然是：这办法真的很妙，立即通过决议、同意给他拨款。

1939年11月10日，阿诺德正式给战争部打了一个报告，要求战争部授权陆军航空兵，向航空工业界发布着手开发作战半径超过2000英里、性能优于B-17和B-24的4引擎超远程轰炸机。

12月2日战争部的授权下达。阿诺德如获“尚方宝剑”，还等什么，于是催促埃科尔斯赶快执行。

按说，在航空工业界也没有什么可选的，波音早已选定，而且似乎胜券在握，12月5日比尔和韦尔斯带领的团队都已开始制作“341型”的工程模型了。但为了表示“慎重和公平”。军方还是选了4家主要的飞机制造公司。

1940年1月29日，陆军航空兵正式以战争部的名义向波音、洛克希德（Lockheed）、道格拉斯（Douglas）和联合（Consolidated）四家飞机制造公司发出关于超远程轰炸机的通知，文件名称叫“陆军航空兵数据要求R-40B”（Air Corps Data Request R-40B）。简单说来，对新型超远程轰炸机的基本要求是：能载2000磅炸弹，以400英里/小时的速度，飞行5333英里（即作战半径为2667英里）。

由于暴风雪的影响，到1940年2月5日，文件才送到波音总裁的桌上，这时看文件的人已经变成了约翰逊（Philip G. Johnson）。

约翰逊，1894年11月5日生于西雅图。1917年加入波音，表现出卓越的管理天才。不到3年就成为工厂运营总管，1922年又升为副总裁兼总经理，1926年，年仅31岁的他就升任总裁，后转至联合航空公司任总裁。1933年去加拿大创建加拿大航空公司，1939年9月“艾总”转任波音公司董事会主席，又把他调回来任波音公司总裁。因为他是个“拼命三郎”，公司希望在这国际局势紧张、生产任务繁忙之时，来帮助“艾总”，勇挑大梁。在他的带领下造出了B-29，实现了艾总的梦想。

【旁白：但不幸的是，B-29问世了，他却因过度劳累而猝死在生产B-29的岗位上。1944年9月14日，他英年早逝在波音总装B-29的威奇托工厂中，死时尚未满50岁！正是：

大鹏展翅飞，忠魂附机上。

立下报国志，战死在沙场。】

经过一个月努力，1940年3月5日，波音正式将整理完备的“341型”方案送往莱特基地。这是一个翼展124英尺7英寸、毛重76000磅的大飞机。可载4120加仑燃油或5吨炸弹。最高速度可达405英里/小时，装备6挺0.5英寸口径的机枪。

显然，这比军方提出的R-40B所要求的指标还高，按说军方应拍手叫好。但是，军方却并不满足。为什么？因为，世界局势变了。亚洲已打了两年多，欧洲也已打了半年，军方根据对战争形势和战场情报的分析，对超远程轰炸机有了更新、更清晰的考虑。并向有关厂商发出呼吁：

给我们更好的轰炸机，它应有更大的载弹能力、防漏的油箱以及更强大的自卫火力。

1940年4月8日，陆军航空兵再给4个厂商发文，进一步明确“更好”的具体含义。文件名称叫：“性能指标XC-218A”（Type Specification XC-218A）。

其实，对波音而言，这个文件归纳起来就是一句话：“341型”已经不能满足需要，我们要求比它更大、更重型的轰炸机！

举例来说，文件要求“防漏油箱”，这将增加3000磅重量，而且还要另外再加2000磅油料，才不致于缩短航程。再如，要“增加自卫火力”，就得增加2500磅重量，这也要求另外加1600磅油料。于是，球又踢回波音。致使比尔团队又埋头苦干了一个月。

1940年5月11日，他们将一份新机型的方案送到莱特基地，它名叫波音“345型”（Boeing Model 345）。当埃科尔斯打开文件，眼前呈现一幅惊人的图像，：那真是一架与他们的“性能指标XC-218A”相吻合的超远程4引擎轰炸机！翼展141英尺2英寸，航程就定为5333英里，可载5140加仑油料，而载弹量则是B-17的3倍，机枪增加到10挺，外加1门20毫米口径的机炮，发动机选用4台莱特R-3350-13，单台功率为2200马力。埃科尔斯和他的同事们一致认为：这是一次革命！于是立即给它正式军用代号：XB-29。

接着，军方也给其他3家公司都分配了飞机的代号，分别是XB-30（洛克希德的）、XB-31（道格拉斯的）、XB-32（联合的）。

左图为波音时任总裁约翰逊

下图为波音公司的B-29设计班子在研讨有关问题，左起为史凯雷尔、韦尔斯、比尔、肖瓦特和伍德。（来源：Boeing Archives）

不过，洛克希德公司和道格拉斯公司不久就主动退出了。因为他们明白，人家军方与波音早就“眉来眼去”，自己何必去当“电灯泡”（当然，为了不“得罪”军方，他们也都交了初步设计文件，只不过没有“选上”）。只有联合公司还有点不服气，因为它觉得，它给陆军航空兵研制的B-24反应还是很不错的。而且它也已为这项目投入了不少精力，连发动机也与波音是选择同一个型号，为什么不搏一搏呢？！

因此，在以后的岁月里，联合一直与波音拼着干。军方也觉得有一个对立面、或者说有一个备份也有好处。所以，尽管XB-32一直问题不断、也不那么令军方满意，可是却一直拖到二战结束，都还在反复“试验”。型号一直留着，命运却很悲惨，不仅未赶上打仗，最后连打算放到博物馆的样机也都一起回炉炼铝了，留下的只是一堆碎片和一阵叹息。

实际上，自始至终，军方的注意力都是放在波音这边。而且催着他们快干！巧干！加油干！

为什么这么急？因为欧洲战事大大的不妙。就在他们欣赏、笑谈图纸上的“XB-29”之时，德军的机械化兵团、在强大的战术空军支援下已经占领了丹麦、挪威、比利时、卢森堡和荷兰。5月13日纳粹又绕过了法国人吹嘘的、“固若金汤”的马其诺防线、进入了法国。5月19日德军装甲部队已离英吉利海峡只有80公里。几十万盟军已大规模从法国北部港口敦刻尔克撤退，丢盔弃甲、逃得十分狼狈，仅英国远征军就撤回23万人，但总算保存了实力，避免了全军覆没。这就是二战历史上著名“敦刻尔克大撤退”。6月14日，巴黎沦陷……。

形势逼人，不快不行！果然，3天后（6月17日），战争部授权陆军航空兵给波音一笔钱（85652美元），让他们加快“345型”的设计，并尽快做风洞试验。

5天后（6月22日），又传来噩耗：法国投降了！法国的惨败，说明（除苏联的欧洲部分外）欧洲大陆基本沦陷，英国将面临独自抗战的局面。北起挪威、南至西班牙的大西洋海岸都被德军控制，而纳粹空军司令戈林就在英国的对岸，集结了一个由第2、第3和第5航空队组成的庞大空军集团，配备作战飞机2669架，其中轰炸机1361架，战斗机1308架，并发出狂言："摧毁英国空军，只需2–4周时间，单靠空军就能使英国屈膝投降！"

1940年8月13日，被戈林定为"鹰日"（Eagle Day）。这一天，德军出动了485架轰炸机和1000架战斗机，空袭英国的波特兰和南安普敦地区。拉开了大规模轰炸英国的序幕。

接下来，英、德间展开了几个月空中决战，这就是二战中举世关注的"不列颠空战"。而这更唤起了阿诺德的紧迫感。

1940年8月29日，军方正式给波音下了第一张订单：1架"345型"静态测试机和两架"XB–29"原型机。9月6日签订合同，金额为3615095美元。12月14日，又再追加1架XB–29原型机。

1940年冬至1941春，英、德的激烈空战，也使美国的领袖和议员先生们茅塞顿开，不仅使他们看到了航空兵力在战争中的重大作用，而且使他们认识到"超远程轰炸机"对美国而言是一个十分现实的战略需求！因为，英、德之间的相互轰炸，只需飞越不宽的英吉利海峡，而如果美军要轰炸德、日却要飞越大西洋、太平洋！也就是说，事到如今，陆军航空兵6年前实施的"A计划"和最近两年呼吁的"超远程轰炸机"，不再会被指责为"无的放矢"了，大家都同意要尽快扩建航空兵力。

大家已知，陆军航空兵力当时是"两架马车"在拉，一是负责训练、作战的陆军航空部队总司令部（GHQAF），另一是负责人事、装备的陆军航空兵（Air Corps）。在如今这种良好的氛围下，陆军航空兵力成倍增长，从1939年的15个大队，猛增至1940年底的30个大队。兵力的增多，使两个机构之间的协调更成问题。于是，1940年11月11日，阿诺德被提升为负责航空的陆军副参谋长（Deputy Chief of Staff for Air），这个头衔，就使他有权协调这两个单位。【旁白：你看，在这里，阿诺德初步实现了航空兵力一手抓！】

1941年5月初，罗斯福总统要求陆、海军首长马歇尔（George Catlett Marshall，1939年9月1日至1945年11月18日任美国陆军参谋长）和斯塔克

（Harold R. Stark，1939年8月1日就任海军作战部长，珍珠港事变后，于1942年3月2日下台）着手制定不仅保卫西半球，而且击败轴心国的军备生产计划。也就是说，在计划武器装备生产时，不要只想到保卫南北美洲及其附近地区，而是要打败德、意、日。在阿诺德看来，这是总统在武器装备生产上发布的全球战略动员令，生产远程战略轰炸机当然是这个全球战略的重要一环。

于是，他指示埃科尔斯尽快与波音商讨加速研制远程战略轰炸机的问题。埃科尔斯随即致电波音总裁约翰逊，邀他来访。

1941年5月7日，约翰逊来到俄亥俄州代顿市莱特基地，随行的波音要员有：

法务主管艾伦（Bill Allen，他后来接约翰逊的班，任波音总裁）；

财务主管鲍曼（Harold Bowman）；

销售主管柯林斯（Frederick B. Collins）。

当天，约翰逊从莱特基地刚回到他们在代顿市住的酒店，就接到阿诺德从首都华盛顿打来的电话，在寒暄两句之后，他明确地向约翰逊问道：

“我想听听你的建议：如何能在最短的时间内制造出尽可能多的重型轰炸机？”

“请让我想一下，我明天早上回复你。”约翰逊礼貌地答道。

于是，约翰逊和他的团队彻夜未眠，次日天一亮他们就赶去莱特基地，立即给阿诺德挂了电话。从他那记得密密麻麻的笔记本中，归纳出一些要点向阿诺德讲述。概括起来，除讲了自身应抓的事项外，重点对军方提出3项要求：

一是支持扩建新厂；

二是保证工厂所需材料和机械设备的优先供应；

三是安排其他有能力制造飞机的工厂加盟。

听完之后，阿诺德用这句话告别：

“谢谢！有什么具体方案请直接同埃科尔斯将军研究吧。”

约翰逊一行在莱特基地停留了几天，仔细研讨了B-17和B-29的一系列具体问题。他们走后，埃科尔斯就赶去向阿诺德汇报，请示决定有关问题。其要点如下：

关于波音扩建新厂问题：波音提出想在堪萨斯州的威奇托市（Wichita, Kansas）它的子公司老厂旁扩建一个新厂，以备未来批产B-29，需要土地和资金支持。阿诺德同意由军方出面协调，并让埃科尔斯负责落实（详细情况留待后叙）。

关于其他工厂加盟问题：也由装备部出面与有关公司商量以许可证转让、波音技术指导的方式联合生产，订单和经费则由军方直接与有关公司签订合同。对于B-17，就是前面已提到的BDV联合体。对于B-29也有类似安排（后面将会详述）。与之相应，军方也以同样思路，对B-24做了安排，这就是前面也已提到的CDNF联合体。

研究完这些问题之后，阿诺德突然话题一转，问道：

“关于加速研制问题，协商结果如何？”

“据波音的约翰逊总裁说，他们的比尔研制团队抓得很紧，经过10个月日夜奋战，XB-29的研制已取得了显著进展：来此之前（1941年4月），全尺寸模型已在西雅图工厂制成；又在华盛顿大学、加州理工学院和国家航空咨询委员会完成了风洞试验；原型样机的精细蓝图也已绘制完成。在经过我们检验之后，即可开始正样制作了。同时，他们建议，为了缩短研制周期，服役测试机的试制工作也可同时铺开。”埃科尔斯答道。

“好的，”阿诺德高兴地说：“既然如此，不必等XB-29原型机出来，你就同他们商谈服务测试机的合同吧。”

于是，1941年5月17日，军方与波音公司签订了陆军航空兵第19673号合同（U. S. Army Contract AC-19673），订购14架YB-29服役测试机。

波音当然既高兴又紧张。约翰逊立即亲自召集比尔、韦尔斯等骨干们开会动员、研究措施、加快进度。果然，1个月后，喜讯传来。

1941年6月16日，阿诺德接到波音传来的喜讯：YB-29服役测试机的研制已进入最后的工程设计阶段，生产准备工作正在有序地展开，波音在威奇托市扩建的新厂，一周后就要破土动工。

4天后，阿诺德收到另一个更大的喜讯：鉴于欧洲的英、德双方的航空兵力都已独立成军（英国叫“皇家空军”，英文为Royal Air Force，成立于1918年，是世界上第一支独立成军的航空部队；纳粹德国叫“空军”，德文为Luftwaffe，二战时是由纳粹头子戈林于1935年组建），美国的领袖们虽然认为自己的航空兵力尚无独立成军的必要，但却感到应当在体制上动一下了。于是，1941年6月20日，战争部发布修订的陆军第95-5号条令（Army Regulation 95-5），确定以现有的Air Corps和GHQAF合组（注意：不是合并）建立陆军航空队（Army Air Forces，简写为AAF），任命阿诺德为司令（Chief of Army Air Force）。【旁白：你看，在这里，阿诺德进一步实现了航空兵力一手抓！】

陆军航空队建立后，随即将两个机构做了调整：原来的“航空部队总司令部”（GHQAF）改编为“航空队作战司令部”（Air Force Combat Command，简写为AFCC），并由阿诺德兼任司令。原来由阿诺德担任的陆军航空兵司令（Chief of Air Corps）由布雷特少将（George Brett ）接任，原来的“陆军航空兵司令办公室”仍然保留，任命费尔柴尔德上校（Muir S. Fairchild，不久即升为准将）为主任。该办公室直属新设置的陆军航空队参谋长斯帕茨。

请注意，陆军航空兵（Army Air Corps）扩编为陆军航空队（Army Air Force）。别小看只一字之差，它却意味着：美国的航空兵力向前跨了划时代的一步，虽然还未像英、德那样独立成军，但这其实已经是在为由“兵种”转换为“军种”创造条件，是一个实质性的转变。这时阿诺德的头衔也从“陆军航空兵司令”改为“陆军副参谋长兼陆军航空队司令”。事实上，阿诺德将有越来越多、越大的话语权。

【注：通常，英文“Air Force”，中文均译为“空军”。例如前面提到的英国“皇家空军”中的“Air Force”。但在美国有一个特殊情况，就是直到1947年9月18日美国的航空兵力才根据国家安全法，从陆军中分离出来独立成军，英文为“United States Air Force”（简写为USAF），中文译为“美国空军”。也就是说，在这个词组中的“Air Force”才译成“空军”。因此，在1947年9月18日之前有关美

国陆军航空兵力的词组中的“Air Force”，中文都译为“航空队”，以免混淆。】

两天后，就在阿诺德和他的部下们还在忙于进行新机构的调整之时，一个惊人的消息登上了全世界各大报纸的头条：纳粹德国进攻苏联！

1941年6月22日，纳粹在“不列颠战役”失败后，扭转身来，撕毁《苏德互不侵犯条约》，开始“巴巴罗萨行动”（Unternehmen Barbarossa，这是纳粹进攻苏联的代号，“Barbarossa”这一德语是罗马帝国皇帝腓特烈一世的绰号，意为“红胡子”），攻入苏联，苏德打起来了。

对德国扩大战事的担心，促使罗斯福总统迈出了重要一步，他于1941年7月9日写了两封密信，分别致战争部长史汀生（Henry L. Stinson，这位可是美国政界的老红人。一战前1911年至1913年就当过塔夫脱总统的战争部长，1929年至1933年任胡佛总统的国务卿，1940年7月10日又被罗斯福启用当了战争部长，直至二战结束后1945年9月21日卸任）和海军部长诺克斯（Frank Knox，1940年7月11日上任，1944年4月28日因心脏病发作在办公室殉职。）

这次，比他5月份对陆、海军首长的指示更加具体，他在信中明确要求两位部长尽快估计出：

“打败我们的潜在敌人们所需的军备生产清单。”

战争部长史汀生立即询问陆军参谋部的战争计划司（War Plans Division，简写是WPD），得到的回答是“彩虹计划5”（Rainbow 5）可以作为生产数量的依据，但其中缺乏航空兵力方面的数据。于是，史汀生指示负责航空的部长助理洛维特（Robert A. Lovett），向陆军航空队下达紧急任务：根据总统指示精神，拿出相应计划。

决策者 | 海军作战部长斯塔克和海军部长诺克斯（上右） （来源：Navy Archives）
陆军参谋长马歇尔和战争部长史汀生（下右） （来源：Amry Archives）

密谋策划　颜色战争

“彩虹计划”是什么呢?

这就说起来话长。因为它不仅决定着美国军备生产的规模（当然也包括B–29），而且更重要的是，它定出了美国参加二战的战略布局和兵力投放。必须清楚交待一下。

话说二战前，美军的“联合计划委员会”（Joint Planning Committee,简写为JPC），以颜色代表国家，秘密制定了一系列与各国爆发战争时的应急预案，史称“颜色代码战争计划”（color–coded war plans）。时间跨度从一战前（1911年）到美国参加二战后（1942年）。

【注：JPC是美军的参谋长联席会议（Joint Chiefs of Staff,简写为JCS）的前身美国陆海军联席会（Joint Army and Navy Board，简写为JB）的参谋办事机构。】

在这些计划中，以“蓝色”代表美国，以其它颜色代表潜在敌国或预计的作战对象。可谓色彩纷呈、令人震惊。不仅有后来正式的敌国，而且有后来亲密的盟友；不仅有远在天边的对手，而且有近在咫尺的邻居；不仅红、橙、黄、绿、青、蓝、紫都派上了用场，而且还加上了黑、白、灰、金以及更细的颜色层次和更复杂的彩虹系列。这，也从另一个侧面反映了当时正在崛起中的美国的忧患意识和扩张野心。例如，

“红色（Red）战争计划”：与英国作战

“橙色（Orange）战争计划”：与日本作战

“黄色（Yellow）战争计划”：在中日战争中进行武装干涉

“绿色（Green）战争计划”：入侵墨西哥

“蓝色（Blue）战争计划”：美国国内备战工作

“紫色（Purple）战争计划”：入侵一个南美国家

“棕色（Brown）战争计划”：镇压菲律宾人民起义

“黑色（Black）战争计划”：与德国作战

“白色（Red）战争计划”：镇压美国国内事变

“金色（Gold）战争计划”：与法国作战

“靛蓝色（Indigo）战争计划”：占领冰岛

“棕褐色（Tan）战争计划”：干涉古巴

“紫罗蓝色（Violet）战争计划”：针对整个拉丁美洲

“红—橙色战争计划”：同时与英国和日本两面作战

“灰色（Gray）战争计划”有两个不同方案：一个是，入侵中美洲和加勒比海地区；另一个是，入侵葡萄牙亚速尔群岛

那年头，英国殖民地一大把，为了细分还针对英联邦内不同的国家，细分了“红色”。例如，加拿大为“深红“（Crimson），澳大利亚为“鲜红”（Scarlet），印度为“宝石红”（Ruby），新西兰为“石榴红”（Garnet）……等等，也都分别制订了计划。

随着国际形势的变化，这些计划有的实行了，有的取消了，有的则在不断地修订之中。以对日作战的“橙色战争计划”为例，从1911年由时任海军战争学院院长罗杰斯少将（Raymond P. Rodgers）提出，到1924年正式为联合委员会采纳，再到二战前的1938年共正式修订了10次之多。但其基本思路未变，始终是以美日之间单打独斗、以海军决战为主线。实际上，前面的那些颜色战争计划，基本上也都与橙色计划相似，是假定美国没有盟友、单独进行的战争。但到了1937

年以后，欧、亚的形势已经使美国的战争计划制订者们改变了思路：一是美国将可能面临两洋作战，在欧洲、大西洋对抗德、意，在亚洲、太平洋对抗日本；二是美英联盟势在必行。于是从1938年1月起，“中立”的美国便派遣军事人员秘密地与英军商议起军事上联手同时对付德、意、日的战略了。

针对这些新情况，于1939年5月6日至6月30日，联合计划委员会又与陆、海军计划司的人员一起开会磋商，拟订新计划。为了与前面那些（一对一作战的）单色、或复色的计划相区别，提出了（同时在多个领域、对不同敌人作战的）多色战争计划的构思，并正式命名为“彩虹战争计划”（Rainbow War Plans）。其前提是美国必将介入战争，拿不准的是英、法是否坚决抗战，而且能否坚持下来，还是很快就打败了？从而也就拿不定主意自己是何时、何地、以何种方式介入以及介入的深度。说穿了就是美国的军政领导们还举棋不定。这就苦了那些订计划的参谋们，只好假设不同情况，多订几个方案，而且不断修订。所以，“彩虹战争计划”先后共制订了5个方案，即“彩虹1”（Rainbow1）至“彩虹5”（Rainbow5）。

“彩虹1”：是一个“自扫门前雪”的计划。它假定介入时没有主要盟友，仅靠自己的陆、海军“保家卫国”。其基本战略是：捍卫南纬10度以北的西半球，力保美国的财产和海上贸易，在太平洋采取战略防御。

“彩虹5”则是另一极端。即假定美国与英、法结盟，“保家卫国”自然不在话下，还在欧洲、甚至非洲大举进攻，在太平洋仍然先采取战略防御，打败德、意后，再来收拾日本。

【旁白：所谓“战略防御”，说得不好听一点，就是忙不过来先用（外交、经济或军事上小打小闹、甚至先让出点地盘……等方式）拖着，等条件成熟再反攻。对当时的美国而言，就隐含着必要时先让出靠近日本的地盘，例如菲律宾、威克岛、关岛等，退守夏威夷、阿拉斯加、巴拿马一线，甚至退到西海岸，守住美国本土再说。】

其他3个则介于两者之间。“彩虹2”与“彩虹5”假设相同，即有英、法为盟友，但美军在欧洲、大西洋仅有限参与，而对日采取攻势。“彩虹3”和“彩虹4”则与“彩虹1”假设相同，但是“保家卫国”的范围扩大一些，“彩虹3”扩至整个西半球，“彩虹4”扩至南美洲和大西洋东部地区。而在对日战略上，则“彩虹3”与“彩虹2”相同，“彩虹4”与“彩虹1”相似。

欧战爆发后，前4个均因与发展实况不符而被陆续撤销（“彩虹2”与“彩虹3”于1941年8月6日撤销，“彩虹1”与“彩虹4”于1942年5月4日撤销），只留下“彩虹5”。

通常，史学家将将“彩虹5”的战略方针粗略归纳为一句话：欧洲优先（或德国优先）战略。而它也成为美国与英国协商联合行动的基础。

其实，当两洋作战的可能性日益明显时，关于战略重点的决择，美军高层的意见（或者说美国民意）就分成了两派：一派是欧洲、大西洋优先（或简称为“德国优先”），另一派是亚洲、太平洋优先（或简称为“日本优先”）。前者以海军作战部长斯塔克为代表，后者以正在菲律宾干活的麦克阿瑟为代表。其结果是“德国优先”占了上风。

【旁白：由此也可看出，美国对日本的危害认识不足，以至遭了日本的暗算。】

1940年10下旬，海军作战部长斯塔克与海军部长诺克斯针对美国介入二战的战略充分交换意见之后，在其助理屠纳（Richmond Kelly Turner）上校和其他参谋的配合下，于1941年11月4日写了一份建议书。

作为一个亲英派，他在该文一开头就这样断言：

如果英国战胜德国，我们会到处都赢；如果败了，我们将面临很大问题，虽然我们不至于到处都输，我们却可能哪里也赢不到。

接着，他对美国介入二战的战略进行了分析。简化来说，他认为介入不外4种形式：

A–保卫西半球

B–在太平洋攻，在大西洋守

C–两洋等同

D–在大西洋攻，在太平洋守

分析后，他的论是：D对美国最有利。

在当时，他不仅是海军作战部长，而且是陆海军联席会议主席（Chief of Army–Navy Joint Board）。同时，他又是罗斯福的好友和“忠实信徒”，而且基本观点又事先与海军部长有过沟通，因而他的这一建议书受到海军部的支持（虽然也有许多海军将领认为应尽早对付日本），战争部的计划人员也很快表态，认为这可以当作陆海军共同的建议上呈总统。于是，该建议书加上战争部的意见一起作为一份备忘录，于1941年11月13日上午呈交罗斯福总统。当天下午，陆军参谋长马歇尔就指示陆军参谋部战争计划司的参谋们也要制订一份类似斯塔克备忘录那样的文件。过了一些日子，当他的参谋们还在为这事忙碌之时，他又改口说，只要战争部同意，我们就用斯塔克上将写的那份，不必改动，只需尽可能快地研究落实就行了。这就说明，美国陆海军的四位最高领导意见都统一在斯托克备忘录的“重欧轻亚”的战略上了。就剩下总统大人一拍板，这事就定了！

【链接：顺便说一下，这个备忘录美国军方给它取了一个“奇怪”的英文名字“Plan Dog memorandum”，直译岂不就成了“计划狗备忘录”。其实，在这里“Dog”并不是代表其字面本意“狗”，而是代表上述4种形式中的“D”。这是因为20世纪50年代前，美军无线电代码的字母“D”的音标为“Dag”。与之相应，“A”为“Able”，“B”为“Baker”，“C”为“Charlie”，“E”为“Easy”等。所以，应该译为“计划D备忘录”】

可是，罗斯福总统对这个备忘录却是只看、不拍板，搞得海军不知所措，于是有人提议由陆海军联名，再请国务院会签一下，重新正式上报总统。可是国务卿赫尔（Cordell Hull,1933年3月4日至1944年11月30日任国务卿，后因病辞职，是美国历史上任期最长的国务卿）反对用这种三大部门联名“逼宫”的方式。

别以为总统是“老大”，“和尚打伞”，想怎么干就怎么干。其实，总统有总统的考虑和难处。目前的处境，其一是美国孤立主义盛行，其二是国会中主张“自扫门前雪”及“和平主义”者还大有人在，其三是美国还号称是“中立国”、并未参战，其四是并未与英国结盟、甚至双方还未正式会谈。这时候，军人们可秘密议论，总统却不便表态。

你想，四大军头都议论到这等程度了，作为总统的贴身幕僚的他们，能不知道总统在想什么吗？！心里明白，不明说罢了。实际上，罗斯福还是表了态，他这样说：可以让美英双方的参谋们开个会谈谈。这边算是斯塔克的建议，那边算是英国人的意愿。

你看，这等于总统发出了请英国人来美开会的邀请。大家当然积极起来。

12月2日，战争部从戈姆利海军中将（Robert L. Ghormley，原海军作战部长助理兼战争计划司长，现为派驻伦敦的特别海军观察员）处获悉英国参谋人员来首都华盛顿开会的名单，他们将以英国民间采购委员会成员（members of the civilian British Purchasing Commission）身份来美，以免公众注意，引起不必要的麻烦。

1941年1月17日，罗斯福召集五大军政要员（国务卿赫尔、战争部长史汀生、海军部长诺克斯、陆军参谋长马歇尔、海军作战部长斯塔克）到白宫开军事政策会。在会上，罗斯福更清晰地表明了态度。他一上来就强调德国和日本对美采取敌对行动的可能性，并指示要准备好我们可能采取的行动计划。并进而提到为了加强太平洋的防御，舰队基地应设在夏威夷；而在大西洋方面，当前的要务是确保（英国的）海上供应线（免受德国潜艇袭击），随即又下令海军为美国商船队护航。不久，护航对象就扩大到包括中立国和英国的商船队。从而使“中立”的美国进入一种“似是而非”的半参战状态。

也就是说，这一备忘录促使总统下决心采用了“德国优先”战略！即使到了当年年底，日本跳了出来，首先向美国发难，偷袭了珍珠港、迫使美国仓促参战后，这一方针仍然维持下来。虽然这时的美国已是“左右开弓”，但在德国投降前，美国的战略重点还是放在欧洲。因而，史学家们称这一备忘录是“二战历史上最有名的备忘录”。

【旁白：“成也萧何，败也萧何”，斯塔克的“临门一脚”，让美国走上了重欧轻亚的“不归路”，而他偏颇的对日战略，也使美国吃了大亏，把自己也“赶”下了台，与他同级的后来都当上了五星上将，而他却被贬到他所偏爱的欧洲去，以上将之身代替中将任美国驻欧海军司令。为何未“一抹到底”，坊间也有一些传言，说是与罗斯福的“珍珠港决策传说”有关，说来话长，有兴趣的读者，可到网上去搜搜看，不是正史，聊作消遣。】

1941年1月29日至3月29日，由美国作东，在美国首都华盛顿秘密召开了（由罗斯福“提议”的，有美国、英国和属于英联邦、而又是美国近邻的加拿大的战争计划官员出席的）“美英参谋会议”（United States British Staff Conference或American-British Conversations，也称为“ABC会议”）。此会以“二战中同盟国举行的第一次会议”而载入史册。在会上，（正在遭受德军狂轰滥炸的）英国的代表倾诉了一年半来战争的感受，向（还是中立国的）未来的盟友，提出了他们的战略构想（也就是对美国的希望）：保卫西半球，援助英联邦，打败德国狼；至于日本鬼子，先用外交手段制止它扩张，摆平德国后，再来收拾它。

美国陆军参谋部成员于1941年 | 左起：杰罗准将（Leonard T. Gerow，战争计划司长），惠勒准将（R. A. Wheeler），迈尔斯准将（S. Miles），阿诺德少将，马歇尔上将，海斯利普准将（W. H. Haislip），特韦德准将（Henry L. Twaddle），布赖登少将（W. Bryden）。还有一名成员穆尔准将（R. C. Moore）缺席 （来源：army.mil）

特别值得一提的是，会议期间，英国皇家空军准将斯莱塞（John Slessor，现任英国皇家空军参谋部计划司长，会后返英立即升为少将，10年后，1951年1月，当上了最高领导——英国皇家空军参谋长，军衔为元帅）及其他空军人士更为积极，在会上催促美国航空部队尽早开赴欧洲，以英国为基地，与他们并肩对轴心国实施战略轰炸。

经过长达两个月的秘密磋商，全体大会开了14次，小会更不计其数，双方畅所欲言、充分沟通、达成共识：德国是主要敌人，两国的主力应放在欧洲、大西洋战场。并通过了一份双方同意的（相当于协议的）“最终报告”，代号为“ABC-1”。它虽然并不是一项军事同盟协定，但也已表明“中立的”美国正式选边站在英国这边了。这对苦战中的英国是一大收获，对彷徨中的美国也是一次决定性转变。从此，美英联合的步伐加快了。

英国皇家空军参谋部计划司司长斯莱塞准将（左图）和美国陆军参谋部战争计划司司长杰罗准将（右图）。

会后，美军联合计划委员会的参谋们就忙着修订他们的“彩虹5”，因为它与“ABC-1”基本一致。但目前的“彩虹5”既不是胜利蓝图，也不是作战计划，还只是勾画出了一个战略框架。只不过是在假设的前提下，指出了战争的目标和美军的使命。若要实现目标、完成使命，还必须细化。为此，联合计划委员会于1941年4月30日将“彩虹5”上报陆海军联席会，请求授权陆、海军战争计划部门拟订出具体指标、措施、办法和步骤来。

5月14日，陆海军联席会在每月的例会上，批准了“彩虹5”和“ABC-1”，并同意授权。

接着，海军部长诺克斯于5月28日、战争部长史汀生于6月2日也都分别批准了这两份文件，并送呈总统罗斯福。

英方传来消息亦称，英军参谋长联席会也批准了“ABC-1”，并已呈交政府（也就是丘吉尔首相）审批。

那么，罗斯福总统如何表态呢?

据史料称，罗斯福总统仔细审阅了两个文件，并于6月7日退还陆海军联席会，但没有表示批准或不批准。总统的军事助理沃森少将（Edwin M. Watson）解释说：总统已阅读了这两个文件。但因ABC-1是美英参谋会议的报告，英国政府尚未批准，总统在此时也不会批准；同样也不会批准与之相关联的陆海军联席会送呈的“彩虹5”，但总统表示，可在参战时再拿来让他批准。

【旁白：明明是他们“授权”，大家忙了几个月才搞出了文件，他们只是“看看”，却放在一边，这就是国际政治的奥妙之处！为什么？他们还未见面！这样的军国大事，那能参谋们说了就算？咱俩总得见见面，察言观色、讲清条件、商定原则、确定分寸、明确目标，再让他们去干。于是，双方暗中派员协商何时、何处、以什么形式见第一面。这事，卖个关子，留待下文介绍。】

那么，战争计划司的参谋们接着该如何干呢?

1941年6月10日，在史汀生那里开会研究是否继续制订落实这两个文件的详细方案计划时，马歇尔这样说道：既然总统没有不赞成，那就接着干！【旁白：

顺便说一句，在美国生活惯了的人都知道一个不是法则的法则：规定不能干的，千万别去干；没有规定不能干的，大都可以去干。这也许就是“法制社会”的通俗解释？呵呵！】

战争计划司参谋于1941年 | 左起:杰罗上校（Lee S. Gerow,注意:他不是战争计划司长）、本迪上校（C. W. Bundy）、里迪韦中校（M. B. Ridgway）、鲁米斯准将（H. F. Loomis）、杰罗准将（战争计划司长）、克罗福特上校（R. W. Crawford）,谢里尔中校（S. H. Sherrill）、汉迪上校（T. T. Handy）、罗素中校（C. A. Russell） （来源：army.mil）

事实上，这些详细计划中的数据资料，没准总统与首相见面时还要用上，哪能“临时抱佛脚”呢？！参谋、参谋，就是遇事要“参”，预先要“谋”。所以，战争计划司的参谋们，不但要干，而且要快点干。

于是，战争计划司的参谋们，就快马加鞭地行动起来。至于他们订出的“彩虹5”的各种分计划详情如何，这里就不赘述了。但有一点大家已经听说，即“缺乏航空兵力方面的数据”。而这，又是本书的主题，因而下面接着讲。

话说总统指示传达到陆军航空队后，大家很受鼓舞。因为，他们认为这是对他们的战略思想最大的支持。

俗话说“外行看热闹，内行看门道”。总统的那句话，一般人也许连“热闹”也看不出多少，但陆军航空队的内行们，却真的看出了“门道”。

他们认为，总统在这里强调了两点：

其一是，总统在这里强调的是“打败”敌人，他既不是说“抵御”来犯的敌人，也不是说只“保卫”西半球。也就是说，不是要“防御”，而是要“进攻”，要打到敌人老家去，要打到他们彻底投降！而轰炸机正是进攻性的武器，尤其是战略进攻的利器；

其二是，“潜在敌人们”，那就不仅是欧洲的德国和意大利，还有亚洲的日本。这样他们的远程轰炸机就左右逢源了。

阿诺德把这个任务交由斯帕茨来主持。这个斯帕茨我们在前文中提过，他曾是基尔纳委员会成员，那时还是个中校，1939年11月升为上校，在“不列颠空战”期间曾以军事观察员身分派往英国，回国后，1940年10月任司令助理兼管计划处，并升为准将。当陆军航空兵扩编成陆军航空队后，1941年6月23日又升任陆军航空队参谋长。

为完成此任务，斯帕茨向阿诺德建议调集一些骨干，为新扩建的陆军航空队组建空战计划处（Air War Plans Division，简写为AWPD）。它在编制上隶属于陆军航空兵司令办公室，而在业务上与陆军参谋部的战争计划司对口。

该处的成员为：

乔治中校（Harold L. George，任处长）

克雷格中校（Howard A. Craig）

安德森中校（Oril A. Anderson）

沃克中校（KennethN. Walker）

汉塞尔少校（Haywood S. Hansell，Jr）

库特少校（Laurence S. Kuter）

除处长外，其它5人又分为两组：

前两人组成“项目组”（Projects Group），克雷格为组长；后三人组成“战争计划组”（War Plans Group），沃克为组长。

同时，斯帕茨还要求办公室主任费尔柴尔德上校（Muir S. Fairchild）督办并参与此事。

斯帕茨为什么要调这些人来、搭这个班子、干这个活呢？

答案很简单：时间紧、任务重、只有他们能挑此重担，而且能“领会”他的意图，甚至“超额”完成！为什么这样说呢？

你想，总统的指示是7月9日才发出，而这时“彩虹5”的其它内容均已基本成文，独缺“航空兵力方面的数据”。再加上，还有一个尚在筹备的、军头们都将随行的美英首脑绝密盛会，将在8月举行，而这份计划却还“八字没一撇”！你看时间紧不紧？任务重不重？

为了这个任务，斯帕茨首先想到的就是乔治，他本来在（那个有名的）第2轰炸机大队当队长（是接奥尔兹的班），并兼任第2轰炸机联队行政官，斯帕茨把他从兰利机场调来担任参谋长助理兼空战计划处处长。接着就派其他几个人跟着他干。

为什么选上这些人？道理也很简单。

因为，“物以类聚，人以群分”，他们这伙人之间以及他们与斯帕茨之间正是“心有灵犀一点通”。主要共同点有二：

其一是，他们都（与斯帕茨一样）是清一色的米切尔的“粉丝”，是轰炸机致胜论的坚定“信徒”；

其二是，他们都是校友。都就读过位于阿拉巴马州麦克斯韦基地（Maxwell Field, Alabama）的“航空兵战术学校”（Air Corps Tactical School，简称ACTS）。斯帕茨最早，是1924–1925届；沃克其次，是1928–1929届；乔治与克雷格两人同年，都是1931–1932届；汉塞尔、库特、费尔柴尔德三人同年，都是1934–1935届；安德森较晚，是1936–1937届。其中，除斯帕茨和克雷格外，其他6人毕业后，都曾留校当过教官。

这所学校可不简单，是一战后（1920年2月25日）创建，它不仅是陆军航空骨干的摇篮，掐指一算，陆军航空要人几乎都在这里“镀过金”。例如，前面提到过的阿诺德、安德鲁斯、杜立特、李梅、埃科尔斯、陈纳德、奥尔兹，以及后面要提到的范登堡（Hoyt S. Vandenberg）、艾克（Ira C. Eaker）等，而且是陆军航空理论家的大本营、战略战术学说的发源地。用美国空军史家的话来说，正是它促成了美国空军的独立，塑造了新的空军和战略空军司令部，二战后成立的“美国空军学院”（United States Air Force Academy）就是它的传承。或者可以这样说，米切尔提出了理念和目标，战术学校完善了作战理论和实现的方法。

而这几个空战计划处的干将，更是当年学校中的红人。其中又尤以乔治和汉塞尔最具代表性。乔治早在1917年10月就参军成为通信兵航空处航校的学员，一战中赴法，在米切尔麾下的第二日间轰炸机大队作战，从那时起就成了米切尔的追随者，回国后又参与了米切尔的轰炸机炸战列舰试验。1931年进入“航空兵战术学校”。毕业后留校当教官，并成为该校一个轰炸机学说集团的领袖，其成员中就有汉塞尔、库特、沃克等人，由于他们力主轰炸机致胜论，“鼓吹”用大量远程轰炸机对敌进行战略轰炸即可赢得战争，因而被反对者贬称为“轰炸机黑手党”（Bomber Mafia）。当战略轰炸理论在美军航空部队中占统治地位之后（特别是经过二战考验、空军又独立建军之后），这一称号却反而使这个集团军史留名。这也是斯帕茨要他来当助手并领导空战计划处的主因。

汉塞尔则比乔治晚，是1928年才进航校，1934年才进通信兵战术学校，是乔治的学生。毕业后也留校任教，然而，由于他勤奋努力不但成了“轰炸机黑手党”的积极分子，而且以“日间精确轰炸学说带头人”之誉称名留军史。1939年7月调到航空兵司令部办公室工作。参与了航空兵情报科的筹建，1941年7月初曾以观察员身份去英国伦敦收集德国工业基础设施情报。7月12日回国后就调到空战计划处来了。

至于沃克，在这几个人中算是师父级，乔治都是他的学生。他1929年就留校当教官，轰炸机教材就是他编写的。所以也是“轰炸机黑手党”骨干。1941年1月就已调到陆军航空兵办公室协助斯帕茨搞计划工作。在那里他也遇见了已是斯帕茨助手的同班学友奥尔兹和校友费尔柴尔德。

库特虽然在航空兵战术学校与汉塞尔、费尔柴尔德同年入校，又一同留校任教，但他却是这几个人中学历最硬、后来军衔也最高的人（最终军衔为上将）。早在这之前他就上过两所名校，1927年6月由西点军校毕业，1929年5月又从航校毕业。

你看，这样一帮干将自然不会令斯帕茨失望。他们只用了9天（于1941年8月12日）就“超额”完成了任务，他们用作战计划处的简称将他们完成的计划命名为“AWPD-1”。

“超额”二字，解释两句：本来，陆军参谋部计划司只要求他们补充估算出配合陆军地面部队作战所需的飞机和人员数量就行了，并不想他们“大动干戈”、铺开来大干，因为计划司的官员们不大相信轰炸机致胜论，当然也就不认为航空兵力在战争中也能唱主角，这也是当初制订“彩虹5”时，未在这上面下功夫的原因。

但是，如今这差事落到了这帮干将手上，你猜他们会怎么想？身为“轰炸机黑手党”的他们，怎么能不把战略轰炸的数据添加进去呢？！用乔治的话来说就是：要清楚地表明用航空兵力打败敌人的战略方向。其含义就是人员和装备的数量，不能只考虑对地面部队战术配合的需求，而是要考虑用战略轰炸去摧毁敌人的战争实力，从根本上打垮敌人。在他们看来，后者才是主要的。说穿了，就是要订出一份全面的空战计划。他们的主张当然又得到斯帕茨和阿诺德的支持。

这件事，由乔治挂帅，加上“战争计划组”的三人，组成突击班子，在上述思想指导下，齐心合力在短时间内突击完成了一份出色的、并被未来实战所证实的计划。

他们是怎样做到的呢？

大致说来，他们是这样“倒着”算出来的：先确定敌方有多少战略目标需要轰炸，再决定哪种航程的轰炸机从哪些基地去完成轰炸任务，然后再决定摧毁这些目标所能进行的的作战任务的次数。最后所需的作战飞机数和人员数就出来了。

请看，汉塞尔是这样回忆的：

在战略目标的选择上，我们的主要着眼点是选择能摧毁其发动战争能力的“服务系统”，也就是联接和支撑生产行业的系统，即以电力、交通、石油系统为主要目标，而不是生产行业本身。同时，要摧毁所谓“中间目标”，即德国的战斗机对目标的防卫，以保证战略空袭的最佳效果。为此，我们选定德国的电力、运输和石油系统的124个独立目标，再加上削弱德国空军的30个附加目标，共计154战略轰炸目标。然后再决定摧毁这154个目标所需的重型战略轰炸机的架次。这就面临我们需要多少次空袭来完成这个任务。我们估计陆军地面部队要投入大约500万兵力，而瓶颈问题是把他们运往海外并保持其供应的船舶不够，建造新船约需两年。因此，在大军进入欧洲前，我们陆军航空队大约也有两年时间准备、部署和进行战略空袭。

我们打算大约用9个月时间来组建我们的航空兵力，并在英国建立100个航空基地；再用9个月时间集结兵力和完善、强化基地。剩下6个月就对目标进行连续不间断的战略空袭。我们再根据欧洲气象数据得出（可能实施日间轰炸）的每月理想空袭天数平均只有5天，这就意味我们可以有30次行动来摧毁这154个预定目标，这就是我们决定所需兵力规模的基础。其结果是一个相当令人震惊的需求，除去战斗损失之外（而它也许会很严重），我们得出的需求规模约为：7500架4引擎战略轰炸机、1000架中型轰炸机，同时要3500架战斗机抵御德国空军阻击。此外，还需要5000架飞机对在欧作战的陆军地面部队进行战术支援。

在上面，我们只是极其简化地抽样介绍了汉塞尔他们制订AWPD–1计划的决策过程，实际上研究的细节问题和过程要复杂得多，比如“摧毁目标”四个字就带过了，可是影响因素却很多：目标大小、坚固程度、投弹精度、风力影响、防空火力等都影响着炸弹数量和飞机数量的决定。

而且，上面估计的作战飞机数量，只是满足了AWPD-1计划任务中的两项：对德战略轰炸和对地面部队战术支援。而“彩虹5”和“ABC-1”中还有3项任务：防卫西半球，太平洋方面战略防御和打败德国后收拾日本。这3项也都需要相应的航空兵力，对这些任务的论证过程这里就不赘述了，只说一下结论。

空战计划处的“四大金刚” | 这是4位制定“AWPD-1”的主力。上为乔治、下为汉塞尔、左为沃克、右为库特。这些照片均为升任将军后的肖像 （来源：google.com）

最终的结果是：总计所需军机数为63512架。其中

轰炸机 13083 架

战斗机 8775 架

侦察机 2043 架

运输机 2560 架

教练机 37051 架

与这些飞机配合约需要人员总计2164916人，约合251个大队编制以及庞大的后勤（当然还有油料和弹药）保障。其中：

飞行员135526人（包括领航、枪炮、投弹等机组人员）

技师862439人

非飞行人员60153人

非技术人员（但却受过必要的培训者）1106798人。

能订出这样的计划，汉塞尔应居头功。为什么？因为这计划的最基本的依据就在于决定那154个战略目标，而这些目标的确定则是根据汉塞尔这位前情报官搜集的情报。人们这样说："他用轰炸机从英国运回了1吨重的情报资料。"所以，在上图中其他人我是用半身像，而汉塞尔我却选了一本书的封面，书名（直译）是：《探索：汉塞尔和二战中美军的战略轰炸》（Griffith,Charles R. *The Quest: Haywood Hansell and American Strategic Bombing in World War II*, Air University Press,1999）。

面对上面那些数据，读者朋友，你有何想法？这是不是一个敢想敢干、"壮志凌云"的计划？试想想，古往今来，谁有过6万多架飞机和200多万官兵的航空部队？而且，想出它来的竟是美国陆军中的几个校官级参谋！德意日加起来也没这么多，而看看美国自己，这也是个"天方夜谭"式的膨胀数字！不信的话，请看下表，它显示出订此计划之前两年美国航空兵力的现实。

美国参战前两年航空兵力简表

年份	飞机总数	重轰	中、轻轰	战斗	侦察	运输	教练	通信	总人数
1939	2546	39	738	492	378	131	761	7	26500
1940	3961	92	639	625	404	124	2069	8	51165

当他们发热的头脑冷静下来之时，才发现这个计划等于是告诉战争部：放弃对航空部队是地面部队配角的主流学说，而采纳以航空部队为主的观点，即用一个急速扩大的航空部队，用战略轰炸将轴心国炸瘫痪之后，才将强大的陆军地面部队投入战场。这哪里是一个计划，简直就是一篇建立强大战略空军的宣言！他们自己也吓了一跳。可是“交卷”时间已到，而且在他们这伙“轰炸机黑手党”成员看来，这计划实在太完善、太可爱、太合他们的口味了，他们不能、也不愿删改它。于是8月12日午夜,他们坚定地交卷了。

下场如何呢?

军中俚语说“参谋不带长，放屁也不响”。可是，你别不信这个邪，他们居然放响了！而且就在美国何时参战都还是个悬案的1941年夏天，他们竟然“舌战群武”，冲过层层关口，让他们的这份杰作受到了肯定，获得了通过！变成了美国国策并付诸实施。这无论在美国还是在世界军事史上都可算是个奇迹。

而实施结果又如何呢?

军史学者如此赞叹：“在军事史上还没有哪个计划能如此紧贴未来战场的实况。”

是否“紧贴”？

根据美国空军史料，两年后，1943年12月美国陆军航空队的实际情况是：作战飞机为64232架，人员为2197114人。你看如何?

读者朋友，你也许更想知道他们如何“舌战群武”（不是“儒”）、“过五关、战六将”（也不是“斩”）的，那就让我们（根据上面那本书中提供的线索，结合其它相关资料）来简述一下这个美国空军建军史上的精彩片断吧。

【旁白：可以说这在美国空军史上也是一个里程碑，闯过了这些关，美国空军实质上就开始“建军”了。】

第一关：陆军参谋部作战和训练部部长特韦德准将（Henry L. Twaddle,就是美国陆军参谋部成员图中站在最右边的那位）及其参谋。这让空战计划处的人既意外、又高兴。意外的是，第一个来审查的人，竟然不是业务上的顶头上司陆军参谋部战争计划司的头；高兴的是，特韦德是对他们的工作一直很支持的陆军参谋部成员，因为库特就是从他手下调过来的，而库特又一直与老首长保持联系。

所以，乔治等人把这当成一次正式审查的“演习”。汉塞尔回忆说：

我们四人把背得“滚瓜烂熟”的各自分工的部分倾囊倒出，再配以图表。特韦德准将很有兴趣地听了我们的陈述。

第二关：分管航空的助理战争部长洛维特先生（Mr. Robert A. Lovett,1941年4月任助理战争部长，1950年10月任国防部副部长，1951年9月至1953年1月接马歇尔的班任国防部长），在座的有陆军助理参谋长兼战争计划司长杰罗（Leonard T. Gerow,就是美国陆军参谋部成员图中站在最左边的那位），还有他们自己的顶头上司斯帕茨参谋长作陪。这一次又有惊无险。因为洛维特热爱航空（所以史汀生部长让他分管航空），早在一战时就曾在海军航空中队当过飞行员，后来虽然职业变换，但对航空的热情未减，一直是陆、海军航空兵的积极支持者，所以又被誉为“美国航空部队的实际建筑师”之一。

杰罗准将则是上级计划司的主管，位处要津，他虽不是一言九鼎，但如果在他这里卡了壳，这计划就很难再往上送了。何况如今他们的结果与当初计划司布置的口径相差甚大。所以，在杰罗准将提问之时，他们真有点紧张。而作为对口业务主管，杰罗的问题偏偏又细又多，还与他们对一些问题展开了讨论。最后，汉塞尔的回忆是：

杰罗准将是个心胸开朗、明智而顾全大局的领导，对陈述有相当多的议论，但是他对计划并无明显反对意向，是与我们志同道合的人。

这两“关”算是“预审”吧，下面就要见一个个“真神”了。

第三关：1941年8月22日，陆军航空兵司令布雷特少将（George Brett , 1940年6月，阿诺德升陆军航空队司令后，由他接班）。杰罗准将第二次出席，随同他一起来的还有他手下两员大将：战争计划司副司长威尔逊上校（Don Wilson）和战争计划司计划处长本迪上校（C. W. Bundy,就是战争计划司参谋图中从左边数第二位）。陆军航空队办公室主任费尔柴尔德准将也在座。

这是一副“三堂会审”的架势！布雷特少将没有多问，倒是本迪上校，提了许多尖锐的问题，但最终还是点头了。而他们的弦却绷得更紧了，准备迎接更大的阵仗。

第四关：1941年8月30日，陆军参谋长马歇尔和哈里曼先生（William Averill Harriman）。这可是两个通天人物！马歇尔是陆军最高首长，在乔治等人看来，他用不着说话，只要一个手势就足以让整个计划告吹，那可就真的什么也谈不上了，既上不了陆海军联席会的台面，也进不了战争部长的办公室。而哈里曼本来就是总统的欧洲特使，是直接向总统汇报的特殊人物。何况还有顶头上司阿诺德司令也在座，再加上费尔柴尔德准将、本迪上校以及陆军参谋部的其他一些成员。

面对这样的阵仗，他们真的诚惶诚恐、紧张异常。但“丑媳妇总要见公婆”，既然已经过了三“关”，既然首长们仍然决定要开这个会、愿意来听，那就说明“有希望”。所以，他们也就“豁出去了”，使出浑身解数，把他们的想法“竹筒倒豆子”、毫无掩饰地合盘托出，反正“不成功则成仁”了！这反而令他们口若悬河，发挥得很好。主审官们都在倾听，而陪审的参谋部成员们则不断地提出这样那样的问题，争论时有发生。诸如，与陆军的其它计划不协调，对国内生产要求过高，JB的海军成员不会接受，脱离现实，没有先例等。

马歇尔始终以极大的兴趣倾听着，但却又完全不置可否。当争论平息、会场一片寂静之时，人们的目光不约而同地聚焦在马歇尔身上。

马歇尔扫视了一圈会场，接着说出了一句关键的结论：

"Gentlemen, I think the plan has merit. I would like for the Secretary and the Assistant Secretaries to hear it."

（先生们：我觉得这个计划尚有可取之处，我希望部长和部长的助手们能听到它。）

一槌定音，这是关键的一票！

汉塞尔如此感慨地回忆说：

马歇尔将军是个有着非凡的智慧、远见和魄力的人，他巧妙地决定直接把这个计划交给战争部长史汀生，而不是陆海军联席会（JB），尽管先交给后者也许更符合程序。因为他明白，对于这个计划，海军会感到惊讶，JB会拒绝背书。他的明智决断，促使美国航空兵力得以快速发展，这是一个（为建立美国空军）的“里程碑”！（从这个意义上）美国应当感谢他！

第五关：1941年9月4日，国防顾问委员会委员、生产管理办公室主席努森先生（William S. Knudsen, Chairman of the Office of Prodiction Management）和总统租借代表比格斯先生（John Biggers, the President's Lend-Lease representative, 为执行1941年3月11日生效的“租借法案”而设）。努森还带来了他手下5个部门的老总。

这是与最高生产管理当局深入探讨的会议。陆军领导极其重视。马歇尔和阿诺德都亲自参加，还有多名陆军参谋部和陆军航空队装备司令部的军官出席。

【链接：这个努森在二战时抓美国的军工生产上可是一大功臣。仅以飞机生产为例，从1939年的不到3000架，到1945年的约300000架，这是上百倍的增长！努森原是通用动力公司总裁，1940年起由罗斯福总统任命担任此公职。由于工作努力和成效显著，1942年1月竟被从一介平民破格授予陆军中将军衔，并兼任战争部生产总监。更由于抓航空装备的生产成绩突出，当1944年7月陆军航空队成立航空技术勤务司令部时，又聘请他为总监（Director of the Air Technical Service Command），可见他与陆军航空队有不解之缘。】

显然，乔治等人的计划中要求的军机数量，令这些抓生产的要员们惊讶和怀疑，促使努森和他的老总们提出了不少质疑和批评：根据是什么？必要性怎样？对生产的压力和挑战有无评估？幸好，不仅乔治等人胸有成竹，而且在座的陆军航空队装备司令部的同事也帮了大忙。才使对方释然。

“过五关、战六将”之后，就该到最后关头了。

最后，1941年9月11日，战争部长史汀生在他的办公室听取了他们汇报。只有马歇尔再次出席。看来，部长同总长已经交换过意见了。汇报十分紧凑而富有成效。会后乔治轻松而愉快地摹仿部长的讲话：

马歇尔将军和我喜欢这个计划，我希望各位先生准备好把它呈交给总统，我会同他谈定日期。谢谢你们来到我这里。

“我们渡过卢比孔河了！”汉塞尔兴高采烈地欢呼:“我们的美国空军的概念和战略思想已被国家的高级军事官员们接受了！”

【链接：“渡过卢比孔河”（Crossed the Rubicon）是西方一个惯用的成语。类似汉语成语中的“破釜沉舟”或“义无返顾”，但又不全似。它有双重含义：首先是指作出了无法回头的决定，然后又指在决定之时，最后结果尚难预料。因而含有作此决定的人，既要有孤注一掷、背水一战的决心，又要有勇往直前、夺取胜利的意志。

此成语源于一个古罗马典故。说的是公元前49年，高卢总督凯撒率大军渡过罗马行省山内高卢与罗马京畿之间的界河—卢比孔河，进攻京城夺权的事。因为根据当时罗马共和国法令，任何将领都不得带兵越过此界河，否则视为叛变。因此，凯撒这一决定就注定无法回头只有拼下去了。】

“AWPD-1”站稳了脚跟！当然，随着形势的变化它还会修改，这点后面还会谈到，但陆军航空队蓬勃发展的大方向不会变了。而作为陆军航空队当前装备研制的重中之中的B-29，当然更要抓紧！那就让我们继续来讲阿诺德和他梦寐以求的B-29吧。

好事多磨　梦想成真

就在乔治汉塞尔等人埋头苦干“AWPD-1”之时，一个对二战有决定影响的事件正在进行，那就是前面介绍ABC会议时留下的那个“伏笔”——二战中美英首脑的第一次会晤。

1941年8月，二战已经打了一年，苏德也已开战。美国虽还未直接参战，但罗斯福已深感美国不能再置身事外。于是，他在看了ABC会议的文件、听了参谋们汇报之后，他就指示与英国方面秘密协商安排他与丘吉尔会晤之事，双方商定：俩人秘密前往纽芬兰岛的阿金夏湾（Placentia Bay）会晤，协调反法西斯战略，史称“大西洋会议”。丘吉尔乘英国最新的战列舰“威尔士亲王号”（HMS Prince of Wales，1941年1月服役）前往，罗斯福乘美国大西洋舰队的旗舰“奥古斯塔号”（USS Augusta）重型巡洋舰前往。

下面有两张照片。第一张是大多数文章中常引用的大西洋会议“标准照”，图中显示了与会的主要人物。第二张是我们特选的照片，因为里面有本书的主角阿诺德。图中，左数第三位就是他，他正在与同行交谈，左数第四位是英国空军元帅弗里曼，左数第二位是他的部下、罗斯福总统的三儿子陆军航空队上尉埃利奥特·罗斯福（Elliot Roosevelt）；左数第一位是罗斯福总统的四儿子海军少尉小富兰克林·德拉诺·罗斯福（Franklin Delano Roosevelt, Jr.罗斯福总统有1个长女，其后是5个儿子，除二儿子夭折外，余都曾参军，但只有老三服役于航空队，其他都参加了海军）。

罗斯福（前左）与丘吉尔（前右）在“威尔士亲王号”上 ｜图中陪同站立于后的军官，从左到右依次为：美国海军上将金、美国陆军上将马歇尔、英国陆军元帅迪尔、美国海军上将斯塔克、英国海军上将庞德。后排站立者：左起为美国商务部长霍普金斯和美国赴欧总统特使哈里曼。

（来源：Naval Historical Center）

1941年8月10日在“威尔士亲王号”上 ｜图中身后为金上将和马歇尔；图左边的四人，从左起为罗斯福的两个儿子海军少尉小富兰克林·罗斯福和陆军航空队上尉埃利奥特·罗斯福，阿诺德和英国空军元帅弗里曼。

（来源：Admiralty Official Collection）

会议于8月9日至12日举行，8月13日双方签署了《罗斯福与丘吉尔联合宣言》，并于次日向全世界公布。后来，该宣言为同盟国普遍接受，遂成历史上有名的《大西洋宪章》（Atlantic Charter）。促进了国际反法西斯统一战线的形成，也为战后联合国宪章的制订奠定了基础。

由于这是二战以来两国元首的第一次会晤，所以双方都很重视，随员也十分壮观，陆、海、空的主帅一律随行。英方随行的主要官员有：英国帝国总参谋长、陆军元帅迪尔（Field Marshal Sir John Dill，Chief of the Imperial General Staff），英国第一海务大臣、海军上将庞德（Admiral Sir Dudley Pound，the First Sea Lord），英国空军副参谋长、空军元帅弗里曼（Air Chief Marshal Sir Wilfred Freeman, Vice Chief of the Air Staff）。美方随行的主要官员有：美国大西洋舰队司令、海军上将金（Admiral Ernest J. King），美国陆军参谋长、陆军上将马歇尔（General George Marshall），美国海军作战部长、海军上将斯塔克（AdmiralHarold R.Stark），美国商务部长、罗斯福的挚友和智囊霍普金斯（Harry Hopkins），美国赴欧洲总统特使哈里曼（William Averill Harriman）。

你看，人家英国陆、海、空三军都有代表，美国却独缺空军代表，岂不有损国格，这怎么行呢？只好把刚当了一个半月陆军航空队司令、军衔仅为少将的阿诺德叫来“充数”。这一来他就成了不是空军的美国空军代表了。不过，军衔太低，站在上将、元帅中间也给美国撑不起多大面子（你可别以为这是句调侃的话，军衔高低象征着你统领部队的实力，少将后面大不了一个军。他既然是代表空军，那你美国空军只有一个军么？怎么办？当然得提衔、扩军！）所以，一回去马歇尔就亲自安排了一系列会（就是前面谈到的审批“AWPD-1”的那些会），部队越来越多，司令的官也就越做越大，往后三年，伴随着陆军航空队“雪崩”式的增长，阿诺德也节节高升，就像坐直升飞机一样，从少将一路飞升到五星上将！让我们来看看他是怎么升的。

1941年12月7日，日本偷袭珍珠港。次日，美国对日宣战。15日，阿诺德被提升为中将。22日，为了协调美国参战后的英美战略，英国首相丘吉尔来到美国首都华盛顿，与美国总统罗斯福举行会议，史称“第一次美英首脑华盛顿会议”，因代号为“阿卡迪亚”亦称“阿卡迪亚会议”（Arcadia Conference）。由于是美国参战后的“第一次”，很多事要研究。所以，这个会就一直开了20多天，到1942年1月14日才结束。既然为打仗而开会，自然军方代表云集，空军代表也不能缺席。于是，刚当上中将没几天的阿诺德又坐在统帅们的会议席上了。这一坐就坐稳了。因为，这次会上美英双方决定成立“英美联合参谋长委员会”（Combined Chiefs of Staff简称CCS），他又代表不是空军的美国空军出席了。面对这种频繁的国际交际需求，更主要的是参战后的美国对航空兵力的急需，促使必须对陆军航空队的地位和作用进行调整。

1942年3月9日，陆军又在体制上做了根本性的调整，将陆军分为相互独立、都直属参谋长管的三个部分：

陆军地面部队（Army Ground Force，简称AGF）

陆军后勤部队（Army Service Force，简称ASF）

陆军航空部队（Army Air Force，简称AAF）

从表面上看，陆军航空部队的英文名称和简写与改变前相比都没有变，甚至中文译名也仍然叫“陆军航空队”，阿诺德还是叫“陆军航空队司令”。可是，事实上却有了质的变化。

首先，对外而言，这个新的陆军航空队，不再受陆军地面部队支配，而是与它平起平坐；

其次，对内而言，在这个新的陆军航空队内部，不再有两个“山头”，即取消了陆军航空兵司令及其办公室，同时也取消了航空队作战司令部，阿诺德是唯一的陆军航空队的首长了。【*旁白：你看，在这里，阿诺德彻底实现了航空兵力一手抓！*】

总之，从今以后，对内、对外陆军航空部队都是阿诺德说了算，他只对马歇尔负责。用美国空军史上的话来说：从此他就“积极而悄悄的为建立独立空军而奋斗”了。

1942年4月21日，罗斯福总统正式批准美方参加CCS的代表为：陆军参谋长马歇尔上将、海军作战部长金上将和陆军航空队司令阿诺德中将。同时，为了与英国已有的参谋长委员会相呼应，美国决定成立“参谋长联席会议”（Joint Chiefs of Staff，简称JCS），作为总统属下的最高军事决策机构。

1942年7月29日，美国的首届JCS正式成立。罗斯福任命海军上将利希为主席（Admiral William D. Leahy，Chairman，Joint Chiefs of Staff），上面三个人当然又代表陆、海、空，成了首届成员。于是，阿诺德正式成了不是军种、却似军种的领导人。

几个月后（1943年3月），他又晋升为上将。再后来（1944年12月）他也与陆军参谋长马歇尔上将和海军作战部长金上将一样被提升为五星上将。

在美国空军里就只有阿诺德这么一个五星上将，在整个美军中也只有他当过两个军种（陆军和空军）的五星上将。但是，你可千万别认为阿诺德只是碰“运气”得以如此高升，他可是实至名归，因为他对美国空军的贡献之大，无人能出其右，无愧为“美国现代空军之父”这个誉称。

美国第一届参谋长联席会成员 | 这是1943年的一次午餐会，这时阿诺德已晋升为上将了。图中依次为：海军上将利希（左前）、陆军上将阿诺德（左后）、海军上将金（右后）、陆军上将马歇尔（右前）。

（来源：Naval Historical Center）

插叙完阿诺德的升迁，回过头来接着谈B–29事态的发展。

参加“大西洋会议”后，阿诺德抓B–29的信心更足了，因为美英联手、欧洲优先的态势已定，而上级对组建战略空军的态度也已明朗。你看，马歇尔老总从阿金夏湾回到华盛顿后重点抓的什么？“AWPD–1”论证！而且他8月30日的讲话又说明什么？加油干吧！阿诺德想怎么干呢？其实，这些日子以来，他一直在反复思考着一个问题：一旦对德宣战，不仅要用上B–17和B–24，而且最好能用上B–29。那么，在哪里部署？应有多大规模？得出的初步结论是：用24个、装备B–29超级空中堡垒的轰炸机大队，从北爱尔兰和埃及的基地起飞，对德国实施战略轰炸。果真如此的话，起码得有250架B–29才行。对！得向国会要钱！这可是一大笔开销，国会能给吗？放心吧，面对欧、亚态势，国会的态度也毫不含糊，对阿诺德申请经费、订购飞机也欣然允准。能给多少呢？用参议员洛奇的话来说就是：“只要你提出申请就行了。”【旁白：啊哈，阿诺德可要狮子大开口了！】

俗话说：“腰无分文，走路也没有精神”。而如今的阿诺德可真是精神百倍了。请看，接下来他就有令人吃惊的大动作了！

1941年9月初，首都华盛顿秋高气爽，阿诺德含笑着向埃科尔斯问道：

“如果现在就下批量生产B–29的订单，你认为怎样？”

“我正想向你请示，波音方面通报，威奇托新厂基建进展顺利，估计明年五、六月份即可完工，为了进行大批量生产，至少还要先做三项准备：订购材料、筹建新生产线、培训工人。而这些都需要较大的资金投入。因此，他们希望在决定投入批量生产B–29前，能与我们签订一份正式的批量合同，以便有预投资金可供周转。”

“他们说的批量是多少？”阿诺德问道。

“至少50架，最好100架。太少了形不成规模。”埃科尔斯试探性地答道。

“如果是250架呢？”

埃科尔斯惊讶地注视了一下司令，然后蹦出一句：

“他们会喜出望外！”

1941年9月6日，军方真的迫不及待的（甚至可以说是冒险的、在美国航空史上也是空前的）一下子就下了250架B-29的大订单，价值30亿美元，史称“30亿的豪赌”！

【旁白：你知道30亿在当时是什么概念吗？造原子弹的“曼哈顿工程”，那么一个大项目，也只用了20亿！而陆军航空队在B-29上的花费，还远不止30亿，最终差不多用了500亿！当时1美元大致等于现在的15美元，也就是说，这500亿如果换算成今天的币值，那就成了7500亿了。由此也可见美国当时对B-29的器重，也旁证了美国陆军航空队在二战中发展之速猛。更何况原子弹也是拿给陆军航空队用、让B-29去投。这样的大手笔，凸显领袖人才的魄力与魅力！】

秋去冬来，眼看就要到年底了。正在这时，一件令美国人做梦也未想到的事发生了：这就是1941年12月7日，日军偷袭珍珠港！

这一来，陆军航空队真的急了。从下第一张订单至今已经整整16个月了，美国都已向德、意、日宣战了。

综观欧洲战局，真让人忧心。纳粹在苏联西部进展迅速，在北非“沙漠之狐”隆美尔又骄横万分。英国似呈独木难支之势，已多次要求美方支援军机、甚至派空军支援，反潜和空袭的任务也都等着它们。陆军航空队赴欧参战势在必行。再看看亚洲战场，则更是气人。日本人居然暂时成了大半个太平洋的“主人”，从中国沿海直到阿拉斯加、夏威夷和澳大利亚这一大片海域，几乎都是日军的势力范围。报珍珠港之仇的压力和打击日寇的嚣张气焰的决心，都使陆军航空队必须加速行动。

既然欧、亚两个战场都告急，自然各方都希望陆军航空队更快行动（去教训欧、亚两边的敌人）。与之相应，对AWPD-1也进行了修改，以适应两洋作战，修改后称为AWPD-42，罗斯福总统也及时批准。其实，自从日寇偷袭了珍珠港，陆军航空队也一直在想：要是B-29能快点出来该有多好，就可以好好出出心头这股恶气了！这使得，倍感压力的阿诺德，咬紧牙关，一方面紧锣密鼓地秘密筹划“杜立特空袭”，要让国人和世界来个惊喜。另一方面决心借国会热捧B-29的东风，再用“胡萝卜加大棒”（订单和限期）给波音施压。于是，1942年2月，他又把B–29的订单翻了一番，追加至500架。而且，发出“狠话”：半年之内一定要见分晓!

又过了一月（1942年3月），觉得还不过瘾，又再翻一番，改为1000架。

由此可见，对B–29寄予了多么殷切的期望。但令人遗憾的是它却姗姗来迟。总是“只听楼梯响，不见人下来”。心急如焚的阿诺德呀，实在等得不耐烦了，造一架都这么费时？干脆再多定一些吧，要不然将来刚用顺手、它又接不上气了。于是，趁着全国欢庆“杜立特空袭”成功的东风，阿诺德又向上申请：再加几百架。就这样，到1942年9月，这个还未出生的“超级宝贝”B–29的订单已加到1664架了！【旁白：你看，军方有多么着迷、多么迫不及待！这一下可成了150亿的“超级豪赌”了！你再看，国会又有多么慷慨、大把银子往外洒，要知道，至今谁也都还未见到B–29的月貌花容呀！】

有道是，苍天不负有心人。就在这项订单下达之时，也就是在杜立德空袭日本5个月之后，第一架B–29的原型实验样机（型号为XB–29，序号为41–002，以下简称“1号样机”）总算在西雅图的那个神秘的波音二厂呱呱坠地了。

1942年9月21日，对多雨的西雅图而言，是个难得的风和日丽的秋天，波音二厂巨大的机库门打开了，XB–29“1号样机”在众人的注目之下姗姗而来。没有掌声、没有喧哗，人们甚至屏声息气，似乎怕惊醒这美好的“梦境”……

是啊!

这是米切尔将军抗日之梦!

艾吉维特总裁4引擎中心之梦!

阿诺德司令战略空军之梦!

美国航空人创新之梦!

全美人民报仇雪恨之梦!

在这美梦成真的时刻，人们不由得回想起7年前那个“波音299型”推出机库的盛况。

你看，多么相似啊，也是那样圆润光亮的机头、也是4个巨大的三叶螺旋桨、也是像从“狭小”的机库中推出来一个不断膨胀的“史前时期的巨兽”……

但是，它更大、更壮、更雄伟！人们开始悄声议论：既然B-17已经叫“空中堡垒”了，这个酷似“空中堡垒”、胜似“空中堡垒”的新鸟，就必然应该加上“超级”的头衔。是的，应该叫“超级空中堡垒”！于是，一个更响亮的名字：

“超级空中堡垒”（Superfortress）就这样诞生了。

就在今天，这架“天之骄子”要进行首飞。驾驶员是波音公司的王牌试飞员艾伦（Edmund T. Allen），他几乎飞遍了美国早期的飞机，1939年他已被波音公司提升为研究分部主管，负责领导飞行测试、空气动力学和风洞试验等工作。今天他亲自带领一班人马进行这次试飞，作为研究分部的主管，他几乎了解这架飞机的每一个细节。

下午3:40，艾伦和他的副驾驶里德（Al Reed），操纵着这架崭新的巨鹰，从波音机场顺利起飞，4:55安全返回。走出驾驶舱时，迎接他的是设计团队的工程师们，他对为首的总工程师比尔只是喜笑颜开地说了一句：

“She flew！”（她飞了！）

是的，一切尽在不言中。对于为之苦战了多少个日日夜夜的人们而言，有这一句就足够了。

不过，当天下午5:25比尔在实验记录上还是稍微多写了几个字：“艾伦报告：我们有了一款很酷的飞机！”

XB-29 |“1号样机”（序号41-0002）（来源：US Air Force Photo）

“同胞兄弟” | 这是B-17空中堡垒（前上）与B-29超级空中堡垒在比翼双飞。你看，何其相似乃尔！

（来源：US Air Force Photo）

有道是“好事多磨”，随后的试验情况却不理想。该机所用的发动机是莱特R-3350-12，试飞中常有发动机过热现象、甚至有起火的危险。这一试就是3个月，反复试了23个起落，总共历时27小时，平均每次飞行1小时10分钟，而最长的一次也只飞了2小时19分钟。而就在这23次飞行期间，竟然换了16个发动机、19个排气系统和22个化油器！

最后到了12月28日这天，美国人圣诞节到新年的假期都已开始了，但艾伦和里德却还是决定再飞一次、迎接新年。可是，当爬升至6800英尺上空时，1号引擎又起火了【注：引擎编序是从左至右，1号引擎即左翼外侧引擎。】，搞得艾伦只好紧急降落。唉！又只飞了26分钟！落地一查，毛病还不止一处。于是，送回厂检修。这一修就修了7个来月，一直修到次年8月。

而令艾伦和里德没想到的是，这次飞行竟成了他们驾驶1号样机的最后一次飞行（为什么？后面就会看到）。

这使得陆军航空队有点不耐烦了，波音公司也急得如“热锅上的蚂蚁”。算了，年也别过了，换一架再碰碰运气。

1942年12月30日，人们决定把刚装配好的第二架XB–29样机（序号为41–003，以下简称“2号样机”）拉出来首飞。它甚至还未来得及漆成与第一架一样的军绿色，为的是想年底前报个喜讯，谁知，大年三十，它的发动机同样不争气，4号引擎着火了！真不给面子！仅仅飞行了32分钟，艾伦只好紧急迫降、拖去修理。这一修就是一个月。

1943年1月29日，艾伦机组再驾修复后的第二架样机上天，飞到2万英尺高度时，2号引擎过热，只好返航。又修了半个月。1943年2月17日，再次试飞，这一天飞了8个起落，虽然未出大事故，但每次却都因发动机故障而不得不返航。8次共飞了7小时27分钟，平均每次飞行仅56分钟。

当天下午，艾伦召集机组成员与军工项目高级经理肖瓦特（N.D. Showalter）、总空气动力师史凯雷尔（George Schairer, 还记得吗？他们俩都和约翰逊一起去陆军航空队装备司令部开过会）以及飞行工程师们开会。大家都有些急了，掐指算来，从1942年9月21日首飞，至今已近5个月，跌跌撞撞，两架飞机加起来只飞了34个起落，飞行时数不过37小时27分钟，而测试到的有效数据也十分有限。未来的路还十分漫长：原型样机过关后，还要出服役测试机、要编制作业程序和培训手册，服役测试机过关后，才能定型生产、出厂，而后还要经过作战改装、配齐武器和附属设备才能装备部队。面对1664架的订单、面对亚太战场不断传回的需求，能不让人心急如焚吗？！

艾伦振作精神激励大家：抓紧时间加油干吧！请加速检修飞机，我们明天接着飞！

1943年2月18日，星期四，一个西雅图难得的、晴朗而暖和的冬日，艾伦和全班机组人员一早就来到机场，银色的大鸟似乎也在期盼着主人的到来。昨天飞了8个起落，今天希望飞得更好。所以，艾伦吩咐灌满油箱（5410加仑），并准备按正规设计毛重（10500磅）起飞。大家都想这次能飞得久点，希望能收集到更多的试验数据。【注：容量单位“加仑”，英美制式不同，英大美小。具体说来，1英制加仑为4.546升，1美制加仑为3.785升。本书中若未注明，则均为美制加仑。】

上午10:40，艾伦让各就各位进行起飞前检查。艾伦首先进入驾驶舱，接着是副驾驶戴斯菲尔德（Bobert R. Dansfield）和9名机组乘员，他们是：

高级督察、飞行工程师莫恩（Fritz Mohn）

引擎仪表监测师马克思菲尔德（Robert W. Maxfield）

光电记录监测、飞行测试分析师亨肖（Barclay J. Henshaw）

无线电员拉尔斯通（Harry W. Ralston）

空气动力专家诺思（Vincent W. North）

飞行测试工程师巴塞尔（Ramond L. Basel）

飞行测试工程师布莱恩（Charles E. Blaine）

飞行测试工程师兰克福特（Thomas R. Lankford）

飞行测试工程师沃尔西比（Edward I. Wersebe他是个特殊人物，不仅是个空气动力工程师而且还是高空飞行家，波音公司特聘他来评估XB-29样机的高空飞行性能）

12:09，艾伦机组在众人的期盼和祈祷中飞上蓝天，7分钟后爬升至5000英尺高度时，发动机又起火了，艾伦希望尽可能保护飞机、保留数据。

12:16，艾伦向地面报告：“1号引擎着火，我已关掉该引擎并用二氧化碳灭火器灭火，但愿能控制住。”地面回复说：“注意安全，随时告诉我们你的决定。”

12:21，艾伦向波音的兰顿机场喊话：“兰顿，1号引擎继续着火，我已降至2400英尺，请求迫降！准备事故急救！”塔台同意立即迫降，并告知：“风向南，风速5英里/小时（2.24米/秒）和跑道准备就绪，跑道取向为从西北至东南。【注：波音的兰顿机场位于华盛顿湖（Lake Washington）南端的兰顿市（Renton），紧靠

波音的兰顿工厂西侧，仅隔一条雪松河（Cedar River）。】

12:24，飞机已飞越华盛顿湖，艾伦报告："我们已在华盛顿湖大桥上空，2500英尺，啊不，1500英尺！"接着，塔台听到无线电员拉尔斯顿报告："飞机在机场东北4英里上空，高度1200英尺"。接着又听到他向艾伦惊呼："艾伦！快降……翅膀燃了！"

12:25，塔台听到艾伦最后的绝望呼喊："准备救火！我架着燃烧的翅膀来了！"这时，人们看到倒霉的大鸟在约1200英尺的低空掠过西雅图闹市区，然后向下急坠……天呀！悲剧发生了！

12:26，着火的XB-29失控撞向一家五层楼的肉类包装厂——弗赖伊肉联厂（Frye slaughterhouse and meat processing plant）……发生爆炸，机上约5000加仑汽油引起冲天大火……

艾伦和全部机组乘员为国捐躯！有3名机组成员虽然跳伞，但因高度太低，也未幸免。

地面的19名工人和1名城市消防员也不幸遇难！事后人们回忆：幸好当时是午餐时间，工厂工人大多吃饭去了，楼内人不多，否则，后果更不堪设想。

呜呼！太惨了……

航空人创新的征途啊，竟然是这样多灾多难！

人们悼念着艾伦和全体殉难的机组人员……

也怀念着7年前XB-17那次牺牲的首席试飞员陶尔和希尔少校……

这一来，全国哗然！震惊了总统、激怒了国会，勒令调查：B-29项目有无价格欺诈和其他违法行为！

你想想，波音公司已埋头苦干了8年，陆军航空队已定了近两千架，双方"你情我愿"，就等早日装备部队了。谁会料到竟出现机毁人亡的悲剧？！

这时候如果查出点什么问题来……

但愿平安无事，也好"息事宁人"。最后，调查组"不负众望"来了个"大事化小"。调查组的结论是：不怪波音，而怪发动机承包商——莱特公司，是它提供了有暇疵的发动机；但也事出有因，军方不该催促过急，搞得莱特压力太大、手忙脚乱、匆匆交货。出了事，大家都很难过。好好总结教训，将功补过吧。化悲痛为力量，尽快把合格的B-29送到抗日前线，就是对烈士最好的纪念！

为了缅怀逝者、贯彻遗志，波音公司当天决定，立即投资75万美元，建造当时最大、最快的风洞，加速B-29的研发，并将该风洞特别命名为“艾伦风洞”。

这是当天肉联厂灭火现场｜ 下图为楼前景象，上左图为楼后景象，上右图为劫后顶视图。

（来源：The Museum of History and Industry）

XB-29 | “2号样机”（序号41–003），上图是它于1943年2月18日12:09 从波音机场起飞后正在爬升时的情景。右图是艾伦与他的副驾驶戴斯菲尔德。

（来源：Boeing Archives）

一年后，1944年7月10日，一架飞机入役，分配到第40轰炸机大队的第45轰炸机中队，它是波音的威奇托厂生产的B–29，其序号为42–24579，人们将他命名为“艾伦号”，它执行了多次从成都地区和天宁起飞轰炸日本本土的任务。

三年后，1946年4月23日，杜鲁门总统又签署嘉奖令，破例授予平民试飞员艾伦空军勋章（Air Medal），由陆军航空队装备司令部实验工程主管查劳准将（Benjamin W. Chidlaw）亲自送达艾伦的家属，以表彰艾伦生前在军机试飞工作中的卓越表现，赞扬他为B–29的研制和改进提供了依据，使B–29能早日奔赴抗日战场。由此也可旁证美国上下对B–29的爱和对日寇的恨。

事故调查的结论，把责任归结到发动机身上，既减轻了波音和陆军航空队的压力，也反映了事实的真相和本质。

其实，发动机过热、甚至着火，始终是B–29挥之不去的梦魇，伴随了它的一生。只是因为战事急需，而且不出事故的还是占大多数，后来，又利用测试数据和经验，做了一系列改进，造出了所谓“作战用引擎”（Combat Engines）后，才在边使用、边改进、边生产的模式下陆续出厂。也就是说，不同生产批次的B-29，几乎都在装新的改进型发动机，这也可以算是B-29的一大特色。

据称发动机的大修小改竟达两千余处！发动机型号也从“莱特R-3350-12”，经多次改进后，到服役测试机就已变成“莱特R-3350-21”，正式出厂的B-29是装的“莱特R-3350-23”，B-29A则装的是“莱特R-3350-57”，而我们下面提供的图例，其型号已是“莱特R-3350-93”。

警惕 | 你看，这是波音公司在试验发动机，一人拿着灭火器在旁“严阵以待”。（来源：USAF）

A 正视图

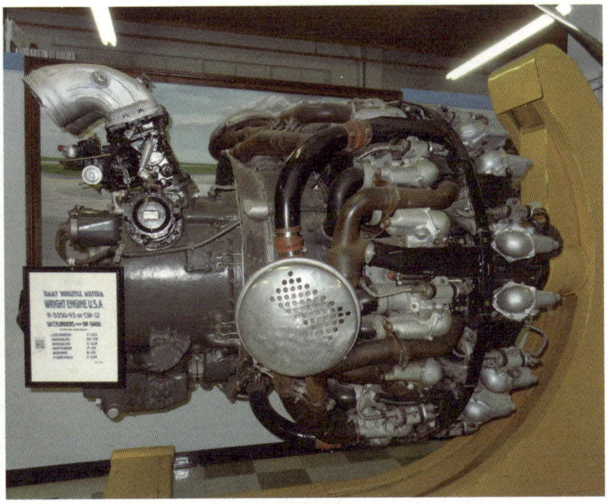

B 侧视图

莱特R-3350-93 （来源：作者摄于加州特拉维斯空军博物馆）

不过，说句公道活，莱特公司也不容易。关键是：要求高、数量大、时间紧。

要求高，是不难想象的。你想，B–29的那么多“最”，归根结底主要担子还不都是压在发动机身上，也就是说“马力最大”才是核心。已有的B–17和B–24，虽然也都是4台发动机，但单台都只有1200马力，而B–29的发动机一台差不多顶它们两台，是2200马力。对这种新东西，工程师们心中也无底，也都在“摸着石头过河”。就以过热而言，工程师们一直在致冷系统和排气管上下功夫，但似乎始终未得要领，以致到1941年底才勉强搞出1台“莱特R–3350”样机。到1942年夏，才生产出第一批产品，供原型机试用。结果呢？如上所述，试飞时还是败在过热上。后来，经过改进正式投产后，本来在国内认为已解决问题，谁知到了印度又遇上当地高温天气，机场的环境温度超过华氏120度，机内温度甚至高达华氏200度！致使有的飞机一起飞，发动机就着火。其实，后来才搞明白，过热问题的根源还是B–29的重量对“莱特R–3350”型发动机而言是负担过重、力不从心。战后改用马力更大的发动机后，过热问题也就解决了。B–29脱胎换骨成B–50，又延续生存了一段时间，才被喷气式飞机取代。

数量大，也是明摆着的。每架B-29就要4台发动机，再加上备份，那是多大的生产量。何况，当时大功率发动机品种有限、奇货可居，对这种发动机，军方的“胃口”很大，还想用于其它新飞机上。所以，1941年5月，陆军为XB-29和YB-29下发动机订单时，本来最多100台就连备份都够了，但下的订单却是185台。珍珠港事变后，军方要求更多、更急了。莱特公司除了原来在新泽西州的帕特森（Paterson，New Jersey）研发工厂外，1942年夏，又在新泽西州的伍德里奇（Woodridge，New Jersey）新建了工厂。而军方还于1942年1月找上汽车大亨克莱斯勒（Chrysler），动员它以许可证方式生产和改进“莱特R-3350”。而且，为了鼓励它转产飞机发动机，不惜砸下重金、以加价6%的优惠一下子就签了10000台引擎及其配件的合同，给了它3.13亿元。过了两个月，又把数量提高到17653台。克莱斯勒将这个活交给它的道奇分部（Dodge Division，Chrysler）。于是，道奇大兴土木，在芝加哥西边建了个占地450英亩的新工厂，号称有“世界上最大的厂房”，顶峰时刻有3万多人在该厂干活。以致最终道奇的产量比莱特还大。至日本投降时，道奇共生产18413台，而莱特共生产13800台。

至于时间紧，就不必多费口舌了。一句话，战况催人！

说罢发动机，再回过头来说整机。

如今，出了事故、又延缓了进度，真是“欲速则不达。”叫人既痛心、又烦心！虽说可用“失败为成功之母”来安定军心，但这句话，说起来轻巧，想起来沉重，干起来却困难异常。领袖、上司和民众，可以体谅创业的曲折和创新的艰辛。但当事人则必须从沉痛中走出来，迫使自己冷静地思考、细致地分析，总结教训、妥善安排，继续奋战，去夺取成功。

艾伦事件后，不仅是莱特公司在整改。波音公司和陆军航空队也都进行了认真地总结，并对下一步做出了更细致的安排。

先看波音方面，教训异常沉重，机毁人亡！必须好好总结，发奋再战，才对得起牺牲的战友。于是，他们一边处理后事，一边狠抓严查，花了一个多月时间，不仅领导和涉事人员，而且一切与B-29项目有关的人都发动起来，会上、会下仔细议，技术、管理全面查，找问题、订措施、出主意、想办法。他们决心把一切教训和措施都用到今后的工作中。具体说来约翰逊作出如下三个决定：

其一是关于“1号样机”的决定：2号样机“已经葬身火海，但测试数据还非常不足，必须继续试飞。因此，决定加紧检修“1号样机”，用它进行下一步的试飞工作；

其二是关于“3号样机”的决定：前面已经说过，XB-29“3号样机”的订单比前两架晚下近4个月，所以它目前尚未出来。因此，决定要加快组装进度，并尽可能按前两架的经验修改，完成后立即送往威奇托，用作新厂建设批量生产线的样机；

其三是关于“服役测试机”的决定：前面也曾提到，服役测试机的订单下达之时，原型样机并未出来，因此它的研制同原型样机是你追我赶的势态，差别只是3架原型样机是在西雅图的波音二厂，而14架服役测试机是直接下到威奇托新厂去组装。因此，决定也要吸收前两架原型样机的经验教训，并加快进度，争取尽早送交部队。

对试飞班子，波音也进行了补充和调整。约翰逊任命军工项目高级经理肖瓦特填补艾伦的空缺，兼任试飞主管（亦称“飞行试验经理”）。人们对他的印象是，他熟悉B-17和B-29项目，并曾与艾伦搭档、进行过民用4引擎项目“波音307型”的试飞，是个优秀驾驶员，但在试飞上不如艾伦有那么多经验。

至于首席试飞员，按理应由艾伦任命的试飞主管、又多次与艾伦同飞XB-29“1号样机”的里德担任，而且他也是艾伦机组中唯一当天未跟随上机、而幸免于难的人。然而，自从艾伦失事后，这位仁兄就心灰意冷、辞职不干了。于是，约翰逊只好指定由罗宾斯（Robert M. Robbins）接任首席试飞员的工作。他也是个有经验的试飞员，试飞过波音为泛美航空研制的“波音314型”飞船，也作过艾伦的副手，与艾伦一起飞过XPBB-1双引擎飞船、B-17和XB-29“1号样机”。这次增补上来后，更成为波音的试飞首席，在以后的岁月中，又为波音试飞了B-47、B-52和KC-135等型号。

再看陆军航空队方面，艾伦事件后，阿诺德下令立即调查，并要求陆军航空队装备司令部拿出措施，杜绝同类事件再次发生。埃科尔斯归纳各方意见、向阿诺德汇报时提出，对于B–29这样已下大批量订单的项目，必须加强军方对研制、特别是试飞工作的监管力度，建议成立专门办公室。阿诺德当即决定，成立“B–29专项办公室”，并任命装备司令部生产工程处长沃尔夫上校（Kenneth B. Wolfe，不久即升为准将）为主任，全面监管B–29项目，特别是试飞计划。

这个沃尔夫，也非同等闲，他可是航空队的一员老将。1918年通信兵圣地亚哥航校第一届毕业生，后来又陆续上过航空兵工程学院、航空兵战术学校、陆军指挥与参谋学院。【旁白：哈哈！真是位“儒将”，技术精通、战术熟悉的人才唷！今天让他管B–29的生产，明天就会让他带B–29的部队，拭目以待吧！】从少尉一路升到了上校。下过基层、坐过机关、当过参谋，干过教官。但大部时间还是在技术管理部门工作，1939年调到装备部生产工程处，先当处长助理，不久即升任处长至今。

当然，B–29项目，原本也是他管理的项目之一。但那时样机还未出来，部队好像也使不上多少劲。

可是，当样机出来以后，特别是进行试飞之后呢……每当思虑至此，多情善感的他，都不由得有点自责：我对波音的试飞工作，要求多、帮助少、介入更少……唉，为什么没有派个专人跟着干呢？如果能提醒一下他们，该有多好……那么多技术骨干牺牲了，多好的一个班子、多难得的一帮人才呀……现在“专项办”成立了，今后得把样机试飞和服役测试抓紧、抓细、抓好……绝不能让事故重演！绝不能失控！

对，绝不能失控！要由军方把的试飞工作全面管起来。于是，他以“B–29专项办公室”主任的身份，代表军方向波音宣布：

1. “B–29专项办公室”将代表军方全面管理有关B–29项目的一切问题，当前的重点是试飞工作；

2. 为了下一步试飞更好地进行，决定将试飞地点由西雅图迁到威奇托。因为那里气候较好，不像西雅图这样多雨；飞行条件也较好，机场跑道较长、较宽，轮替的机场也靠得较近；波音的威奇托厂也将是YB-29和B-29的生产主厂，它可以为试飞提供更强有力的支持；

3. 今后试飞的驾驶和副驾驶都由陆军航空队军官担任，飞机的维护和检修由波音的专业人员负责，而飞机的操作和维护规程仍按波音的执行；

4. 波音的首席试飞员，也担任副驾驶。但主要职责不是驾飞机，而是作为军民驾驶之间的接口和协调。

真是“矫枉过正”？有道是，矫枉必须过正，不过正难于矫枉。看起来，好像军方“夺”了波音试飞的“权”，实则是沃尔夫痛定思痛、煞费苦心在行保护波音人才之责！壮哉，伟哉！

如今，局势明摆着，厂方盼着定型、军方盼着装备、前方盼着部队、后方盼着胜利。而这一切则都等着足够的试飞数据。虽然，沃尔夫已宣布：“当前的重点是试飞工作”，约翰逊也已决定用“1号样机”来飞，可是，“1号样机”在哪儿？它已经从去年年底修到了现在。加油吧！厂方、军方、前方、后方都等着你！

这一天终于等到了。

1943年8月30日，是一个典型的西雅图夏天，风和日丽、不潮不热。经过全面而彻底的检修之后的XB-29“1号样机”，焕然一新地停在波音机场的跑道起点，等待着启航，飞往威奇托。波音的人真像惜别亲人那样聚集到机场，为它送行。

是啊，多少个日夜相伴，多少次修改调试，多少个心灵的寄托和期盼……“1号样机”啊，艾伦和他的伙伴们在天上注视着你，你要为波音人争一口气……

军方更为重视，因为这是等了整整半年后的第一次试飞，也是“专项办”全面管控后的、由军方驾驶的第一次试飞，而且要从西部飞到中部。沃尔夫指定了两名上校军衔的飞行员来进行这次不平凡的飞行。他们是：驾驶奥尔森上校（A. D. Olson）、副驾驶埃斯特斯上校（H. S. Estes）。波音的首席罗宾斯也是副驾驶（虽然排名在埃斯特斯之后，但罗宾斯对这次他接手后的、与军方第一次合作飞行，还是很满意的，他事后这样回忆说：“他们对我很照顾，在飞往威奇托的途中，他们还是让我这个副驾驶飞了几小时”）。双方领导（沃尔夫和肖瓦特）都随机前往。波音决定除了威奇托厂有专门的班子配合试飞工作外，肖瓦特在整个试飞期间，都坐镇威奇托试飞现场。

转场到威奇托后，进行了五周半的紧张试飞。到10月21日，这阶段试飞结束，共飞了24个架次，累计飞行72小时，平均每次飞3小时。不但记录了大量飞行数据，其中还包括大量发动机致冷的数据；而且进行了模拟载弹10000磅、长途奔袭3000英里、历时14小时的模拟投弹飞行。最令人高兴的是：在整个试飞过程中，既无恼人的引擎故障，又无其他严重的性能问题。试飞成功了！

在这期间，军方为了给罗宾斯一个过渡期，整个9月份都是军方驾驶在飞。直到10月8日，才由埃斯特斯上校主持、对罗宾斯进行了一次正规的驾驶“考核”，由马丁（Ed. Martin）担任罗宾斯的副驾驶。这对身为波音首席试飞员的罗宾斯来说，似乎是“多此一举”，但既然“专项办”这么规定，罗宾斯也欣然接受。试飞无悬念地通过，从此罗宾斯“扶正”，接下来两周都是由他担任试飞驾驶，直到10月21日。

罗宾斯驾驶XB-29 | “1号样机”试飞（来源：avweb.com）

接下来试飞组和飞行工程师们进行了一周的数据研讨，沃尔夫和肖瓦特一致同意，这阶段的试飞是成功的、数据是满意的，可以告一段落了，XB-29“1号样机”也应送回西雅图进行结构和仪表检修和调试，以应今后再试飞的需求。

1943年10月28日，肖瓦特率领他带来的人马，由罗宾斯驾驶XB-29“1号样机”班师回朝，由威奇托飞回西雅图。这是凯旋归来，约翰逊亲率人群到机场迎接，鲜花、掌声和兴奋的热泪伴随着西雅图的秋日细雨为他们接风、洗尘……

XB-29“1号样机”经过检修后，在1943年12月间，又由罗宾斯驾驶共飞了37小时25分钟，依然顺利、无大故障。一句话：它对得起曾经开过它的艾伦，真的给波音争气了！人们亲切地给它取了一个外号“飞行豚鼠”，请看下图就是罗宾斯和他的“飞行豚鼠”的合影。

罗宾斯与“飞行豚鼠”的合影

（来源：B-29 Superfortress）

读者也许关心XB-29“1号样机”以后的命运。可以告慰的是，它一直作为“保留节目”留在波音二厂、继续为B-29的各项试飞任务打拼，一直到抗战胜利。从1943年10月21日至1945年8月15日，由罗宾斯担任项目主管和首席试飞员，在这22个月中，它共飞了312架次，累计458小时。战后又飞了两年，一直到1947年5月9日，才光荣退休。1年后（1948年5月11）它被送往飞机坟场。它总共飞了576小时。罗宾斯后来在他的回忆文章中自豪地说：其中除27小时是艾伦主持试飞以及军方主持试飞的部分架次外，其他都是我驾驶飞行的，共计496小时。

好了，XB-29“1号样机”寿终正寝的事均已交待，下面该说一下XB-29“3号样机”了。

前面已经说过，第三架XB-29原型机的订单比前两架晚下近4个月，所以它出来也晚一点，直到1943年6月6日才从西雅图的波音二厂装配完毕。因此，它的序号也不是跟在前两架之后，不是41-004，而是正经八百地列了一个序号41-18335。而且，晚也有晚的好处，前面两架为它的改进提供了借鉴。因此，试飞工作进行得十分顺利。请看下面两幅图，一幅是它试飞时的英姿；另一幅则是波音公司和军方的领导、工程师和技工们在围着它观察状况、商讨对策。

短暂的试飞结束后，它就按计划被送往威奇托，配合建立生产线的工作。人们也给它取了个别名叫“小妖精旅舍”（Gremlin Hotel）。但不久就移交给军方去作加速飞行试验和加载武器去了，在它身上第一次装上了通用电气公司研制的遥控武器系统，但是这却要求更大的电能，从而要加装发电机，最终也导致飞机的毛重增加。

据资料称，后来XB-29“3号样机”也不幸坠毁了。但似乎惊动不大，因为人们并未为它的事故场景和原因追究多著笔墨。也许是正式的B-29产品已大量出厂，而它又无突出事迹引人注目，也许是战事吃紧大家也顾不上它了。总之，消声匿迹了，不像它的两位兄长那样出名。

试飞中的XB-29“3号样机”（序号41-18335） （来源：USAF）

XB-29“3号样机”与它的亲人们 | 请注意：三架原型机用的都是三叶螺旋桨，而正式生产的所有B-29则都改用四叶螺旋桨 （来源：USAF）

就在西雅图波音二厂这边还在忙着检修XB-29“1号样机”、完善XB-29“3号样机”之时，威奇托新厂也已在加班加点赶造服役测试机YB-29了。军方早在1941年订货后就已给出这14架YB-29列装序号是：41-36954至41-36967。而第一架服役测试机YB-29（41-36954）甚至比XB-29“3号样机”还更早亮相。

1943年4月15日，第一架服役测试机YB-29（41-36954）在威奇塔厂“诞生”（这实际上也就是威奇托厂造出的第一架生产样机），它于6月26日首飞，引擎即为4台R-3350-21。7月就有7架、8月又有4架服测试机交付部队试用。服役测试机除了继续考验飞机的飞航能力外，还有一项最重要试验就是装载武器装备，调试控制机构，测试作战能力，研究作战战术等。

当罗宾斯他们到威奇托试飞XB-29“1号样机”之时，也正是YB-29试飞之际。因此，肖瓦特与沃尔夫商量，也让罗宾斯介入YB-29的试飞工作。也就是在1943年9月份，罗宾斯过渡期间，沃尔夫安排罗宾斯跟随萨利文少校（Sullivan）试飞服役测试机。9月3日和9月4日两天，萨利文让他用YB-29（41-36963）机，在威奇托附近的两个军用机场间，用该机飞了4个起落、5次起飞和6次着陆。

下面的图是服役测试机及其编队飞行时的英姿。

好了，原型样机出厂、服役测试机也已交货。接着当然是批量投产了。下面就让我们来看看精彩的B-29生产大会战吧。

YB-29“在编队飞行 | 服役测试机与3架原型机不同之处是：它采用4叶螺旋桨，引擎是用R-3350-21，并配备了完整的武器系统。（来源：USAF）

YB-29（41-36957）（来源：USAF）

CHAPTER 4 | 第四章

BUILDING THE B-29

——Four factories and thousands

美国人在短期内突击赶制B-29的那种阵仗，

真可以说是掀起了一个“B-29大生产运动”。

军民总动员，

男女齐上阵，

昼夜加班干，

一切为前线……

精心铸剑

Four factorics and hundreds of thousands of American built the superfortress

4个工厂和成千上万的美国人精心建造了超级空中堡垒

如今，原型样机已经完成，服役测试机也已交货，接着，当然是进行批量生产。还有什么问题吗？当然有！是什么？需求大又急，波音忙不过来。你看，西雅图的波音二厂是指望不上的，因为前面已说，它场地不够大，而且B-17生产任务忙。造出3架原型机已勉为其难了（后来，1944年，军方与波音签了一个合同，要求该厂在B-17生产任务完成后，改产5000架B-29C，但到1945年还未投产，战争即已结束，“C”型机就取消订货了）。

而现在，已签的合同订单已是1664架，而未来的需求可能还会翻番，单靠波音的威奇托厂哪里忙得过来。为了赶进度，军方决定，还是用抓B-17和B-24大批量生产的经验：建立生产联合体。这个问题，前面也已提到，在1941年5月波音总裁约翰逊与陆航装备部长埃科尔斯就已开会研究过。珍珠港事变两周后，1941年12月22日，军方决定让贝尔飞机公司（Bell Aircraft Corporation）加盟。并打算再找一家，鉴于福特在B-24生产中表现甚佳，埃科尔斯想更多发挥汽车制造厂在航空制造方面的潜力，因此属意通用动力公司（General Motors Company）参加进来共襄盛举。

1942年2月10日，军方召集会议，由分管航空的战争部长助理洛维特主持，实际主角当然还是埃科尔斯。三个公司的代表分别是：波音的柯林斯（Fred Collins），贝尔的温特（B. A. Winter）和通用动力的里普利（A. P. Ripley）。

经过三天详细研究，决定成立生产联合体，由波音提供样机、蓝图和技术指导，特许生产。军方决定支持波音在堪萨斯州的威奇托市（Wichita, Kansas）修建新厂；同时也支持贝尔在佐治亚州的玛丽埃塔市（Marietta, Georgia）新建工厂中生产B-29及变型。

后来，在波音样机出来之前，军方又给通用动力下达了生产P-40战鹰战斗机（Curtiss P-40 Warhawk，陈纳德的飞虎队就是用该型飞机抗击日寇并战绩辉煌）的紧急任务，通用动力就退出B-29的生产联合体了。由“马丁飞机公司”（Glenn L. Martin Compain）在内布拉斯加州奥马哈市（Omaha，Nebraska）的厂顶上来。另外，再加上波音公司在华盛顿州兰顿市（Renton, Washington）的厂，最终形成这4个厂的B-29生产联合体。下面就介绍一下它们的情况。

威奇托厂　铸剑中坚

波音的威奇托厂（Boeing-Wichita，工厂代号为BW），在前面已经提到，不过并未展开，现在细说。因为B-29是波音研制的，所以这个厂责无旁贷一定是批产B-29的“带头羊”和主力。之所以看中威奇托市，因为它有许多优势：

其一，那里有基础。波音原本在该市就有一个子公司，叫做“斯蒂尔曼航空公司”（Stearman Aircraft，1927年由意大利裔美国人斯蒂尔曼创建，1929年卖给波音），它的工厂从1934年开始就在为美军（包括陆军和海军）生产一种双座双翼的初级教练机，名为“凯特”（Kaydet，主型号为Model 75 "Stearman"Kaydet，并有多种变型）,它虽然简单得酷似莱特兄弟的“老祖宗”飞机，但却性能优良耐用，很受军方青睐，为美军培训驾驶员立下了汗马功劳，在二战期间就生产了10620架。而且出口到20多个国家。战后又成了民用轻便机宠儿。私人飞机、航空表演、农业喷药、森林灭火等都看上它，如今更成了航空爱好者收藏的“古董”飞机。1943年4月该厂生产达到顶峰，月产275架“凯特”。二战期间它为军方生产了44％教练机，而剩下的56％则是由其他13家厂合力生产。

而且，威奇托市本来就是个航空工业重镇。在那里有多家著名飞机制造公司，除“波音”外，还有“塞斯纳”（Cessna）、“庞巴迪里尔”（Bombardier Learjet）、“豪克比奇”（Hawker Beechcraft）和“雷神”（Raytheon），还有“空中客车”（Airbus）也在那里设厂。是二战期间美国的航空工业中心，被誉为美国“航空之都”。在那里，招聘工人、技术人员和进行协作都十分方便。

“凯特”教练机

一望无际 | 这是停在得克萨斯州的兰多夫机场（Randolph Field）上的斯蒂尔曼航空公司生产的“凯特”双翼教练机，该机场当年是陆军航空队飞行训练司令部（AAF Flying Training Command）所在地。后来B-29的正、副驾驶和飞行工程师也在此受训。（来源：museumofflight.org）

其二，威奇托市远离海岸和边境，便于保密。看一眼美国地图你就会发现，威奇托市地处美国的正中心。也就是说，在当时的技术条件下，无论从陆地、天空、海洋敌人都够不着它。也就不必像在西雅图修波音2厂那样下功夫伪装。而且，它坐落在美丽的阿肯色河畔，风光旖旎、气候宜人。也许你觉得它其名不扬，而它却是堪萨斯州的最大城市，因而人力资源也相当充足。

【链接：威尔托市曾被美国有线电视网和财富杂志评为美国最宜居住的十大城市之一，还被新闻杂志称为“美国特色城市”。1985年它还与中国的“清明上河图”的故乡——河南省开封市结为友好城市。2008年第五次中美战略经济对话期间，又与中国的“太湖影视城”——江苏省无锡市结为“绿色合作伙伴关系”城市。】

景色如画｜你看，阿肯色河畔的“航空之都”威奇托市的夜景多么迷人。（来源：celebmobilewall.com）

其三，军方和政府都支持。早在1940年秋，军方与波音签订XB-29原型机合同之后，波音就有另建新厂之意，那是因为西雅图的工厂正忙于生产B-17，而且也不适应比B-17大得多的“345型”装配。因此，到1941年初，波音就正式向陆军航空兵提出要在威奇托扩建新厂，希望军方协助落实土地和筹措资金。

实际上，波音是看上了斯蒂尔曼厂南边与威奇托市机场（Wichita Municipal Airport）之间那一大片空地，他们的如意算盘是，如果在那里建设新厂，一来与老厂可连成一片，二来方便利用该机场，进行飞机的试飞和调试。一心想早日拿到B–29的阿诺德司令当然也支持这种既省时省钱、又一举两得的主意。于是让装备部迅速与地方政府联系。

为了振兴大萧条后的经济，当地政府也非常欢迎有一个生产军用急需品的公司在此建厂，提供就业、繁荣市场。因此，政府立即同意将斯蒂尔曼厂南边的260公顷土地租给波音扩建新厂。不仅如此，联邦政府还决定通过美国国防工厂公司（U.S. Defense Plant Corporation, 这是当年美国国会特许建立的一个金融机构，主要业务就是为有关国防新厂的建厂和设备采购提供资金支持）给波音融资2600万美元支持其修建新厂。

波音将该厂称为“威奇托2号厂”，而斯蒂尔曼原来那个厂，当然就成“威奇托1号厂”了。“2号厂”是专为生产B–29而建，“1号厂”后来也转型以配合B–29生产为主，因而在讲述B–29时，人们习惯统称其为“威奇托厂”。

1941年6月24日，“威奇托2号厂”破土动工，不到一年就突击完成了基建。该厂规模首屈一指，以其主装车间为例，其占地面积达1700万平方英尺（1平方英尺=0.09平方米），能同时容纳两条并列的B–29装配线，每条装配线长750英尺（228.6米）。一年后，当基建完成时，美国国防工厂公司又追加融资4000万美元为波音订购装配线所需的机械设备、仪器和工具。

又用了半年，1943年1月，全部设备安装完毕。工厂建成后的首要任务当然就是装配14架YB–29服役测试机。

不过，这里还有一个插曲值得一提，1942年6月，由于XB–29原型机和第一台YB–29服役测试机均未亮相，当然更谈不上B–29批量投产，为了工厂试运行和培训工人，该厂接了一单滑翔机批产订单，为陆军航空队组装750架Waco CG–4A滑翔机（用于欧洲战场）。这项订单本来是赛斯纳飞机公司接的，后来转包给波音的威奇托2号厂。

再来介绍一下威奇托市机场的“命运”。那个机场是1929年城市规划时靠集资修建的，当时地广人稀，土地富余，所以占地不少（约541公顷）却规格不高、用处不大而又经营不善，本来就有点冷冷清清。当时，已同国民警卫队达成协议，来个“军民共建”，以改善管理。国民警卫队打算让它的第127观察中队（Kansas National Guard 127th Observation Squadron）于1941年8月进驻该场。针对这一情况，陆军航空兵立即向上级报批。联邦政府决定从1941年10月起，该机场由陆军航空兵接管，改名为“威奇托陆军机场”（Wichita Army Airfield），捎带把第127观察中队也划归陆军航空兵了。从此该机场就走上了军用的道路，二战后，1954年改名为美国空军的麦康奈尔空军基地（McConnel Air Force Base），由加油机部队进驻。

波音威奇托厂 左图为1935年威奇托市斯蒂尔曼飞机厂的原始风貌；右图为1945年8月15日——日本投降日威奇托厂的鸟瞰图，成排的B-29蔚为壮观。注意那水塔可帮助你定位。（来源：Boeing Archives）

麦康奈尔空军基地 | 当年叫威奇托市机场，离市中心约6英里。二战中由陆军航空队装备司令部接管，主要任务是配合波音威奇托厂生产的B-29试飞、入役、转场。二战后改为驻扎加油机部队。（来源：flickr.com）

1942年3月1日，为了方便波音与军方的业务联系，陆军航空队将陆军航空装备司令部的中西部采购中心（Midwestern Procurement District，Materiel Command）设于该场，直至1945年9月7日才撤销。由此也可看出军方对B-29生产和转运的重视。

1943年1月，该厂开始装配YB-29服役测试机，14架装配完后，1943年9月，开始批量生产B-29。为了大规模生产，工厂扩大招工，到当年（1943年）年底，该厂雇员达到最高峰，共计29795人。直接在装配线上干活的工人就有15000人。奥巴马当上美国第44任总统后，敏感的记者们又挖掘旧事、爆出新闻：据说在这些人中就有奥巴马的祖母杜纳姆（Mandelyn Dunham），而且还曾当上装配线的主管。

那时装配一架飞机需花157000人-时【注："人-时"是衡量工作量的单位，这里可理解为157000人干1小时，或1个人干157000小时。】在当时，每架B-29平均单价为639188美元（折合成现在币值，约为1000万美元1架）。

所有该厂出产的飞机，都会用工厂代码"BW"作为型号的尾码，它是"波音威奇托（Boeing Wichita）"英文字头的缩写。由于生产期间不断有所改进，因而一定时段中生产依据的模型样机也都有所不同，工厂则按此区分批号。所以，飞机型号的标示方法是：飞机机型—出厂批号—工厂代码。

例如，从9月开始生产的第1批标为B-29—1—BW，每架飞机还要编一个序号，威奇托厂第1批的序号是从42-6205至42-6254。序号前两位是合同年号，比如，第1批是1942年订的货，就用42，然后是按出厂顺序给出的编号。这样的组合就构成每架飞机独有的身份号码了。例如，威奇托厂出的第1架B-29的标示是："B-29—1—BW 42-6205"，当然它也就是所有B-29的老大，下面就是它1943年9月11日初次亮相时的第一张玉照。

不过，请注意，各型B-29的批号并不是1、2、3、4……接着排，而是以5的整数倍排，即1、5、10、15、20等，以表示它们有一定差别。但也有三批例外，它们是威奇托厂生产的B-29在第85批后加了一批连号86，又在第95批后加了两批连号96、97，然后才是100，这种连号表示这一批是前一批的修订版。

到1943年年底，威奇托厂生产了40架B-29—1—BW和33架B-29—5—BW，产量逐月增加，1944年生产722架，编号已至B-29—55—BW，在移交部队时发动机改为R-3350-23A。1945年7月该厂生产达到顶峰，平均每天4.2架。而这时，发动机已先后改为R-3350-41和R-3350-57。在这里共生产了1630架整机和125架备件。飞机编号至B-29—100—BW 45-21872。

老大亮相 | 这是1943年9月11日威奇托厂生产的第一架超级空中堡垒B-29—1—BW 42-6205。

（来源：National Museum of the USAF）

英姿飒爽 | 威奇托厂生产的B-29—25—BW 42-24464凌空飞行的英姿。（来源：Stan Plet Collection）

从正面看威奇托厂B-29的整机组装线　（来源：USAF）

从前面看威奇托厂B-29的整机组装线 | 可以看出，排在最前面这一架即将完成，它是B-29-5-BW 42-6282。　（来源：USAF）

从后面看威奇托厂B-29的整机组装线　（来源：USAF）

第1000架诞生了 | 右图是威奇托厂生产的第1000架B-29，它的旁边是威奇托厂同时生产出的第10345架“凯特”教练机。
（来源：Boeing Archives）

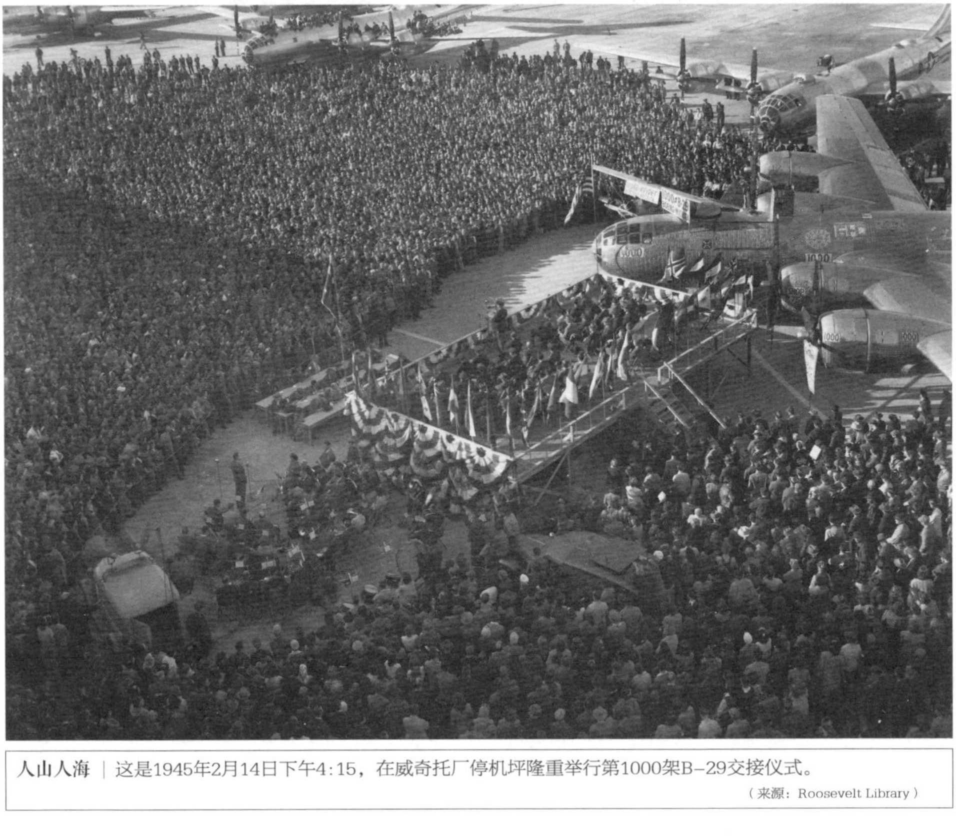

人山人海 | 这是1945年2月14日下午4:15，在威奇托厂停机坪隆重举行第1000架B-29交接仪式。
（来源：Roosevelt Library）

波音伦顿 海军支援

伦顿（Renton）是美国华盛顿州金县（King County，Washington）的一座小城，位于西雅图东南11英里处，紧靠华盛顿湖南岸，雪松河（Cedar River）由那里汇入湖中。【链接：该市与中国的山东省临沂市，于2007年结为友好城市。】

1940年6月29日，美国海军与波音公司签订合同，为海军研制一款水上巡逻轰炸机，原型机命名为“XPBB-1 Sea Ranger”，这里“X”代表原型、“P”为英文巡逻（Patrol）字首、第一个“B”为英文轰炸机（Bomber）字首、第二个“B”代表波音造、“1”为研制序号，此即波音为海军制造的第一款巡逻轰炸机原型。“Sea Ranger”意为海上巡逻者，常译为“海侠”。波音内部型号为“Boeing 344”。如果原型机成功，海军承诺首批订购57架。

你想，波音就是靠水上飞机起家，第一桶金也是从海军挣的，就是王助研制的、那款被海军看上的“波音C型”水上教练机。这几年来波音虽然与陆军打得火热，但在水上飞机的研制上，它也没有少下功夫，其中最有名的、就是为泛美航空公司研制的“波音314飞剪船”（Boeing 314 Clipper）。

如今，海军又找上门来，波音当然愿意形成一个左右逢源、陆海通吃的繁荣局面。于是向海军提出，利用华盛顿湖的天然有利条件建一个新厂，以后专接海军的订单。此议也正中海军下怀。本来嘛，波音就是海军发现的，这么好一个研制大飞机的班子，怎能让陆军独占了呢？何况当下欧、亚战事都不乐观，美国迟早会卷入其中，海军对飞机的需求即将猛增，添个工厂、实属必要。

于是，海军装备部立即上报海军部，这事很快就定了下来，由国防工厂公司拨款22500000美元，在伦顿市华盛顿湖畔买下95英亩（38公顷）地，盖起了一座新厂，厂房面积达1700000平方英尺，产权归海军，由波音按合同经管，取名为"波音–海军"厂（Boring–Navy，缩写为BN）。该厂离波音西雅图的老厂只不过8英里之遥。这一来，小城伦顿，一跃而为工业重镇，至今犹然。而当地人更愿亲切地叫该厂为"波音–伦顿"（Boeing–Renton）。

海军那边忙着修厂，波音这边自然也没有闲着，就在西雅图厂加紧研制，接近完成之时，新厂也修好了，就由西雅图厂将部件搬过来，最后在新场组装完成。

1942年7月9日，XPBB–1在华盛顿湖上首飞，一举成功。

XPBB-1试飞　（来源：boeing.com）

由图一看便知，XPBB-1是双发动机、三叶螺旋桨。而最巧的是，它的发动机也用的是与B-29一样的莱特R-3350。所以，它就成了二战年代动力最大的双发飞船。

工厂盖了，样机成了，毫无悬念，加油干吧。可是，却干不成了。为什么？陆军看上了这个新厂，想用它组装B-29！

陆军直截了当提出两点：

1、这里与西雅图厂距离近，又同属波音管理，转手和协作都很方便；而且反正厂房还是新的，PBB-1装配线尚未建成，可直接建B-29装配线，省钱、省事；

2、 XPBB-1虽然试飞成功，但批产并无经验，而类似的双发陆基轰炸机、比如北美航空公司（North American Aviation，简称NAA）生产的B-25“米切尔”式轰炸机却是现成的，两者能力差不多，而B-25的技术和战术却都很成熟，特别是在杜立特空袭行动中，海军也见识过了，不如用它来代替，一举两得。

读者朋友，你认为这“两点”如何？

按常规思维，陆军振振有词，海军能同意吗？要知道，两军在航空兵建设上历来磨擦不少；如今我刚建好一个新厂，你就来抢？而且说的都是“一厢情愿”的道理。看来这事十有八九办不成！

可是，让人跌破眼镜，这次海军却“高风亮节”，二话不说、一口答应！于是双方商定：作为补偿，陆军用位于堪萨斯州的堪萨斯城（Kansas City，Kansas）的北美航空公司的厂，来为海军生产专用的B-25。海军决定，将这款飞机用于装备海军陆战队的航空兵，并将型号改为PBJ-1。这里“PB”仍然是英文“巡逻轰炸机”的字头，“J”代表北美航空公司造，“1”仍是序号。最后决定的数量是：50架B-25C和152架B-25D。北美厂在1943年2月开始陆续给海军陆战队交货。

陆军这边，新厂要到手后，却还开不了工，一来是样机未出来，二来是陆基飞机，需要配机场、修跑道，而原先水上飞机的厂未考虑此事。于是，陆军又打报告要钱修机场和建B-29装配线，为此，国防工厂公司又花了2500万美元。

人山人海 | 上图是1940年代景象，下图是2010年代景象；左边是工厂，右边是机场，两者隔着一条雪松河；前边是华盛顿湖。（来源：boeing.com）

读者可能纳闷：明摆着的“赔本买卖”，海军怎么如此痛快就答应了呢？其实，海军也有自己的考量：

一是战略观念转变。就在XPBB-1首飞前一个月，1942年6月4月，美日海军刚刚打完中途岛战役，在这次航母大战中，美军大获全胜，用舰载轰炸机一举炸沉了日本4艘航母（苍龙号、飞龙号、赤城号和加贺号）和1艘重型巡洋舰（三隈号）。这一空前胜利，对海军战略观念影响很大，降低了对水上飞机的兴趣，而更加重视舰载机和陆基轰炸机；

二是大局为重。当前B-29是总统重视、国会注目、全军关心的大事。如果协商遇阻，陆军一定会往上捅，与其那时“吃罚酒”，不如现在“吃敬酒”；

三是PBB-1装备前景不明，需求一时半会上不去，当初论证时，也只估计了60架左右的订货。没想到波音提出建新厂，如今新厂在手，又怎能去大建装配线，何不急陆军所急，皆大欢喜。

所以，海军决定将PBB-1项目取消。从而，XPBB-1成了波音公音交给海军的唯一一艘双发巡逻轰炸机。因此，人们给他送了一个外号“独行侠”（Lone Ranger）。

1943年10月25日，在加州圣地亚哥海军基地，波音正式把XPBB-1交给海军，它在海军中一直用到二战后，1947年才光荣退休。而它也成了靠水上飞机起家的波音公司的一次“绝唱”，从此以后，波音就再也没有搞过水上飞机了。同时，这间为水上飞机而建的“波音-海军”厂，名称虽然未变，但也就再也没有生产过水上飞机。

在“波音-海军”厂生产的B-29的机型，与其他三个厂都不相同，是一种B-29的改进型，名称为B-29A，因此，其型号的首尾都与其他厂不同，例如第一架为B-29A—1—BN。B-29A的主要改进如下：

一是改进了翅膀。B-29A的翼展比B-29长12英寸；同时，B-29A的翅膀分为3段，即一个中间段，两个边段；而原来的是两段。这样既加固了结构，又便于安装和维修。

二是改进了炮塔。前顶部炮塔的机枪由2挺增加到4挺，以增加自卫火力；同时，为了改进空气动力性能，先是将炮塔形状改为“半泪滴形”；后来干脆将4个炮塔都去掉了，只留下机枪。

“波音–海军”厂还有两点与其他3厂不同之处：

一是其他厂在日本投降后，军方就立即取消订货，工厂停工。而它却继续生产，直到完成1119架的定额。因此，在朝鲜战争中，都是用它。

二是所有的B–29如今都已经不飞了，只有一架B–29A，至今仍然在做表演飞行。那就是举国闻名的“FiFi”，它的型号是：

B–29A—60—BN

在“波音–海军”厂，从1944年1月开始生产，当年共完成139架。在该厂一共建成了4条装配线，高峰时期，平均每天能产5架，每月就能产160架。它生产B–29A直到1946年6月10日，共生产了1119架。而后该厂就停工了。1948年又重开，为空军生产C–97。1954年后转为生产民用机，主就是大家耳熟能详的波音707、727、737、747、757等，现在那里仍有超过1万工人，是伦顿市的最大企业。2015年的今天，波音正在那里努力打拼它的省油新宠——波音737 MAX，力争2017年问世。

翱翔蓝天的FiFi （来源：skytamer.com）

“波音-海军”厂的整机装配线 （来源：USAF Photo）

“波音-海军”厂停机坪上的B-29A （来源：skytamer.com）

装配机身 | 这是炸弹仓，上方圆形隧道是连接头部和机身加压舱的交通隧道，乘员可从其中爬向前、后舱室，以保持加压环境，而炸弹舱是不加压的。 （来源：USAF Photo）

马丁新秀 奥马哈厂

马丁的奥马哈厂（Martin–Omaha），是马丁公司在内布拉斯加州奥马哈市（Omaha，Nebraska）的新建工厂。

这个马丁公司，可是一家老牌军用机公司，我们前面也曾提到过几次，特别是它的B–10，正是中国飞行员第一次“空袭”日本本土所驾飞机。只不过未展开介绍。其实，它在美国航空、航天界的地位，可以用八个字概括：影响巨大、道路曲折。说它影响巨大，只用一个例子就可说明，那就是很多美国航空界顶尖名人都在这里一起干过，例如莱特、波音、麦克唐纳、道格拉斯以及下面就要讲到的贝尔。这些人加起来就是美国航空、航天界的化身！至于说它道路曲折，那就更加明显，从它1912年8月16日由马丁（Glenn L. Martin）创办开始，公司地址在加州的圣塔安娜（Santa Ana，California），就不断的“折腾”，分分合合，名称和地址也改了不少次。1916年9月与莱特公司（Wright Company）合并，成为“莱特–马丁”（Wright–Martin Aircraft Company）。1年后，1917年9月又离开莱特，第二次重办马丁公司（Glenn L. Martin Company），地址改在俄亥俄州的克里夫兰（Cleveland，Ohio），后来又搬到马里兰州的巴尔迪摩（Baltimore，

Maryland）。1951年4月又去掉英文全名，直接叫马丁公司（Martin Company）。1961年它与“玛丽埃塔公司”（American-Marietta Corporation）合并为“马丁-玛丽埃塔”（Martin Marietta Corporation）。1995年又与“洛克希德公司”（Lockheed Corporation）合并成“洛克希德-马丁”（Lockheed Martin Corporation），成为世界最大的国防工业公司，总部设在马里兰州的贝塞斯达（Bethesda，Maryland）。你看曲折么？

那么，这“马丁-奥马哈”厂又是怎么回事呢？

1940年9月，美国战争部决定要在北美建两个新飞机厂，条件是一定要在内陆腹地，离海岸线至少要超过200英里。也就在当月，马丁接到陆军航空兵930架B-26订单。该机是马丁为陆军航空兵研制的双发中型轰炸机，全名为“B-26掠夺者”（Marauder）。

读者朋友，请打开美国地图，一看便知，奥马哈正好在地图中心。当年它曾是美国第一条横跨美洲大陆的铁路——太平洋铁路的东部起点。如今是内布拉斯加州的第一大城。

1941年2月14日，马丁公司与政府签订合同，在奥马哈建厂，用于生产B-26，厂址选在一个老的军营克鲁克堡（Fort Crook，1890年创建），该堡在奥马哈市以南10英里、密苏里河以西2英里。1924年5月那里就建成了一个简易机场，名为“奥夫特机场”（Offutt Field）。政府租给马丁503英亩地用于建厂，后又追加96英亩用于扩建机场。马丁在那里修建了170万平方英尺的整机装配车间、6个大型机库和两英里长的跑道。陆军航空兵装备部也在那里设立了办公室。

1942年6月8日，第一架在该厂生产的B-26出厂、并试飞成功。

1943年4月26日，罗斯福总统亲临“马丁-奥马哈”厂视察。这在美国工业界也是不可多见的事，不但很给马丁面子，而且也说明对生产B-29的重视。因为，就在他来视察之前，已经确定“马丁-奥马哈”厂将转产B-29。

陪同总统的有马丁本人和内布拉斯加州长格瑞斯沃德（Dwight Griswold）。罗斯福乘敞篷车在厂区转了1个小时，看了车间、会了工人、还听了公司副总裁兼总经理维里（G. T. Villry）的汇报，皆大欢喜。

总统视察“马丁-奥马哈” | 从左起顺序为罗斯福、格瑞斯沃德和马丁　　（来源：National Archives）

B-26掠夺者　　（来源：National Air Force Museum）

欢喜之后，当然就该抓总统关心之事——转产B-29了。

可是，从B-26转产B-29，并非一件容易的事。因为B-29比B-26大很多，技术也复杂得多。所以，首先就得扩展车间，将其拔高、拓宽；其次还得培训工人，使之熟悉新的机型和相关技术。

1944年“马丁-奥马哈”的厂区和机场旧貌（来源：National Archives）

2007年“奥夫特空军基地”新颜（来源：USAF）

1943年8月27日，开始车间扩展工程，拓展了135000平方英尺的面积，共花了200万美元。

1943年12月，从“波音-威奇托”给“马丁-奥马哈”运来了5架B-29的全套零、部件，用于试装和培训工人、调试装配线。

由于厂房不足、加之缺乏熟练工人，为了保证质量，马丁决定重点保整机组装，对部件则采取“拿来主义”，即部件多用外包生产。为此，他布局了几个技术过硬的协作供应关系户。例如，

固特异飞机公司（Goodyear Aircraft Corporation）供应炸弹舱段，公司在俄亥俄州的阿克伦（Akron，Ohio）；

哈德森汽车公司（Hudson Motor Company）供应后段加压机身和尾段，公司在密歇根州的底特律（Detroit，Michigan）；

克里莱斯勒公司（Chrysler company）供应机头段和发动机舱，公司也在汽车之都底特律。

另外，还有在堪萨斯州威奇托（Wichita，Kansas）的赛斯纳飞机公司（Cessna Aircraft Company）；

在密苏里州圣路易斯（St. Louis，Missouri）的麦克唐纳飞机公司（McDonnell Aircraft Corporation）等。

其实，这些公司的老板也都是马丁的老关系户，不是一块打拼过，就是携手协作过，马丁生产B-26时，也向这些厂买过部件。

自从决定转产B-29后，“马丁-奥马哈”厂就一方面积极做转产B-29的各项准备工作，一方面抓紧B-26的生产。1943年11月3日，完成1200架B-26的订单后，马丁开始收缩B-26的装配工作。1944年4月4日，B-26的生产在该厂正式划上句号，在这个厂共生产了1585架B-26。从此，就全力投入B-29的生产了。

1944年5月24日，“马丁-奥马哈”厂的第一架B-29诞生！出厂型号为：B-29-1-MO 42-65202。这位“长子”，立即“参军入伍”，被分配到第58轰炸机联队、第444轰炸机大队的第676中队（676th Squadron，444th Bombardment Group，58 Bombardment Wing），开赴中缅印战区，去与日寇血战。他作战英

“撒旦的天使”
它是“马丁-奥马哈”厂B-29家族的“长子”。上图是1944年5月24日出厂的情况。（来源：National Archives）
右图是在中缅印战区抗日战场上全体机组成员的合影。
（来源：444bg.org）

勇，20次飞越“驼峰”、进驻四川成都地区的广汉机场，11次参加对日本本土的轰炸，人们给他取了一个雅号“撒旦的天使”（Satan's Angel）。最后于1945年3月25日在孟加拉湾（Bay of Bengal）为国捐躯、英名永存！

到1945年6月15日，“马丁-奥马哈”厂共计生产了402架B-29，算起来并不快，平均每天1架。但是，数量虽然不多，质量却是上乘。当然，它未在部件上多花精力是原因之一，但最主要的还是它有一整套抓质量的措施，而且严格把关。因此，一项光荣任务非它莫属，那就是给一个执行绝密任务的特殊大队提供B-29战机。

是哪个大队？

第509混成大队（509th Composite Group）。

什么绝密任务？

向日本本土投原子弹！

“第509混成大队”是1944年12月17日组建，专为投原子弹而设，大队长是蒂贝茨上校（Paul W. Tibbets Jr.）。“马丁-奥马哈”厂专门为它装配了15架经过改型的B-29，特制的炸弹舱，飞机涂成银色。为了测试那个特殊的装原子弹的炸弹舱，蒂贝茨还带了一个假的原子弹模型、专程去奥马哈。当然，他并未告诉他们，这是原子弹，只说是一种“特制炸弹”而已。

最后的结果，大家都知道：

1945年8月6日，由蒂贝茨驾驶名为“艾诺拉·盖”（Enola Gay）的B-29在广岛投下了第一颗原子弹——“小男孩”（Little Boy）；

1945年8月9日，由斯威尼（Charles W. Sweeney）驾驶名为“博克之车”（Bock's Car）的B-29在长崎投下了第二颗原子弹——“胖子”（Fat Man）。

从此，人类进入了核世纪！1945年，核世纪元年……

请看，这就是“马丁-奥马哈”厂的得意杰作

A.“艾诺拉·盖”　　（来源：作者摄自National Air & Space Museum，Steven F. Udvar-Hazy Center）

B.“博克之车”　　（来源：National Museum of the USAF）

日本投降后，军方通知厂方结束合同。1945年9月18日“马丁–奥马哈”厂第531架B–29出厂后，工厂停工。

1946年4月1日，该厂最后100名职工离厂，“马丁–奥马哈”厂永远退出历史舞台！

以后3年，工厂厂房变成了空军装备司令部的仓库。

1948年1月13日，“克鲁克堡”改名为“奥夫特空军基地”（Offutt Air Force Base）。同年年底，这里的历史翻开新的一页。

1948年11月9日，午夜过1分。美国战略空军司令部（US Strategic Air Commannd，简称SAC）定居该基地。这里成了冷战时期美国的核战指挥中心。就这样虎视眈眈地与前苏联对峙了40年，一直到苏联解体，它也才松了口气。1992年6月1日，战略空军司令部撤销。

当人们视线似乎已从奥夫特空军基地移开之时，突然它又成了媒体焦点。

2001年“911事件”发生时，美国总统布什正在佛罗里达州萨拉索塔的艾玛布克小学访问。他立即根据国家应急方案，乘“空军一号”从邻近该处的、佛罗里达的萨拉索塔–布雷登顿国际机场出发，途经路易斯安那州的巴克斯代尔空军基地（Barksdale Air Force Base）专程来到奥夫特空军基地，于下午3:06进入具有抗核攻击掩体的、美国战略空军司令部的地下指挥中心，召开紧急战略电视会议。然后，于下午4:30才离开这里、返回首都华盛顿。

十万火急 | 这是2001年“911”那天，美国总统布什在奥夫特空军基地的地下指挥中心召开紧急战略电视会议。

（来源：National Archives）

贝尔新厂 充满传奇

贝尔生产B-29的工厂是一座新厂，它建在佐治亚州科布县的玛丽埃塔市（Marietta，Cobby County，Georgia），该市地理位置优越，在佐治亚州的最大城市亚特兰大市西北郊，距其市中心不到20英里，属于所谓“亚特兰大都市圈”，交通方便，又地处内陆，适于国防工厂选址，更特别的那里有个现成的机场——里肯巴克机场（Rickenbacker Airport）。当决定在该市建贝尔新厂后，该机场由陆军航空队接管，改名为“玛丽埃塔陆军机场”（Marietta Army Airfield，战后又改名为“多宾斯空军基地”Dobbins Air Foce Base），用于贝尔新厂生产的B-29的试飞、测试、接交、转场以及培训作战部队的有关人员。

树碑立传 | 这是科布县文物保护委员会2009年在贝尔B-29轰炸机厂址立的文物标志碑 （来源：lat34north.com）

这个工厂当然是由“贝尔飞机公司”经营，而贝尔公司本身却不太出名，大家很少听到。但是你可别小看它。它是1935年7月10日由劳伦斯·贝尔（Lawrence D. Bell）创办的一家专门制造军用飞机的公司【注意，别把它与“贝尔电话公司”联想，两者无关，后者是由亚历山大·贝尔（Alexander G. Bell）创办，他俩也不是亲戚，同姓而矣】。而这个贝尔可是美国航空界元老之一，先当马丁飞机公司的总经理，后来又当联合飞机公司的总经理，最后自起炉灶成立了贝尔飞机公司。所以，你也别以为这个贝尔飞机公司不怎么样，美国第一架超音速飞机就是它研制出来的，那就是曾经引起轰动的、第一种在平飞状态下突破音障的“Bell X-1”火箭飞机。同时在军、民用直升机研制上它也是一把好手，所以公司现在的名字叫“贝尔直升机公司”（Bell Helicopter Textron，贝尔飞机公司于1960年7月5日被TexTron Corporation公司收购后，改为此名）。从2012年起，一直闹得沸沸扬扬的新闻，驻日美军千方百计要在日本普天间机场（位于冲绳县宜野湾市）部署的“鱼鹰”直升机（MV-22 Osprey），就是贝尔直升机公司和波音公司联合研制的。

当然，二战之时它还没有这么神气。这两件宝贝都是二战以后才出世的（X-1是1946年1月19日首飞，而MV-22更是1989年3月19日才首飞）。

但在当年，公司虽是后创，老板却是牛人（试问有几个人蝉联过三大飞机公司的老总？）美国是个提倡个人英雄主义的国度，就凭贝尔本人这块牌子，军方就对贝尔飞机公司的能耐深信不疑，强将手下无弱兵嘛。

下面就是它那两件举世闻名宝贝的肖像。

“小鸟”冲霄 | 这就是第一种突破音障的火箭飞机Bell X-1 46-062，最大速度为1.26马赫（1541千米/时）。

（来源：blogspot.com）

“鱼鹰”落舰 | 这就是喧嚣一时的“鱼鹰”直升机在航母上降落的情景 （来源：hurriyet.com）

看了这两幅图，你有什么感觉？与已有的同类相比，它们真是别出心裁、标新立异！而这正是贝尔飞机公司的一大特点、也是一大优点！贝尔飞机公司不走别人的老路，从它推出第一件产品开始，就令人耳目一新。

话说那年头，在美国陆军航空兵中，除了想要轰炸机、进行高空轰炸之外，也有一帮人并不欣赏“轰炸机黑手党”的主张，他们更重视战斗机，其代表人物也是在航空兵战术学校当教官，领头的叫萨维尔上尉（Gordon P. Saville），实际上他是中国人熟悉的飞虎队长陈纳德的同伙和继承者，陈纳德当初就是在航空兵战术学校当驱逐机科长，是力主发展战斗机及其战术创新的风云人物，受主流排挤、退而去了中国，成就了一段传奇。而陈之后就是这位仁兄了。陈纳德被逼走了，他却在航空兵中坚持了下来，不仅对促进战斗机的发展和战斗机战术的改进做出了贡献，而且成为陆军航空队的防空领导人，在防空截击机和防空导弹上成绩显著，后官拜少将。

在珍珠港事变后，美国参加二战之初，并非处于进攻态势，防空、反潜才是航空兵的重头戏。那时，既没有火力强大、能快速升空拦截的战斗机，更没有防空导弹。因此，萨维尔与陆军航空兵装备部的战斗机项目负责人凯尔西中尉（Benjamin S. Kelsey）建议美国陆军应配备一种火力强大、并能快速升空迎击敌方轰炸机或高空侦察机的战斗机，并将其命名为截击机（Interceptor，在二战中较为流行，后为防空导弹和现代联合攻击战斗机取代）。

凯尔西是麻省理工学院航空工程硕士，做过航空工程师、试飞员，1934年调到航空兵装备部，主管战斗机项目。他是又一个对战斗机发展有功之人，后官拜准将。他会同萨维尔于1937年2月，制定了两个规范：双发动机的截击机Circular Proposal X-608和单发动机的截击机Circular Proposal X-609。并由陆军航空兵装备部向波音、联合、柯蒂斯、贝尔、道格拉斯、洛克希德等6家飞机公司发出通告，最后是贝尔和洛克希德两家被选中。

按照他们制定的规范，这种截击机应当高空高速。具体说来，要能在6分钟内爬升至20000英尺（6100米）以上，并至少能以360英里//小时（580千米//小时）的速度平飞，能带1000磅（454千克）以上的武器装备、包括航炮【注：陆航曾有规定限制战斗机的武器装备不得超过500磅，他们把新机命名为“截击机”、又搞个新规范，就巧妙地绕过了这个限制】。而且，为了提高高空高速的性能，他们还建议发动机要加装涡轮增压器。

贝尔飞机公司最先与军方签订的是按X-608规范的双发高空截击机。贝尔决定由总工程师伍兹（Robert J. Woods）亲自主持这项研制工作，公司内部型号为“贝尔1型”（Bell Model 1）。他领导的团队以大胆创新的精神，研制出一款颠覆传统的、所谓“移动防空平台”的XFM-1样机（这是军方命名，其中“X”代表原型样机，“F”代表战斗机，“M”代表多座位），号称“未来派”设计。与传统的单座、单发战斗机不同，它竟然多至5名机组成员（驾驶、副驾驶兼领航、无线电员兼炮手、再加两名炮手），火力有两门37毫米口径航炮（炮管分别从两个螺旋桨中心穿出）和4挺机枪（12.7毫米口径和7.62毫米口径各两挺），再加20枚30磅炸弹，用两台Allison V-1710-17液冷式发动机，每台为1080马力。

下图就是它的尊容。初看起来，这款新式战斗机，样子真有点像个轻型轰炸机。可惜它火力强大，性能却未达标（即萨维尔和凯尔西制定的规范）。爬升率也不高，每分钟只能爬升1480英尺；乘员虽多、故障却也不少。所以，只生产了1架原型样机（XFM-1）和12架服役测试机（YFM-1），军方就喊停了。人们形容为“一次华丽的失败”。

Bell XFM-1 （来源：USAF）

相对于贝尔在研制双发截击机上的失败，洛克希德在这项研制上却获得了成功。军方最终用上的双发截击机是洛克希德研制的P-38 Lightning（译为“闪电”）。这款新飞机在对日战争中立了大功，而且干了一件二战中大快人心的轶事，故在此简介一下。

1937年6月23日，军方与洛克希德签订合同，研制1架原型样机XP-38以及1个全尺寸的、为进行风洞试验的静态测试模型。洛克希德全力以赴，据称合同金额仅163000美元，而洛克希德竟然自掏腰包，付出了761000美元（当然，批产后它还是赚回来了）。

1939年1月27日在加州的三月场（March Field, CA），由凯尔西亲自驾驶、进行了首飞。

1939年4月27日，军方又订购13架服役测试机YP-38。在一系列试验中，毛病当然有，但均能克服，故很快投产。总的来说，军方对洛克希德的P-38相当满意。

由于P-38用途广泛：远程拦截、制空、护航、侦察、轰炸、对地攻击等样样“精通”，因此美军、盟军均很欢迎，是唯一一种从珍珠港事变到二战结束都在生产的战斗机，各种型号共生产10037架，其中以P-38L生产最多，共3923架。与贝尔的YFM-1相比，P-38的最大特点是双发、单座的重型战斗机，只有一个驾驶，却仍操纵超强的火力（以P-38L为例）：计有1门20毫米口径航炮、4挺12.7毫米口径机枪、4具三管112毫米口径火箭发射器（或10枚127毫米口径高速空用火箭）、2枚908千克炸弹（或2枚454千克、或4枚227千克、或4枚114千克炸弹）。

最高速度为414英里/小时（667千米/小时），最大爬升率为每分钟4750英尺（1448米/分），作战航程1300英里（2100千米），作战升限44000英尺（13400米）。

最值得一提的是，P-38在欧洲战场虽然表现一般，但是在太平洋战场却大显神威，打得日寇失魂落魄，是击落日机最多的美国战机（超过1800架），日本投降后第一架降落日本的美军飞机也是P-38，日本人称它“双体恶魔”。而最让美国人解恨的是，他们用P-38报了仇——猎杀了偷袭珍珠港的罪魁祸首山本五十六。

【注：由于此事在对日抗战中意义特殊，不少朋友希望能在此书中带上一笔，因此将在下面另辟一节作为插曲以飨读者。】

P-38L | 翼展52英尺，长37英尺10英寸，高12英尺10英寸。（来源：warbirrddepepot.com）

这里接着讲贝尔公司的故事。

常言道“失败为成功之母”，贝尔公司的第一款军用机虽然不够理想，但却让军方领教了该公司的创新精神，连飞行员也为能飞这种新颖的战斗机而兴奋，美国人还把它作为航空创新的代表，送到1940年纽约世界博览会上展出。虽未批产，却为贝尔公司挣足了面子。从而也显示军方对他们能研制出符合要求的截击机抱有信心。事实正是如此，1937年10月7日军方又与贝尔公司签订了研制一架按X-609规范的单发高空截击机原型样机的合同，定名为XP-39，而贝尔公司的人自然还是干劲十足，决心拿出一款结构新、性能好的截击机来。果然不久他们就做到了。

1938年4月6日，XP-39在航空兵装备部的莱特基地首飞，基本性能一举达标。速度为390英里/小时，爬升至20000英尺只用了5分钟。用一台艾利森液冷式发动机（Allison V-1710-17），并按萨维尔和凯尔西的规范要求加装了涡轮增压器以提高其高空性能。接着又研制了服役测试机YP-39，正式投产时定名为P-39 Airacobra（译为“飞蛇”或“空中眼镜蛇”）战斗机。投产后不断改进，生产了多种型号，最后的一个型号为P-39Q，其基本性能指标如下：

长9.19米，高3.61米，翼展10.36米，翼面积19.79平方米，空重2545千克，最大起飞重3810千克，发动机Allison V-1710-85，起飞功率为1200马力，最高速

P-39Q （来源：USAF）

度621千米/小时（在2895米高度），航程1045千米，37毫米航炮一门，机头上部12.7毫米机枪两挺，两翼各一挺12.7毫米机枪，中线挂架可带250千克炸弹1枚。机上配备了先进的无线电台和敌我识别器。

P-39再一次体现了贝尔人颠覆传统、标新立异的精神。与已有的战斗机相比，其特色主要有三：

其一是，发动机在机身中部。传统的战斗机发动机是在驾驶前面的机头部位，而XP-39却是在驾驶身后、飞机机身的中央部位，这样就不会头重尾轻，从而提升了飞机的机动性能。但麻烦之处则是，它要用一根长长的驱动轴从驾驶舱下方穿过去与前面的螺旋桨相连，让初用这种飞机的驾驶员感到它怪怪的、担心其可靠性，实践证明这种担心并不必要。

其二是，前三点式起落架。在它之前传统的战斗机的起落架都是后三点式，那是因为发动机在头部，需要用一对主轮来支撑其重量，然后在后面用一个尾轮。其优点是结构简单、重量轻、便于在简易的前线机场起降。其缺点是前高后低，在起飞和降落时三轮同时着地，由于飞机是昂头姿式，驾驶几乎看不见前方跑道，而且重心在前，不小心就会“拿大顶”。P-39由于发动机在中间，一对主轮也随之移至中部，而在机头下置一前轮，成为前三点式。这样飞机是水平的姿式，起降时都不会影响驾驶的视野，重心居中也绝无“拿大顶”之虑。

其三是，火力超强。由于头部没有发动机，空间甚大，因而除了在机头内上方安装两挺12.7毫米口径机枪外，又加一门37毫米口径航炮，炮管从螺旋桨中心穿出。在两边机翼上又各装两挺7.62毫米口径机枪。如此配置活像一架飞行坦克。看来就等在实用中去大显身手了。

谁知好事多磨，由于凯尔西另有重任、项目管理换人。于是，对P-39的建造又有了不同看法，认为美国受高空轰炸机轰炸的可能性极小，没有必要让它爬那么高去拦截，不如省点钱吧，把涡轮增压器砍掉，于是正式投产的P-39成了低空战斗机。这就使得P-39与其他战斗机相比的高空优点丧失，再加上开惯了传统战斗机的驾驶员不习惯新机种的操纵。因此，在美国飞行员中此机并不受欢迎。英国根据“租借法案”，于1941年7月订过675架后，也未再定，反应也与美国国内相似。看来，贝尔的这项创新，被一刀砍成了“残废”，前景大大的不妙！

可是，“天无绝人之路”，奇迹出现了。1941年6月22日苏德开战，兵临城下、而又战机奇缺的前苏联，也加入“租借”美机的行列。与当时苏联空军飞行员手上的国货相比，这款进口货可是优点显著：超强的火力打起来过瘾，前三点起降开起来轻松，先进的无线电台和敌我识别器更让他们大开眼界，相比之下，高空性能也并不那么重要，因为前苏联自己有能够高空高速的战斗机，例如“米格-3”。于是，这款在家里（英美）受到冷落的截击机，“墙里开花墙外香”，在红军机师的驾驭下大显神威，在与纳粹空军的交手中，红军战士的勇敢和智慧弥补了P-39的不足，创造了数十位“苏联英雄”。二战中苏联空军的前四位王牌飞行员中有三位都是驾驶P-39得到的。其中最出名的是亚历山大·伊万诺维奇·波克雷什金（Александр Иванович Покрышкин）。他三次获得“苏联英雄”称号，被誉为“苏维埃空战战术之父”，二战期间他击落59架纳粹战机。成为前苏联排行第二的王牌飞行员，并于1972年晋升为“空军元帅”。

卫国雄鹰 | 这是2013年俄罗斯为纪念波克雷什金100周年诞辰发行的纪念邮票，现任总统普京在纪念会上激动地说：他是我们的卫国雄鹰。（来源：7sbflbuawpe1ai2qf.xn）

大显神威 | 这是P-39在夜间枪炮齐射的盛景。（来源：USAF）

二战结束时，各型P-39共生产了9584架，其中将近一半（4789架）“租借”给了苏联。苏联的战绩，也为贝尔的创新产品画上了一个完美的惊叹号！

1941年12月22日，正当贝尔还在为他的苏联“知音”赶制P-39之时，军方找到了贝尔，让它参加突击生产B-29的联合体。面对这天上掉下来的馅饼，贝尔当然高兴万分。但是，为了能吃下这个“馅饼”，得在玛丽埃塔市建个新工厂才行。为什么？

说来有点话长，想当初，贝尔的总部是在纽约州的水牛城（Buffalo, New York）。贝尔之所选在那里，是因为联合和柯蒂斯-莱特两大飞机公司已经在那里，而贝尔当时就在联合公司当总经理。但1935年联合的老板决定把联合搬往加州的圣地亚哥，贝尔就决定留下来自办公司，“近水楼台”，贝尔就把总部设在联合原来的地址。初期，在那里除了办公楼外，厂区也不大，直到美国参加二战前，人员一共也不过千把人。后来有了截击机的订单，才逐渐壮大起来。贝尔截击机的生产厂，是在不远处的麦田市（Wheatfield，该市因种植麦子得名）。该市的西边就是尼亚加拉瀑布市（Niagara Falls，顾名思义，举世闻名的尼亚加拉大瀑布就在那里）。两市均属于纽约州的尼亚加拉县（Niagara County）管辖。工厂的西北边就紧靠尼亚加拉瀑布机场，该机场二战时由陆军航空队接管，贝尔的麦田厂出产的飞机均由这里试飞、接收和转场。二战后改为国际机场，军民两用。

贝尔的麦田厂，如今正在赶制P-39及其改进型P-63，有点忙不过来，而且其厂房和生产线也不适合庞大的超级空中堡垒组装，因而决定另选场地、筹建新厂。

建新厂、特别是大飞机厂，谈何容易。要钱、要人、要设备，要地、要路、要机场，要水、要电、要煤气……问题不少，令人烦恼！当然，首当其冲的还是钱由谁出？建在何处？但贝尔气定神闲、并不担心。为什么？因为珍珠港事变后，政府、军方比它还积极，前方急需飞机，一切很快落实。

贝尔的麦田厂 | 这是在装配P-39及其改进型P-63 （来源：USAF）

1942年1月23日，战争部宣布，决定在佐治亚州的玛丽埃塔市建造生产B-29的新厂。要点如下：

产权及其使用 该厂由国家投资修建，由“国防工厂公司”投资15000000美元（最终实际投入73000000美元）建厂。产权属陆军航空队，内部名称为“陆航六厂”（Air Force Plant 6），建成后以合同租用方式由贝尔飞机公司经营管理，为军方生产B-29，对外正式名称为“贝尔-亚特兰大”（Bell -Atlanta），并用其缩写“BA”为工厂代码，用于产品型号的尾标。例如贝尔-亚特兰大厂生产的第一批B-29的型号，就标为B-29—1—BA。但在玛丽埃塔当地，人们更愿意称该厂为“贝尔-玛丽埃塔”（Bell-Marietta）或直接称其为“Bell Bomber（B-29）Plant”（贝尔B-29轰炸机厂）。

工程及其建设 该厂建设除了与一般建筑工程相同的路、水、气、电等工程外，主要有四大关键工程：1、主装配车间；2、行政大楼及其他辅助车间、库房、停机坪等；3、专线铁路；4、供水专线。具体情况如下：

该厂的核心建筑是面积为320万平方英尺的主装配车间，称为“1号楼”（B-1）。在该车间中，将设置两条平行的装配线，每条长2000英尺、宽1024英尺，车间差不多有五层楼那么高。为了保密，没有窗户，而是整体空调（你可别小看“空调”这两个字，在那个年代的美国，只有在电影院，才装这种“高档”玩艺儿）。其他建筑包括行政办公楼，称为“2号楼”（B-2）以及其他辅助设施。两项总建筑面积4200000平方英尺。建成后将是美国南方有史以来的最大业务设施，也是B-29四个总装厂中最大的。此外，还要修建铁路专线和铺设从亚特兰大市到该厂的供水专线，水管直径为20英寸。

主装配楼和铁路专线的建设，由陆军工程兵和贝尔公司负责指导，由Robert & Company公司承包建筑工程管理，任命斯坦福（A. G. Stanford，佐治亚理工学院毕业）为常设项目工程师。行政大楼等设施则由亚特兰大的Hardin & Ramsey公司承包。水管工程直接有陆军工程兵铺设。

有道是：“闭门家中坐，福从天上来”，你看，贝尔公司的“馅饼”是不是真的掉下来了！

鸟瞰图 | 这是1944年的航空照片，左上为贝尔-亚特兰大厂，右下为玛丽埃塔陆军机场。（来源：wikipedia.org）

贝尔-亚特兰大厂全貌 | 你看那个巨大的车间没有一扇窗户（来源：burnaway.org）

战争催人，这样一项巨大工程，据称仅钢材就用了32000吨，军民总动员，只用了54周，从1942年3月30日破土动工，到1943年4月15日就大功告成了！它的建成，使玛丽埃塔这个原来只有800人的农业小区，一跃成为生产当时全球最先进飞机的国家工业重镇。生产高峰时（1945年2月），仅工厂工人就有28158人，城镇人口超过5万。

厂房有了，当然就是安装设备，准备零部组件，建生产线，尽快投产，组装飞机。前方等着用，赶快加油干吧！

可是，不行！为什么？

前面大家已经看到，波音那边的样机还未出来！1943年的4月间，情况并不乐观。XB-29的“2号样机”刚刚摔毁，“1号样机”还在修理，“3号样机”尚未出世，第一架YB-29也就是在这边工厂竣工的同一天，才在威奇托厂呱呱坠地，还在等待试飞。哪里有样机给贝尔？！这可怎么办？

于是，贝尔这边只好培训和练兵。军方拿来B-24让他们组装，这样既锻炼了工人、检验了生产线、又支援了前线。同时，贝尔也派部分骨干去波音那边学习、观摩、培训和熟悉生产对象。

1943年10月，贝尔新厂开始试装B-29，试装量为5架，试装用的全部零、部件均由波音-威奇托厂提供。

1943年11月4日贝尔厂的第一架试飞，一切顺利。

从此，贝尔-亚特兰大厂开始自己生产B-29，至1944年底，共生产357架。

试飞归来 | 这是贝尔-亚特兰大厂生产的B-29试飞后即将在玛丽埃塔陆军机场着陆。（来源：burnaway.org）

你看有多长 | 贝尔–亚特兰大厂的装配车间有两条平行的装配线，每条长6百多米，两条合计可同时装配40架B–29。（来源：burnaway.org）

到了战争后期，当李梅统帅对日轰炸之时，由于日本战斗机威胁已经减弱，加之他又决定将轰炸模式从高空用高爆弹白天精确轰炸改为低空用燃烧弹夜间轰炸，因而决定将B–29改为轻便型，并命名为B–29B，主要改变是取消了通用电气公司研制的炮塔及其火控系统和瞄准装置，尾部炮塔改用S波段的AN/APG–15炮瞄雷达，增加载弹量（从11000吨增加到18000吨），并且用西电公司研制的X波段AN/APQ–7“鹰式”投弹雷达代替原来的AN/APS–13雷达。所以，贝尔–亚特兰大厂于1945年1月至9月改为生产

妇女上阵 | 二战期间，美国大量妇女到工厂工作，特别是飞机厂。贝尔–亚特兰大厂的女工约占总人数的百分之三十七。此图是该厂女工在为B–29的翅膀布线。（来源：burnaway.org）

B-29B，共有311架运往前线，其中绝大部分都用于装备驻扎在关岛北机场的第315轰炸机联队，用于对日本本土进行低空夜间轰炸，重点目标是石油工业。

贝尔-亚特兰大厂生产的B-29B （来源：burnaway.org）

日本投降后，军方撤销了贝尔-亚特兰大厂的B-29生产合同，该厂停产。至1945年9月底，该厂人员锐降至几千人，最终于1946年1月正式关闭。

贝尔在玛丽埃塔“昙花一现”，它走了，该市也随之萧条，巨大的厂房变成了政府储存多条物资的仓库……

世事难料。几年后，又打起了朝鲜战争。这时，美国的陆军航空队已堂而皇之地成了独霸江湖的美国空军。空军的大佬们又想起了他们曾经宠爱的B-29。从而，也就想到了要重开这个最大的、在玛丽埃塔市被“打入冷宫”达5年之久的B-29轰炸机厂（大家应该还记得它对内的名字叫“Air Force Plant 6”，那时翻译为

“陆航6厂”，而现在则可以“准确地”译为“空军6厂”了）。不过，这时军方却没有再去找贝尔公司，因为它已经回到老家水牛城、埋头创新去了，其中主角当然是举世闻名的X系列。

那么，这时的军方又相中了谁呢？

洛克希德公司（Lockheed Corporation）。

提起它，虽不敢说人人皆知，但至少可以说军迷们无人不晓！它如今的大名是“洛克希德·马丁”（Lockheed Martin Aeronautical Systems Company）。要想了解它的“丰功伟绩”，上网一查便知分晓，本书没有、也不必多着笔墨。因为我们是讲B-29的故事，所以只有当它与主题沾边之时才提到它，比如现在。在此，只想强调一句：在美国航空、航天界，它绝对是雄霸一方的大鳄！全球最大的国防工业承包商！

不过，话又说回来，本书也没有冷落它。前不久就刚刚谈到了它的P-38战机，而且接着在下一节还会讲一则这个“闪电”的精彩故事。

在这里，美国空军之所以决定把在玛丽埃塔的这个大厂交到洛克希德的手中，当然不仅是因为它有亮丽的过去，二战中它为美军生产了百分之六十的战机（其中也包括波音的B-17），而且看好它的将来，也许它会是未来战机行业的领头羊。

1951年1月，“空军6厂”在洛克希德接手下重新开张，这时人们称它为“洛克希德-佐治亚”（Lockheed Georgia）。与贝尔不同，它一直呆了下来，2011年它隆重庆祝了60大寿。回首往事，它向美国空军交上了一张亮丽的成绩单。这些年来，除了B-29之外，在该厂还制造了B-47，C-130，C-141，C-5，P-3，F-22等著名军机，而最引人注目的自然是广受欢迎的运输机C-130和第5代隐形战机F-22。尤其是F-22，近年来常常成为新闻的焦点，下面是它的两幅代表秀。

装扮“猛禽” | 这是F-22在玛丽埃塔的“洛克希德-佐治亚”装配时的情景。 （来源：imgur.com）

牢记历史教训 | 这是F-22猛禽战机在美国拉克兰空军基地（Lackland AFB，Texas）参加珍珠港事件重演演示，身后浓烟代表日寇偷袭珍珠港轰炸时的场景，烟雾中飞过的是日寇的零式战斗机。面对这个场景，联系当今的局势，读者朋友，你能想到点什么吗？ （来源：USAF）

精彩插曲　山本伏诛

这事发生在1943年4月……

先介绍一下事件的背景。

瓜达尔卡纳尔岛（Guadalcanal Island，下面简称“瓜岛”）是所罗门群岛（Solomon Islands）之一。从战略上讲，它是控制所罗门群岛岛链和邻近海域的一把钥匙。二战前为英国保护领地。二战中被日军霸占，1942年夏美军发起瓜岛战役（Guadalcanal Campaign），于8月7日登陆该岛，并占领了日军刚刚突击建成的机场，将其命名为“亨得森机场”（Henderson Field,现名霍尼亚拉Honiara国际机场），以纪念在中途岛战役中牺牲的美军海军航空兵英雄亨得森少校。

随即，美日双方在瓜岛展开了争夺战。战斗进行得异常惨烈。在战事胶着、美军处于劣势之际，美方决定阵前换将，于10月18日任命哈尔西中将（William Frederick Halsey Jr.）替换霍姆利中将（Robert Lee Ghormley），担任盟军南太平洋战区总司令。

哈尔西何许人也?

看过《航母来了：从珍珠港到东京湾》的读者一定知道，他就是指挥杜立特空袭东京的特遣舰队司令，也一定记得当年他看到珍珠港被日寇偷袭后的惨状时，痛心疾首说出的那句名言“在我们消灭他们之时，只有在地狱里才有讲日本话的！”

如今，他来到南太平洋前线，与他对阵的日方统帅居然就是那个冤家对头山本五十六，你想他会怎样？

1942年11月8日，哈尔西来到亨得森机场前线视察时，面对正在与日寇殊死决战的美军将士，他又义愤填膺地发表一了句鼓舞士气的抗日口号：

“Kill Japs, Kill Japs, Kill More Japs!”

（杀鬼子、杀鬼子、杀更多的日本鬼子！）

抗日名将哈尔西 | 左图是他在南太平洋战区前线；右图是他作为《时代周刊》1945年7月23日的封面人物，肖像下的字就是哈尔西的这句抗日口号。（来源：wikipedia.org）

在哈尔西的指挥下，盟军陆、海、空军浴血奋战，迫使困守瓜岛的日军残部于1943年2月7日偷偷全部撤离，美军则于2月9日16:25全面占领瓜岛。这是盟军在太平洋战场反攻的开端，而亨德森机场也就成了当时美军控制的、最靠抗日前线的机场。

输掉了瓜岛，令山本五十六痛心疾首，决心采取更冒险的行动，与盟军对抗。

两天后，1943年2月11日，也就是在他把联合舰队司令部移往“大和号”战列舰刚满1年之际，他又把司令部搬到装备更为先进的新旗舰——“武藏号”战列舰上。停泊地选在特鲁克锚地（Truk, 位于太平洋上加罗林群岛的特鲁克环礁，是当年日本海军在本土之外的主要舰船锚地，战略位置重要，有“平洋上的直布罗陀”之称）。

当年4月，他再次决定亲自登陆，到日军在新不列颠岛（New Britain,俾斯麦群岛之一）的军事重镇拉包尔（Rabaul, 位于新不列颠岛北端，1942年1月23日被日军占领）坐镇指挥。看来，他真是急了，如此心急如焚地干了一个司令部“三级跳”：大和号→武藏号→拉包尔，越跳越靠前，从船上跳到了岛上。

他于4月3日离开“武藏号”，4月4日在拉包尔度过了他的59岁生日，第二天（4月5日）就发起了他精心泡制的、“伊号作战”行动（日语为“い号作戦”），他决心用他的第3舰队的航母舰载机，与第11航空战队的岸基飞机，共约300多架，摧毁所罗门群岛南部和新几内亚岛东部地区的美军军舰和航空基地，夺回该地区的制空、制海权，阻滞美军反攻的步伐，为“玉碎”的皇军将士复仇。

伊号作战打了十天，由于瓜岛战役后，日军的优势已去，战事并不顺利。然而，山本的将士们为讨统帅欢心，竟然谎报军情，宣称连日大胜，令山本心喜若狂，连连向大本营报捷，致使天皇也来电嘉奖。于是，山本在其参谋长宇垣缠海军少将的鼓动下，决定前往布干维尔岛（Bougaibville Island）前线视察，以进一步提振日军士气。

布干维尔岛与拉包尔直线距离约315英里（507千米）。它是所罗门群岛中最大的一个岛，只不过它在群岛靠北（故常把它与北端的布卡岛Buka Island以及邻近的小岛合称为“北所罗门群岛”），瓜岛在群岛靠南，两者直线距离约400英里（644千米），二战前布干维尔岛属澳大利亚管辖，二战期间亦被日军霸占，现属巴布亚新几内亚。二战时，日军在其南端的布因（Buin，当时日本人称之为卡希利，即Kahili），以及邻近的巴莱尔岛（Balalae Island）和肖特兰岛（Shortland Island）都设有军事基地。它们就是山本视察的目的地。就是这次视察，使山本踏上了悠悠黄泉路……

4月13日17:55，为了山本此次视察，联合舰队司令部从拉包尔发出了一封密电，通知有关单位，山本五十六将于4月18日去北所罗门群岛前线视察。

按时空条件来说，地处前线、又还有5天，最高长官的行程，本不该如此早就用无线电报通告的。但事出有因，原来山本的通信参谋起草的并不是一份电报稿，而是书面通知，是打算用机要文件形式送往各部，但机要室建议，不必这么麻烦，就直接用电报发往各部即可。因为，他们用的是当时最先进的五位数字随机编码（日军称之为“乱数”）。而且，4月1日刚刚更换了最新的“乱数表”，用日本密码专家的话来说：“从理论上讲是不可能破译的”。于是就改用无线电报即时发出了。有资料称，日军巴莱尔守备队所用电台频率为4990千赫。

巧的是，这份电报，日方的单位收到了，美方的一个特殊单位也收到了，它就是太平洋舰队无线电处的“海波”侦收站（Fleet Radio Unit Pacific Fleet /Station Hypo，简写为FRUPac /Hypo），它是舰队无线电处于1942年6月24日新设的、专门监收日本敌台的机构，业务上属太平洋舰队的太平洋海域情报中心（The Intelligent Centre Pacitic Ocean Area，简写为ICPOA）管辖。

更重要的是，美军还有一个“魔术课题组”（Projecct “Magic”），它由专门破译日本人最高级密码的专家组成。早在美国参战前，这些人还在美国陆军通信情报局工作时，就已破译过类似的、日本最高级的外交密码，参战后又在击沉的日本潜艇上搜到了海军密码资料，综合这些成果，他们进而研制出一台模拟的日本密码机，协助更快速、准确地破译日本密码。因而，日本人认为“理论上破译不了”的电文，就让美国人实际上破译了！用太平洋舰队的情报参谋莱顿中校（Edwin T. Layton）的话说："自从日本联合舰队司令部南移拉包尔后，我们就特别留意侦收拉包尔发出的无线电讯。4月14日早晨一则被截收到的电讯引起我们意外地警觉，因为部分破译后证实，它是山本的视察行程。"

经过仔细研究、辨认，"魔术"组的专家确认，这份电报用的是日本海军密码"JN–25D"（日本海军作战密码本第三版）。【注：日军的军用密码本有多种，除海军作战密码本（日军称"海军暗号书"）外，还有"战略暗号书""战术暗号书""发信用暗号书""局地战地用暗号书""特定地点略语表"等。】

"魔术"组的破译该电的时间是4月14日早上07:05（夏威夷时间，换算为当地时间是4月14日17:05）。译电稿由情报中心的霍尔姆斯少校（W. Jasper Holmes）送交莱顿，莱顿当即将电稿送交盟军太平洋战区司令兼美国太平洋舰队司令尼米兹（Chester W. Nimitz）海军上将的副官拉马尔中校（H. Arthur Lamar）。

当然，尼米兹很快就看到了这份令人惊喜、而又难以置信的密电。于是，一个针对山本的猎杀计划开始酝酿……

下面是有关这份密电的文本。图A是电稿的原始（即编码前）日文文本（非原件）；图B是破译后的英文译电稿（部分样本，其中序号并非与日文文本对应）。

现在介绍一下这份"催命"电报。

电报编号为：NTF–131755（日文原文为：NTF機密第一三一七五五番電）。其中数字为序号，它是由日、时组成，"131755"的含义就是"13日17点55分"。

收信部队为：第一基地队、第二十六航空战队、第十一航空战队各司令官，第九五八海军航空队司令、巴莱尔守备队长。以及东南方面舰队司令长官，第八舰队司令长官。

电报中的英文缩写为日军所用的地名略语：RR为拉包尔，RXZ为巴莱尔、RXE为肖特兰、RXP为布因。

电报中"中攻"系指，日本三菱生产的中型双发运输、轰炸机，日方简称"一式陆攻"。美方称之为Mitsubishi G4M "Betty" Bomber；而"战斗机"系指，零式舰载战斗机，是三菱专为海军开发的舰载机，美方称之为Mitsubishi A6M Zoro Fighter，偷袭珍珠港就有它。

NTF機密第一三一七五五番電

着信者： 第一根據地隊、第二十六航空戰隊、第十一航空戰隊 各司令官
第九五八海軍航空隊司令、「バラレ」守備隊長
受報者： 聯合艦隊司令長官
發信者： 共符

本文、發 南東方面艦隊司令長官、第八艦隊司令長官
聯合艦隊司令長官セツア左記ニ依リRXZ、RXE、RXPヲ實視セラル
(一)〇六〇〇中攻(戰鬪機六機ヲ附ス)ニテRR發 〇八〇〇RXZ着、
直ニ驅潛艇(豫メ一根ニテ一隻ヲ準備ス)ニテ〇八四〇RXE着
〇九四五右驅潛艇ニテRXE發一〇三〇RXZ着(交通艇トシテRXEニハ大發
RXZニテハ内火艇準備ノコト)一一〇〇中攻ニテRXE發一一一〇RXP着
一根司令部ニテ昼食(二十六航空戰隊首席參謀出席)
一四〇〇中攻ニテRXP發一五四〇RR着
(二)實施要領、各部隊ニ於テ簡潔ニ現状申告ノ後隊員(一根病舍)ヲ
視閲(見舞)セラル 但シ各部隊ハ当日ノ作業ヲ續行ス
(三)各部隊指揮官、陸戰隊服裝略綬トスル外当日ノ服裝トス
(四)天候不良ノ際ハ一日延期セラル (終)

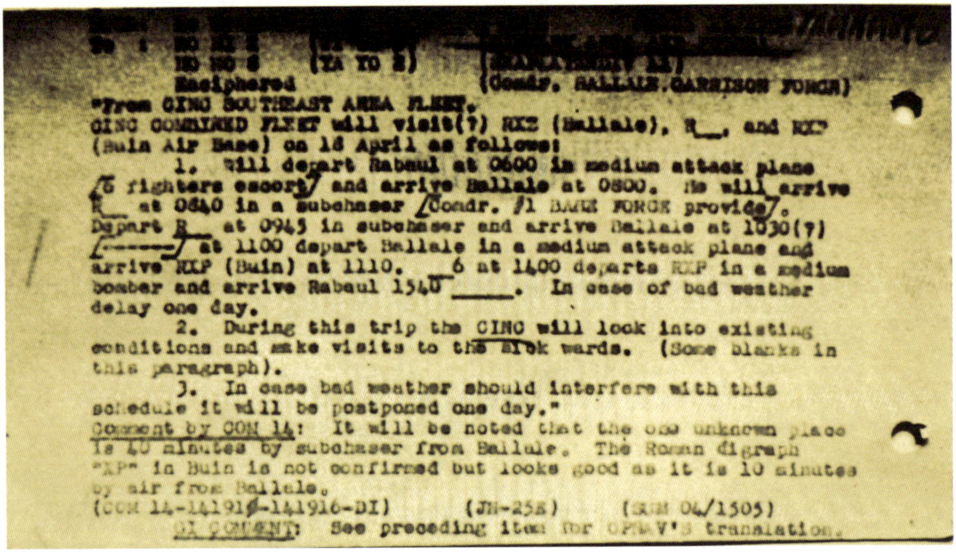
Enciphered (Comdr. BALLALE GARRISON FORCE)
"From CINC SOUTHEAST AREA FLEET.
CINC COMBINED FLEET will visit(?) RXZ (Ballale), R__, and RXP (Buin Air Base) on 18 April as follows:
1. Will depart Rabaul at 0600 in medium attack plane [6 fighters escort] and arrive Ballale at 0800. He will arrive R__ at 0840 in a subchaser [Comdr. #1 BASE FORCE provide]. Depart R__ at 0945 in subchaser and arrive Ballale at 1030(?) [------] at 1100 depart Ballale in a medium attack plane and arrive RXP (Buin) at 1110. __6 at 1400 departs RXP in a medium bomber and arrive Rabaul 1540 _____. In case of bad weather delay one day.
2. During this trip the CINC will look into existing conditions and make visits to the sick wards. (Some blanks in this paragraph).
3. In case bad weather should interfere with this schedule it will be postponed one day."
Comment by COM 14: It will be noted that the one unknown place is 40 minutes by subchaser from Ballale. The Roman digraph "XP" in Buin is not confirmed but looks good as it is 10 minutes by air from Ballale.
(COM 14-141916-141916-DI) (JN-25B) (SUM 04/1505)
GI COMMENT: See preceding item for OPNAV'S translation.

催命的电报、高明的破译

这就是历史上有名的让山本送命的NTF–131755号电报。

上图是日军草拟的原始日文底稿 （来源：nifty.com）

下图是美军破译后的英文译电草稿 （来源：原勝洋，北村新三《暗号に敗れた日本》）

电文要点（美方破译的要点是山本视察行程的时间、地点和交通工具，这直接关系到猎杀的成败。电文还对接待规格和膳食等做了规定，下略）：

联合舰队司令长官及其随从，定于4月18日前往巴莱尔、肖克兰和布因视察。日程如下【注：文中所用时区为东京时间，事件当地时间应加2小时】：

06:00 乘坐两架“一式陆攻”，在6架“零式”战斗机护卫下，从拉包尔起飞

08:00 在巴莱尔着陆，然后立即换乘驱潜艇出发去肖特兰岛（由第一基地队落实用船）

08:40 到达肖特兰

09:45 乘驱潜艇从肖特兰出发

10:30 回到巴莱尔（这期间为接驳方便，在肖特兰准备一艘冲锋舟，在巴莱尔准备一艘快艇）

11:00 乘“一式陆攻”从巴莱尔起飞

11:10 在布因着陆

14:00 乘“一式陆攻”从布因起飞

15:40 在拉包尔着陆。

若天气不佳，则顺延一天。

收到这样一封详尽而具体的电报，无论是日方还是美方都感到异外！例如，日方驻肖特兰基地的、第十一航空战队的司令官诚岛高次少将看到电报后惊讶地吼道：“在前线，用这样详尽的电文来预报长官的行程，简直是荒唐！”于是，诚岛高次专程赶到拉包尔，力劝长官取消此行。但山本不为所动。

美方则有人怀疑地指出：“这很可能是日方编造的诱饵，为的是将我们的战机一网打尽！”但怀疑的人则被“宁肯信其有”的多数人说服。大家达成共识：即使扑空也要冒险一试。因为，他们太恨这个制造珍珠港事件的元凶了，决不能放弃这个“千载难逢”的猎杀机会！

接着，尼米兹向海军部长诺克斯汇报。

4月15日，在参加罗斯福总统的午餐会上，诺克斯又向总统做了汇报。罗斯福总统听后，当机立断对他表态：

“Get Yamamoto!”（干掉山本！）

诺克斯部长立即将此令下达尼米兹，尼米兹则命令该战区的最高长官哈尔西领导执行总统交待的特别任务。

于是，一个精心制定猎杀山本的方案很快形成，并命名为“复仇行动”（Operation Vengeance，日本史书则称该行动为“海军甲事件”，意为海军的头号大事件也）。“复仇行动”的核心就是：于4月18日——山本赴前线视察的当天，派战机去南太平洋的布干维尔岛（Bougaibville Island）空域设伏，猎杀山本。

1943年4月17日，尼米兹批准了“复仇行动”方案。

哈尔西急电米切尔（Marc A. Mitscher）海军少将，令他具体组织落实这次复仇行动。

这个米切尔不是别人，正是那个1942年4月18日、载杜立特空袭队、轰炸东京的、第18特遣舰队司令兼“大黄蜂号”航空母舰舰长。完成那次任务之后，他又率“大黄蜂号”（作为第16特遣舰队的一员）参加了中途岛大海战（Battle of Midway，1942年6月3日至7日），大败日军之后，于6月30日调离“大黄蜂号”，来到南太平洋，担任所罗门地区盟军航空部队司令，如今正好在哈尔西麾下。又轮到他完成这个永载史册的特殊任务，幸哉！

1943年4月18日，正好是杜立特空袭东京一周年的纪念日。看过《航母来了：从珍珠港到东京湾》一书的读者一定记得，这时的美国国内，刚对杜立特空袭东京的始末解密，空袭队7号机组驾驶劳森的书《东京上空三十秒》正在全国畅销，举国民众正在热议杜立特空袭东京的壮举。而这时，山本却自投罗网，锦上添花，给美国人又一个报仇雪恨的良机，事情就是这么巧！真是：不是不报，时候未到，时候一到，一切都报！

战友 | 这是米切尔（左）与尼米兹在太平洋战区

（来源：US Navy）

这个任务，上达总统、下系民众、直指敌酋、紧急神秘、极具挑战，是二战中首次“斩首行动”（战后证实也是唯一一次），怎不叫米切尔兴奋异常。他立即召集有关人员制定实施方案。

如今，猎杀目标是山本，猎杀空域是布干维尔岛，猎杀工具是飞机，猎杀日期是4月18日，这一切都毫无疑问。问题是用哪种战机？于什么时间？在什么空间？是打山本坐的飞机呢？还是打他坐的船？这些均需研究落实。结论要点如下：

航程：前面已说过，爪岛与布干维尔岛直线距离虽然只有400英里，但伏击就得隐蔽，必须全程无线电静默，而且要绕道而行，以免暴露。根据计算，去时从侧方绕行约需600英里，回程飞直线400英里，即全程约1000英里。

机型：瓜岛地区的飞机中，海军的F4F野猫式和F4U海盗式战斗机的航程都达不到，需用陆军的P-38G闪电式战斗机。加之，并不是只飞来回，还要有埋伏、攻击的作战留空时间。为了备足航油，决定在翅膀下加挂两个165加仑（625升）的副油箱。

时机：大家共识是，打船不保险，因为一来不能确定山本在哪艘船上；二来即使打沉了船，也不能保证山本被击中。而飞机则目标明确、成功率高。故决定攻打山本座机。据计算，若山本按电文所述时间准时起飞（据历次情报山本向来精确守时），应于7:35左右到达布干维尔岛南部空域，那时山本座机会开始向巴莱尔机场下降，这时伏击最易得手。

编组：米切尔决定派陆军航空兵第13航空队的第347战斗机大队的第339战斗机中队、出动18架P-38G闪电式战斗机，从瓜岛的亨得森机场起飞前去截击。由中队长米歇尔（John Michell）少校任总指挥，并派海军陆战队中校穆尔（Luther S. Moorel）协助，按米切尔指示，穆尔为每架参战的飞机都配备了船用罗盘，以辅助导航。截击机队兵分两路：12架为掩护机队，负责将山本的护航战斗机诱向高空、将其缠住，从而使山本座机失去护卫。指挥官由米歇尔兼任；4架为狙击机队（分为2对：1对主攻、1对助攻），从低空突击山本座机，务求将其摧毁！指挥官则由兰菲尔上尉担任；还有2架备用机，随时准备填补因故掉队者。

“复仇行动”态势图

下图为P-38起飞的亨得森机场、山本座机起飞的拉包尔东机场与猎杀地域布干维尔岛的地图。右图为下图中红框的放大图，此图示出山本视察的目的地、也是他被猎杀的地域的地图。（来源：作者用谷歌地图改制）

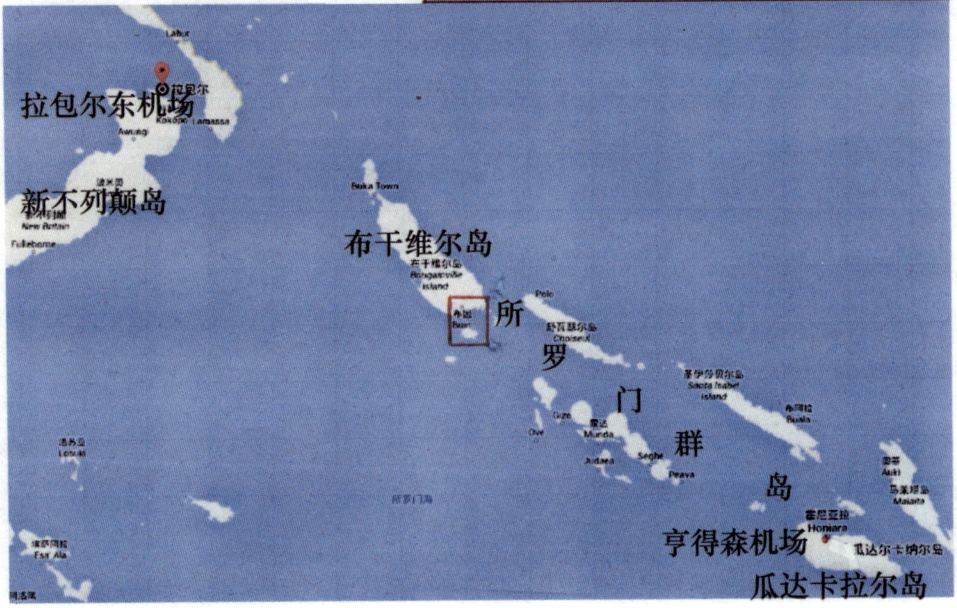

好戏即将登场。由于情报准确、计划周密，结果相当精彩。

1943年4月18日到了，请看又一个历史的一瞬（以下为东京时间）：

5:25 18架P-38G从亨得森机场起飞，其中有两架狙击飞机因故障未能起飞，一架是由麦克拉纳罕中尉（Jim McLanahan）驾驶的因为轮胎漏气了，另一架则是是由穆尔中尉（Joe Moore）驾驶的因为副油箱不能往引擎供油。故实际起飞为16架。为了回避日本在所罗门群岛的一些岛屿上所设的观测哨和雷达，全程无线电静默，整个机队在50英尺（15米）的高度贴着海面、并绕路飞向布干维尔岛，预计7:35左右可达目的地空域。

雄鹰出击 | 猎杀的战鹰 P-38G飞来了　　（来源：yuku.com）

下面列出“英雄谱”——参加这次复仇行动的勇士们【旁白：不要以为是手到擒来，这可是前程未卜，也许电报是陷阱，也许山本没有来，也许来的是大批敌机，也许会在战斗中壮烈……战争中有必然、也有偶然，战争呼唤着人们的勇气和牺牲精神！】

升空的4位狙击飞机驾驶员是：

兰菲尔上尉（Tomas G. Lanphier Jr.）

巴伯中尉 （Rex T. Barber）

霍尔姆斯中尉 （Besby F. Holmes，代替麦克拉纳汗）

欣恩中尉（Raymond K. Hine，代替穆尔）

其余12位诱敌飞机驾驶员是:

米歇尔少校 （John Michell）

凯特尔上尉 （Louis Kittel）

史密斯中尉 （William Smith）

惠特克中尉 （Gordon Whittaker）

艾米斯中尉 （Roger Ames）

格雷布勒中尉 （Lowrence Graebner）

坎宁中尉 （Doug Canning）

戈尔克中尉 （Delton Goerke）

雅各布森中尉 （Julius Jacobson）

斯特拉顿中尉 （Edon Stratton）

朗中尉 （Albert Long）

安格林中尉 （Everett Anglin）

这些人是经过挑选的，他们并不都是第339中队的，还有10位是来自第347战斗机大队的其他中队。【链接：该大队当时共有4个中队：第339、第67、第68、第70中队】

6:00 山本和宇恒缠携随员分别登上两架“一式陆攻”，在6架零式舰载战斗机拱卫下，从新不列颠岛的拉包尔东机场起飞，前往巴莱乐。两架“一式陆攻”的飞行高度为6500英尺（2000米），护航的6架“零式”战斗机在4点位、比“一式陆攻”更高1500英尺的高度上护航，呈双“V”字、各3架。全程315英里（507千米）。若无意外，预计7:35左右到达布干维尔岛南部空域。

秃鸠投网 | 被猎杀的山本的坐骑也飞来了 （来源：rederosity.com）

随即，拉包尔基地指挥官（即第21航空战队司令官）市丸利之助少将向山本目的地———巴莱尔守备队指挥官发了一封通知山本已经起飞的电报。该电报同时抄送布因基地指挥官。

电文如下：

机密第一八0六0五番电【注：说明此电为4月18日早晨6点零5分发出】

一式陆攻二（内一机联合舰队司令长官搭乘）舰战6机发

【旁白：这封电报，当然美军也截收到了，这等于通知美方：你们得手了！美哉！】

这时，美方机队已在海上飞了35分钟，最终他们于7:33到达伏击空域。巧的是山本的机队正好比他们晚到50秒钟，约会也很难如此准确！妙哉！

下面列出“狗熊谱”——参加这次山本视察的日寇成员们【旁白：俗话说“女怕嫁错郎，男怕干错行”，这些日本人原应是好男儿，都自觉或不自觉地干错了行，走上侵略者的歧途，难免落个为法西斯陪葬的下场。】

一根藤上的蚂蚱 | 这是宇垣缠（左）跟随山本五十六在旗舰上。（来源：ameblo.jp）

“一式陆攻”1号机为山本座机。除山本外，计有：

随行官员3人：

联合舰队军医长高田六郎军医少将

副官福崎昇中佐

航空甲参谋樋端久利雄海军中佐

机组人员7人：

机长兼驾驶小谷立海军飞行兵曹长

副驾驶大崎明春飞行兵长

侦察员田中实海军上等飞行兵曹

电信员畑信夫一等飞行兵曹

同飞行兵长上野光雄

攻击员飞行兵长小林春政

整备员上等整备兵曹植田中雄

“一式陆攻”2号机是联合舰队参谋长宇垣缠海军少将座机。除宇垣外，计有：

随行官员4人：

联合舰队主计长北村元治海军少将

通信参谋今中熏海军中佐

气象长友野林治海军中佐

航空乙参谋室井捨治海军少佐

机组人员7人：

机长兼驾驶二等飞行兵曹林浩

副驾驶飞行兵长藤本文胜

侦察员海军一等飞行兵曹谷本博明

电信员二等飞行兵曹伊藤助一

同二等飞行兵曹八记勇

攻击员飞行兵长野见三金义

整备员二等整备兵曹栗山信之

7:34 埋伏的美军发现山本一行出现在布因上方。米歇尔命令掩护机队迅速爬升，并将机队故意暴露在日机视野之中，日军6架“零式”护航机果然中计，立即追了上来。这时在低空待机的兰菲尔机队迅速向失去护卫的两架“一式陆攻”冲去……紧张、刺激、“电闪雷鸣”，结果可想而知，山本的座机带着浓烟烈火向下方的热带密林冲去，宇恒的座机冒着烟坠入海中……

“复仇行动”成功了 | 这是画家笔下的P-38击落山本五十六座机 （来源：njarb.com）

【注：关于击落过程，不少文章均有描述，当事人、特别是拉菲尔也有详细的回忆。但是，多年来争论不少，既有人支持是拉菲尔击落山本座机的说法，又有人说是巴伯之功。既然如此，本书中也就不引用那些令人咋舌的精彩过程了，以免偏离纪实红线。特此说明。】

7:50 一切恢复平静。接下来，当然是美军忙着报喜请功，日军忙着料理后事。

这次复仇行动的战果是：山本及其座机上的全部人员毙命，宇恒座机由于迫降海上，故有3人得以生还，其中就有宇恒缠（但是，这个狂热的军国主义分子，侥幸逃脱此劫后，仍贼心不死，甚至在日本投降后还带领“神风敢死队”在冲绳海域冲击美舰、未遂身亡）。美军方面则有一架战机未归，原因不明；另有一架因漏油迫降在拉塞尔群岛（Russell Islands）。

山本座机残骸　（来源：google.com）

山本死了。但美方怕暴露“魔术”组破译日方密码之事而心照不宣，只是第二天由旧金山广播电台播了一则新闻，说是在瓜岛地区击落了敌机。而日方也因怕引起惊慌未敢即时宣布，遗体于次日（4月19日）寻得，后用“武藏号”运回日本。直到5月21日才对外公布死讯，并同时宣布由古贺蜂一接任联合舰队司令长官。两周后，6月5日，在东京日比谷公园举行了国葬，为一代枭雄山本五十六的故事画上了句号。

【旁白：又一个“无巧不成书”！山本五十六竟然自己选定在杜立特轰炸东京一周年的当天，1943年4月18日，自投罗网、献身待宰，给美国和世界一个惊喜！而美方也正好是委派指挥和运载杜立特空袭的特遣舰队司令哈尔西和大黄蜂号舰长米切尔来执行这次狙杀。是宿命还是巧合？历史就是这样精彩！】

到此，插曲结束，书归正传，接着讲B-29的事。

军民合力 树碑立传

1943年11月22至26日，中、美、英首脑在埃及首都开罗开会商讨抗日大计，史称“开罗会议”(为了保密，当时取了个会议代号：“六分仪”，英文是Sextant)。

历史画面 | 为了保密，开罗会议举行地点米纳饭店（Mena House），由英军层层戒备，媒体只能在指定时间到指定地点拍下合影，这是其中一幅。前坐者左起为蒋介石、罗斯福、丘吉尔、宋美龄，后站者左起为：中国陆军上将商震、中国陆军中将林蔚、美国陆军中将索姆威尔、美国陆军上将史迪威、美国陆军上将阿诺德、英国元帅迪尔、蒙巴顿、魏亚特。（来源：google.com）

这次会议最重要的成果就是于12月1日发表了《开罗宣言》。对此我们在前文已有述及。这里要特别介绍的是，开罗会议期间，还重点讨论了对日作战的军事布署，其中就有关于轰炸日本事宜。会上，罗斯福作了承诺：将从1944年6月开始（用B-29、从中国成都起飞）轰炸日本。第一次与罗斯福和丘吉尔坐到一起开会的蒋介石，也作了保证：一定要在6月以前把（起降B-29的）机场突击建成。

罗斯福的愿是许下了，但轰炸日本的"利器"B-29却还未到部队手中，只有半年的时间了，这可让阿诺德心急如焚，严令部下紧急催促波音。可是，组装飞机又不是吹泡泡、哪有那么快，大量的零部件、设备和材料，还都得其他许多工厂来配套生产。而且，就算一切都齐了，新厂点的新工人对这种新飞机的组装，也得有个学习和适应的过程。所以，摊子虽然铺开了，进度却未必理想。到1944年1月，加班加点，也才组装出97架，而真正能飞的却只有16架，其他的或多或少都还有些毛病。

还有，就像房子修好还需要内部装修和摆设家俱一样，工厂组装出来的飞机，也只是个空壳，还需要进行所谓"作战改装"：安装武器装备、消除故障隐患、适应作战要求。这也很费功夫、而且需要很大的场地才能铺开，厂房不够，甚至还得在露天进行。你看，下图就是停在威奇托工厂外露天的、等待进行"作战改装"的、成排的B-29。而露天改装，更是说起来容易，干起来难，时值冬季，天寒地冻、北风凛凛，干起活来好不辛苦。

焦急的等待 | 这是在堪萨斯州波音威奇塔工厂外等待"披挂上阵"的B-29　（来源：afwing.com）

当年，美国人在短期内突击赶制B-29的那种阵仗，真可以说是掀起了一个“B-29大生产运动”。

1943年12月，阿诺德也已派出先遣部队抵达印度，去组织筹建中、印两国的机场事宜。可是飞机仍未出来。

怎么办？亲自出马！

1944年1月11日，阿诺德亲赴威奇托厂。在那里，他不仅与波音的领导和骨干开会，仔细研究有关问题，而且，还深入到车间，去为正在装配线上工作的人们加油。据称，他还亲自圈定正待组装的175架B-29组件，并留言：我看中它们了，请在3月1日前组装出来。

回到华盛顿后，他又立即召集手下开会。他强调：从现在起陆军航空队的头等大事就是抓B-29的生产，一切都要给它让路。并提出要求，在3月9日前要能拿出150架完成“作战改装”的B-29战机，3月10日发往印度、装备部队，以实现6月轰炸日本的战略目标。

3月9日到了，阿诺德查问有多少架B-29、明天可以如期出发？他得到的回答竟然是：一架也没有！

这使他震怒！于是他下了重话，他说：6月轰炸日本，是总统承诺、国际定案的重大战略决策，而今B-29的改装成了拦路虎，如果飞机出不来，那不仅要闹国际大笑话，而且会影响整个抗日战争的进程，这就是犯罪！

他当即下令成立一个协调指挥部，并任命迈耶斯准将（Bennett E. Meyers）和艾尔温上校（Clarence S. Irvine）为正、副总指挥，专门抓这一重中之重任务的落实。要他们立下军令状：无论如何要在4月15日以前突击出150架装备完整、符合作战要求的飞机、开赴印度，不得有误！否则，军法从事！

十万火急！于是，波音公司专门选拔了600个能工巧匠，陆军航空队也从部队抽调了一批工程师和顶尖的战机维修高手，从1944年3月10日到4月15日，陆军航空队和波音公司来了个军民总动员、装机大会战，史称“堪萨斯之战”（Battle of Kansas），终于把第一批符合作战要求的150架B-29送到部队手中。

战后，为了纪念当年的奋斗热情，还特别在当地建了一座纪念碑。

天寒地冻齐奋战，树碑立传作纪念 | 这是建在堪萨斯的大本德机场（GreatBend）的B-29纪念碑 （来源：USAF）

有了这一仗的经验，有样学样，各工厂干起来也顺利多了，不仅威奇托厂每月都有几十架出厂，而且到了1944年终，其他3个厂也都达到平均每天能有1架以上的出品率了。于是，1944年算是一个“丰收年”，四个厂共计出厂1161架。其中波音-威奇托厂当然是老大，全年共计722架，而后依次是贝尔-亚特兰大厂201架，波音-海军厂139架，马丁-奥马哈厂99架。1945年，更达到每月平均都有250至300架的出品量，直到日本投降的8月还出了319架。

就这样，从1934年开始预研，到1944年正式装备部队，“十年磨一剑”。陆军航空队总算盼到了朝思暮想的B-29。到1946年停产为止，B-29在各个工厂生产了各种型号的飞机共计3973架。其中包括：

XB-29（原型实验样机，波音-西雅图厂，BO）：3架

YB-29（服役测试机，波音-威奇托厂，BW）：14架

B-29（波音-威奇托厂，BW）：1630架

B-29（马丁-奥马哈厂，MO）：536架

B-29（贝尔-亚特兰大厂，BA）：357架

B-29A（波音-海军厂，BN）：1122架

B-29B（贝尔-亚特兰大厂，BA）：311架

总计：　3973架

（注：各型、各厂B-29生产数量的统计，各种文献略有差异，这里以波音公司档案为准）

B-29有多种机型。除了上面列出的原型样机XB-29，服役测试机YB-29、正式装备的机型B-29、B-29A、B-29B之外，又改造派生了多种异型机。例如，B-29E、B-29F、B-29G、B-29H、B-29J，还有加油机KB-29M、KB-29MR以及预警机B-29AEW等。它们不仅装备美军，还有少部分租、卖给他国（例如英国和澳大利亚）；也不仅用于二战，还用于其他战争中（后来才被喷气式轰炸机取代）。1943年开始服役，1954年绝大部分退役（后来还有些被改成运输机，又用了10来年）。

值得一提的是，战争期间，还有118架B-29A，装上了由仙童光学仪器公司与航空技术服务公司联合研制的空载侦察相机，改造成专用的照相侦察机，取名为“F-13A”。这在美军航空侦察史上也是浓重的一笔。【链接：而这个仙童公司，则是美国硅谷的微电子产业的“祖师爷”——“仙童半导体公司”的母公司，正是它改变了旧金山湾区的面貌，造就了硅谷，改写了美国和世界的历史。关于这些情况，在我的另一套书《硅谷启示录》中将有介绍，有兴趣的读者可以参阅。】

至此，B-29的基本结构就已定型，从1943年9月开始，波音威奇托新厂正式开始生产第一架B-29，它的引擎是用莱特R-3350-23和改用4叶螺旋桨。以后虽然仍在不断改进，但总体结构基本保持。所以，现在我们就可以较全面地来看看她的花容月貌了。

前面已经说过，B-29与B-17十分相似，仍然沿用与B-17相似的前三点式起落架。所以，从侧面一看样子也差不多。但却比B-17“超级”得多（更大、更先进、更能干）。下面就重点看看她的“超级”之处。

B-29的基本设计是11个机组乘员，他们都在加压舱中。前乘员舱中6人：投弹手和他的投弹瞄准器在头部，而后是驾驶（左位）、副驾驶，再后是飞行工程师、无线电员、领航员。前乘员舱经33英尺长的隧道从上面越过前弹舱和后弹舱到达后乘员舱。后乘员舱中有4人：3个枪炮手和雷达手，乘员都有装甲隔板保护。尾炮手单独在尾舱中，那里也与前、后乘员舱一样是加压舱。加压舱内的气压是当飞机在30000英尺高空时，舱内气压仍相当于在8000英尺时的正常气压。

炸弹舱中的炸弹托架可载40个500磅或16个1000磅的炸弹，也可换装4个640加仑的副油箱。在炸弹舱门之间是一个园形AN/APQ-13雷达罩。

下面是结构示意图。左上角飞机上的红框，指示该舱位的位置。

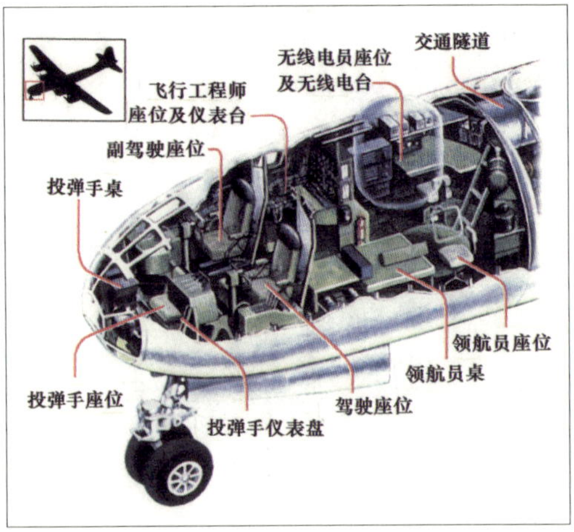

B-29前乘员舱位示意图 （来源：作者利用pbs.org的图标注）

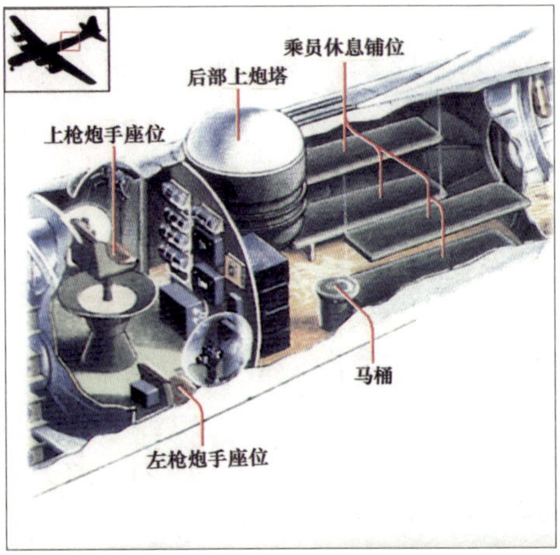

B-29后乘员舱位示意图 （来源：作者利用pbs.org的图标注）

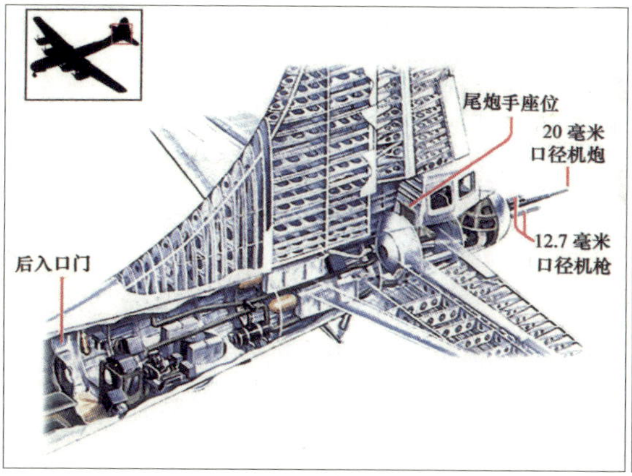

B-29尾乘员舱位示意图 （来源：作者利用pbs.org的图标注）

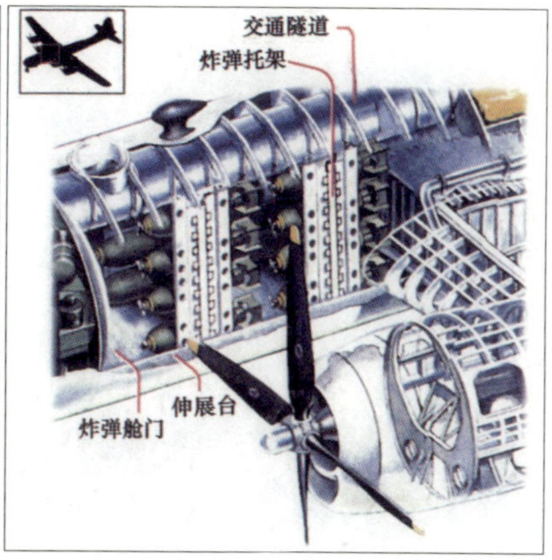

B-29前炸弹舱位示意图 （来源：作者利用pbs.org的图标注）

B-29的机组成员在后舱休息铺位 （来源：USAF）

B–29最有特色的是由通用电气公司设计的火控系统，上、下、前、后四个炮塔各装两挺0.5英寸口径机枪，均可进行360度遥控，尾炮塔有两挺0.5英寸口径机枪和一门20毫米口径机炮，也可转动30度弧度。

按说，美国造的武器数量之多世界第一，造出的飞机其种类也数以百计。其中，战功显赫者有之、性能卓越者有之，但美国人对B–29这个“功臣”却情有独钟。

若要问为什么？归根结底就是一句话：

B–29创了迄今为止最大的战争奇迹！

只有它，实战投过迄今为止爆炸威力最大的炸弹：原子弹！

正是它，为美国人报了迄今为止最大的仇：日寇偷袭珍珠港！

所以，这些年来，美国人为它运笔泼墨写了不少的文章。请看，下图中我选了几本经典供读者观赏。

到了21世纪，人们仍然念念不忘，还在不断在为它树碑立传。其中，2009年出的两本专著值得一提，它们是：

《B–29超级空中堡垒1934–1960年表》（Mann, Robert A. *The B-29 Superfortress Chronology* 1934-1960. NC: McFarland & Company, Inc, 2009）；

《B–29超级空中堡垒：飞机及其勤务的综合档案》（Mann, Robert A. *The B-29 Superfortress: A Comprehensive Registry of the Planes and Their Mission*. NC: McFarland & Company, Inc, 2009）。

这两本书，就像写“家谱”那样，详细到几乎列出了每架B–29的来龙去脉和它执行任务的情况，来填补美国军民对B–29的相思和怀念。

70年后的今天，除了在博物馆中陈列的B–29样机外，其他的整机均已销毁了。然而，还有一架B–29在天空飞翔，它就是前文提到过的“菲菲”（FiFi，参看下图左边封面）。它属于一个名为“纪念空军历史之旅”（Commenorative Air Force History Tour）的组织，他们于上世纪七十年代在美国加州中国湖的海军试验场（US Navy Proving Ground, China Lake, CA）发现了它，当时这架B–29“FiFi”是被用作导弹试验的靶机。他们把它“救”出来，经过修整，用于飞

道不尽对B-29的相思 （来源：作者选拍）

说不完对B-29的怀念，这就是那两本书（来源：作者翻拍自该书封面）

往各地巡回展览，以补偿美国人对B-29怀念之情。从1976年至今（其间2006-2010年因大修停飞了4年），有关它展出的消息可上网查询，网址是：www.cafB29B24.org

正是：

相思历程堪回味，

点点滴滴记在心。

卓越战绩齐赞颂，

树碑立传传后人。

CHAPTER 4 | 第五章

STRATEGIC BOMBING

——The bomber will always get through

美军之所以钟情于B-29，归根结底，就是有了它，

美军便有能力对头号仇敌日本做出有实质作用的战略轰炸。

事后证明，用B-29，

从1944年6月5日第一次出征，

到1945年8月6日和9日最后投下两颗原子弹，

仅仅用了一年多的时间，

未用一兵一卒登陆日本本土，

日本鬼子就举手投降了……

亮剑诛敌

The plane that won the war.

打赢战争的飞机

美国人在讲到B–29时候，总不忘夸赞这样一句。为什么？

归根结底，就是有了它，美军便有能力对头号仇敌日本作出有实质作用的战略轰炸。而事后又证明，用它所进行的战略轰炸的确成了炸垮日本的“最后一根稻草”。本来估计如果以美军登陆日本本土来夺取对日战争的最后胜利的话，很可能要付出上百万美军伤亡的代价。而如今，用B–29，从1944年6月5日第一次出征，到1945年8月6日和9日最后投下两颗原子弹，仅仅用了一年多的时间，未用一兵一卒登陆日本本土，日本鬼子就举手投降了。这怎么能不让美国人对B–29充满激情呢？怎么能不让把战略轰炸奉为上策的美国空军欣喜若狂呢？因为，他们奉行的理念就是：可以用飞机去打赢战争，其基本手段就是战略轰炸。

那么，下面就来谈谈关于战略轰炸的事吧。

“战略轰炸”，并非美军的发明。在二战中，首先运用战略轰炸的应该说也不是美军，而是德、日。但是，美军却后来居上，把战略轰炸运用得淋漓尽致、得心应手，成了最有战略轰炸经验、最有资格谈论战略轰炸的军队，真正建成了独霸世界的战略空军。

早在1921年意大利陆军少将杜黑（Giulio Douhet），就根据第一次世界大战中对飞机的运用，写出了一本名为《制空权》的书。在那个全世界刚使用飞机不久、都还没有独立空军的年代，他竟然以敏锐的战争目光和卓越的军事素养，预见了空军在未来战争中的重要性。在书中，他不仅提出了建立独立的空军、取得制空权的必要性；而且还论述了在未来战争中，把空军作为一支进攻性的力量、进行战略轰炸的观点。他认为，要集中大量飞机对敌人的军事目标和工业基地、乃至后方城市和居民中心实施战略轰炸，从物质上摧毁其进行战争的经济能力、从精神上摧毁其抵抗意志，迫使其投降。这是第一本系统论述空军建设和作战理论的书，因而成了军事理论的传世经典之一，被译成多种版本，出现在各国军校的课堂上。

【旁白：战略轰炸，在战争这个人类相互残杀的怪圈中，扮演了十分重要的角色。从有人把它“发明”出来，到原子弹爆炸，只不过二十来年，它就显露出比任何其他战争手段都更集中、更快速、更严重和更残酷地伤害着人和人所创造的财富。发明者和鼓吹者希望用它吓唬人类，但二战的实践证明，人类并未被吓倒。然而，却还是有人信奉它，人类也不得不面对这个残酷的现实。】

除了杜黑外，在军事史上，大家公认的战略轰炸倡导者就是美国的米切尔和英国的特伦查德（Hugh Montague Trenchard，他是英国第一位空军元帅，被誉为“英国皇家空军之父”）

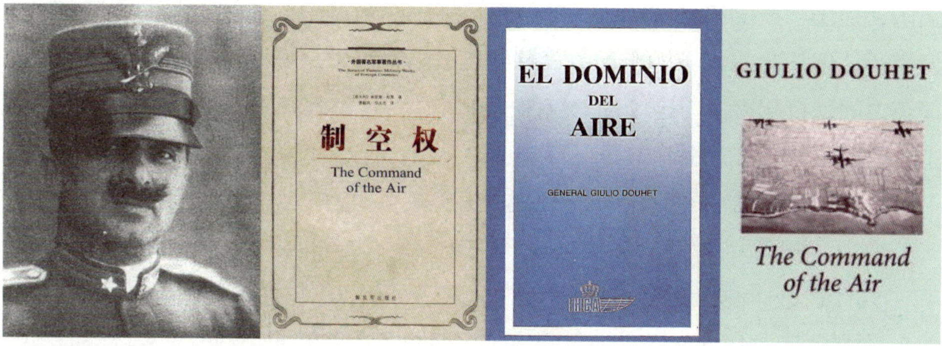

杜黑和他的军事名著的不同文种版本举例 （来源：google.com）

下面就来看看二战中的战略轰炸。

在继续讲之前，需要说明一个问题：大家知道，本书的主题是讲中美联手抗日，也就是亚洲、太平洋战场的问题。但要说清二战中“战略轰炸”这个问题，却必须从欧洲战场说起。

这是因为：

首先，二战的过程，就是美国陆军航空队锻炼和成长的过程，也是美国战略空军形成的过程，这个过程始于欧洲、大西洋战场、续于亚洲、太平洋战场，所以要说清美国陆军航空队的问题，绕不过欧洲战场；

其次，美国参战是从欧洲开始的，进行战略轰炸也是从欧洲开始，美国陆军航空队在亚太战场的干将（从领导、参谋到空、地勤骨干）也大都是从欧洲战场调过去的，若不说欧洲的事，就说不清他们的来龙去脉；

因此，在这一章中，我们必须先介绍一下美国陆军航空队在欧洲战场的情况，作为一个背景，然后再来谈它在亚太战场的情况时就方便多了。

二战中，在欧洲战场，是德国先对英国进行战略轰炸，这就是有名的“不列颠战役”。我们来简单地谈一下。

1940年6月22日法国投降后，英国这座“孤岛”独自面对着当时世界最强悍的战争狂人。被胜利冲昏了头脑的希特勒，为了能专注地攻打前苏联，曾想诱降英国，提出与英国签订“和约”的构想，并试图通过中立的瑞典国王和梵蒂冈教皇搭桥。但丘吉尔却不为所动，表示要抗战到底。于是德国决心以战逼降。这样德英之间就打起来了。这场仗，打得十分值得后人思考！

思考什么？ 以弱打强！

就是说不管是否愿意，双方都是以劣势攻打对方的优势，而且强大者都打得十分被动，弱者却发挥已长，打得有声有色。

为什么这样说呢？

你看，英国作为岛国，海军强大。但德国却用自己弱小的海军去挑战海军强大的英国，来了个以弱打强的高招，而且打得有声有色。这就是二战中最著名的“大西洋战役”。

那时，德国海军与英国海军相比简直是小巫见大巫。战争爆发时，英、德国的海军力量对比是：航空母舰8：0，战列舰15：5，巡洋舰64：8，驱逐舰230：30，潜艇212：57，总吨位约为130：35万吨。如此悬殊的力量对比，德国却如此自不量力，竟敢与英国在海上较量！

那么，德国人是怎么打的呢？

说穿了不是“兵对兵、将对将”。既不是像以往的“正规”海战那样，用主力舰去与对方拼杀，也不是像日本和美国那样用航母去偷袭。而是打智慧，用潜艇（“德国人称它为‘U艇’”）去打“游击战”。德国的潜艇司令叫邓尼兹，发明了个“狼群战术”，把英国搞得焦头烂额，就这样从头打到尾。一直到把邓尼兹这个小小的海军上校，打成了接希特勒班的国家元首。你看新鲜不新鲜？

以至于，英国首相丘吉尔（Winston Churchill）在他的回忆录《第二次世界大战》第5卷中这样总结：“大西洋战役是整个战争的决定因素，我们任何时候也不能忘记。不论在陆地、天空、海洋或其他任何地方发生的一切，都最终与大西洋战役的结果息息相关。”

半个多世纪后，英国人仍难以释怀。2002年，英国又拍了一部长片，名为《大西洋战役》（*The Battle of the Atlantic*），重温了那段令人心悸的历史。

《大西洋战役》电影广告

不过，我们这里主题是讲战略轰炸，是讲天上、而不是水下的事，对U艇的狼群战，就不多着笔墨了。有兴趣的读者，可以上网去看看《大西洋战役》那部电影，或者去看看我的另一本书《硅谷启示录2：怦然心动》（科学普及出版社，2015年7月），在那里我对有关情况作了较全面的介绍和分析。

反过来看看，德国作为一个大陆国家（只有北方靠波罗的海和北海有1000多千米海岸线），最强的是陆军。可是打英国却使不上劲，因为有个英吉利海峡挡着，要想渡过去，就得先取得制空权，并把挡住去路的英国军舰干掉。

于是，1940年7月16日，希特勒发出了“第16号指令”，即“海狮计划”。他的如意算盘是以部署在挪威、荷兰、比利时和法国的约3000架飞机，去摧毁英国的防御体系、歼灭英国空军、压制英国海军，夺取制空权、制海权，然后以25到40个师登陆、占领英国。

而德国空军总司令戈林则更狂妄，他向德国陆军总司令布劳希奇说：“摧毁英国空军，只需2–4周时间，单靠空军就能使英国屈膝投降”（言下之意，你们陆军嘛，就歇着吧）。而到了他的元首面前，吹得就更玄乎，他说：他的空军“只需4天，就可像进攻波兰那样战胜英国。”

他为什么那么说呢？因为他看不上英国那弱小的空军，也不相信英国困难的经济和狭小的地盘，能经得起他“所向无敌的“德国之鹰”铺天盖地的打击。

让我们先来看看双方空军力量对比。1940年初，德国拥有各类飞机4000多架，而且还在加速生产，当时生产能力是：每月可生产战斗机475架、轰炸机265架。而英国当时各类飞机还不到德国的一半，而且由于“狼群”的骚扰、运输受阻，生产飞机的原料来源也很成问题，后继乏力。

再来看看临战的态势。为了执行“海狮计划”，戈林在英国对岸，集结了一个由第2、第3和第5航空队组成的庞大空军集团，配备作战飞机2669架，其中轰炸机1361架、战斗机1308架。而当时英国本土的防空力量则只有战斗机700架、高射炮2000余门。另外有轰炸机500架。

力量如此悬殊，仗却非打不可。即英国得用自己弱小的空军和防空力量去对付德国强大的空军。也是以弱打强，而英国也打得有声有色，最后逼得希特勒放弃进攻英国的计划，这就是二战中也很著名的“不列颠战役”（Battle of Britain）。

怎么打？当然也是靠智慧，也不用“兵对兵、将对将”的办法、用飞机去硬拼，而是在防空火力上下功夫，并努力改进防空和空战的战略、战术和技术。

为此，他们不仅集全体军民之力，而且注重调动科技人员的积极性，打破常规让专家、学者对作战战术进行研究，从而导致一门新兴学科的诞生，成为一段传世佳话。具体说来是这样的：

1940年7月，英国防空部队司令皮耳将军（General Sir Frederick Pile）派人去请一个曼彻斯特大学（University of Manchester）的教授，他的名字叫布莱克特（Patrick Blackett）。

这个布莱克特可不是个简单人物，他是英国著名的物理学家、英国皇家科学院院士，在宇宙射线研究中成绩显著（后来于1948年因此而获诺贝尔物理学奖）。正是他在二战中对英国的防空和反潜的作战研究都做出了令世界瞩目的贡献。从而导致了一门新兴科学——运筹学的诞生。被称为“运筹学之父”。

当时，他除了在大学教书之外，还在“皇家航空研究院”兼职做研究。“英国皇家航空研究院”是英国国防研究的重要机构。英文名为Royal Aircraft Establishment，简称RAE。是由1908年成立的“皇家飞机制造厂”发展而来，1918年改用此名。1988年改为“皇家航空航天研究院”，1991年并入“国防研究院”。

皮耳司令找这个教授干什么呢？当然是商量如何组织他的防空部队、迎击来犯之敌。

他向布莱克特简单介绍了一下当前异常严峻的形势后，话锋一转就到了防空的主力高射炮部队的问题上来了。

皮耳告诉布莱克特，在过去的一个多月中，德机有几次零星来袭，看来是试探性的，大仗还在后头。但从这几次应战中，却暴露出他的高射炮系统急需改进。

布莱克特 （来源：sciencephoto.com）

当务之急 | 这是丘吉尔（中）在视察防空阵地。左为防空部队司令皮耳，右为丘吉尔女儿玛丽。（来源：iwmprints.org.uk）

防空监视哨 | 这是英国皇家观测部队的防空监视哨在警惕地巡视着伦敦的天空，以便预报德机来犯。远处是伦敦地标之一的圣保罗大教堂。（来源：iwmprints.org.uk）

主要问题是：当时的炮瞄雷达系统还十分原始。高射炮靠雷达只能测定敌人轰炸机的方位和仰角，却还要用声音定位设备来确定高度，但这样配合起来既笨、又不准。后来，虽然又加用了一种所谓“阵地控制拦截系统”来进行修正。但结果还是差强人意，高射炮还是打得不准，平均要2万发炮弹才能打下一架敌机。现在大战在即，皮耳请布莱克特出山，希望他牵头组织科学家突击攻关，改善高射炮控制系统。

国难当头、临危受命，布莱克特迅速选了一群背景各异的科学家，组成了一个“防空司令部研究小组”（Anti-aircraft Command Research Group）来研究这个问题。由于该组成员包括两名数学家、1名普通物理学家、两名理论物理学家、1名天体物理学家、3名生理学家，还有1名测量师和1名陆军军官，专业面很杂，因此人们戏称其为“布莱克特杂技团”（Blackett's Circus）。但是，召集这样一帮文人、外行、学者来研究作战问题，这一招到底灵不灵呢？很快就能见分晓。

1940年8月6日，戈林发出命令：10日为“鹰日”，即开始对英空袭的日子。但老天爷却不配合元帅大人的“鹰日”计划，天天黑着个脸，戈林只好忍到8月13

日，才发动空袭。这就是说在二战历史上与“大西洋战役”并列的另一场大战役——“不列颠战役”从这一天开始了。从此，德国展开了对英国的战略轰炸，也迫使英国以牙还牙。

8月13日当天最为猛烈，被称为“黑色星期四”，德军投入了622架轰炸机和975架战斗机，针对英国的波特兰和南安普敦地区，发动了4个波次的轮番空袭，白天炸机场，晚上炸飞机制造厂。在接下来的1周内，德军天天来袭，在这1周中，德军猛烈轰炸了英国的12个机场、7个飞机制造厂和10个油库，以及1个指挥中心、1座弹药库和6个雷达站。虽然使这些地方部分被毁、大部受损。但德军也付出了沉重的代价，有367架飞机机毁人亡。

希特勒和戈林 （来源：google.com）

在总结战果时，人们不仅听到了对勇于以弱敌强的英国航空兵的赞扬，同时也看到了“杂技团”的功劳，他们这些“杂家”，集思广益，做出了令人满意的成果，使高射炮击落敌机的效率提高了5倍，平均4000发炮弹就可打下一架敌机了。

这一来，也引起皇家轰炸机司令部的兴趣，立即请布莱克特也为为该部成立一个“杂技团”，命名为“轰炸机司令部作战研究室”（Bomber Command's Operational Research Section，简称BC-ORS）。

为什么？因为英军不能总是这样被动挨打，特别让英国人不能忍受的是，德军居然在8月24日这天轰炸了伦敦闹市区！想当初，双方是有默契的：攻击军事目标可以、攻击平民区不行。可是，德军竟然冒天下之大不韪，是可忍，孰不可忍！尽管德方声明说是“误炸”，但英国人哪里肯信，决心报复，也要德国人尝尝英制炸弹的味道。

8月25日、28日、31日英军报复性的连续轰炸了柏林。德国人做梦也未想到：炸弹会在他们的“胜利之都”柏林爆炸。这一下，让不可一世的德国元首大发雷霆，把他那个吹牛的空军元帅大骂一番。连陆军、海军的将士们也趁机对空军出出怨气。

9月4日，希特勒对戈林等纳粹军头们疯狂地咆哮道：“英国空军向我方投两三千吨炸弹，我们就还他30万、40万吨；他们轰炸我们的城市，我们就抹掉他们的城市！”

于是，灰头土脸的戈林，沉不住气了，决心贯彻元首意图、大力报复，从此改变战略，走上狂轰滥炸伦敦及英国大中城市的不归路。

9月7日下午7时50分，德军出动625架轰炸机和648架战斗机，从不同高度越过英吉利海峡，直扑伦敦。仅1个小时内，就对泰晤士港、伦敦东区等闹市区以及伍尔威奇工厂投下了300多吨高爆炸弹和燃烧弹，使伦敦顿时成为一片火海。那一晚仅轰炸引起的大火就达1300多处。这就是举世震惊的“伦敦大轰炸”。从此以后，德军日日夜夜、整整对伦敦轰炸了76天，使伦敦遭受了巨大的损失，超过100万间房舍被毁，直接被炸死者超过20000人，是纳粹罪恶史上浓重的一页。但是，也是英国军民奋勇抗战史上最光辉的一页。

这是什么？ | 为了揭露纳粹的罪行，英国普茨茅斯大学的琼斯博士（Catherine Jones）与英国国家档案馆合作，对当年（1940年9月7日至1941年6月6日）伦敦大轰炸时期纳粹炸弹的弹着点在地图上进行了精确地标示，并将结果放到网上。这是部分图像，图中每个红点就是一个弹着点。点击该点就可看到时间、地点和环境图像等信息，还配有一些历史照片。有兴趣的读者可以上该网查看，网址是：http://bombsight.org

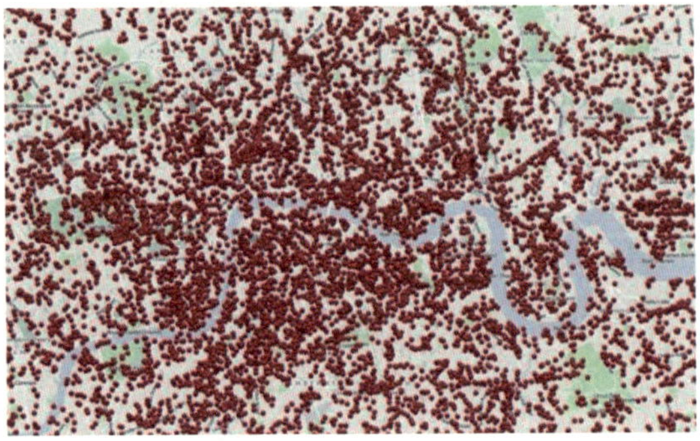

伦敦的记忆 | 左图为1940年9月7日伦敦被炸一景，伦敦消防队员四处灭火场景之一；右图为1940年12月5日轰炸冲击波的“杰作”之一；下图为空袭期间伦敦地铁隧道变成了防空洞。（来源：bombsight.org）

希特勒和戈林原以为，由空袭军事目标改为轰炸城市，用杜黑的“恐怖”的战略轰炸的办法，会使英国人丧失战斗意志、从而屈膝投降。谁知，这更激起英国军民的同仇敌忾。人民更加团结，实行全民防空，甚至把家家户户的铝锅、铝盆和一切铝制品都捐献出来去造飞机；而空军也因德军转移目标，反而得以休整喘息，不仅更勇猛地迎击来

敌，而且多次主动反击，猛烈轰炸德军准备发动入侵的军舰停泊港和军火库；科学家们特别是“杂技团”的成员，更是日夜奋战，一方面分析战况、为作战的战略战术出谋划策，另一方面抓紧改进炮瞄雷达、机载雷达和导航装备。特别值得提出的是，他们还突击研究出一些新的装备。其中一种是阻拦气球，来阻拦敌机；另一种则是干扰敌机导航系统的无线电干扰机，使敌机晕头转向，这是二战中电子战的第一次大规模应用。到10月底，不列颠战役进行了两个多月。据统计，英军击落德机1733架、击伤843架，英机损失则只有德方一半，计915架。

如此得不偿失，希特勒已无心恋战了。于是在11月中旬表演了一次“月光奏鸣曲”后，到1940年11月底，对英国的大规模空袭就告一段落了。这个“月光奏鸣曲”就是二战史上有名的“空袭考文垂”。由于过去纳粹空军多用白天空袭，遭遇英军抗击损失惨重，因而从10月7日开始改为夜间空袭，所以特为对考文垂的夜袭，取了一个“优美”的代号，来为改变战术和不列颠战役的失败遮羞。

考文垂（Coventry）位于英格兰中部，是航空工业重镇，也是一座历史名城。11月14日晚，德军派出“亨克尔-111”轰炸机449架，对考文垂进行了10小时的连续轰炸。共投爆破弹394吨、燃烧弹56吨、定时炸弹127枚。重创该市：死亡554人、重伤864人，5万多户民房和500多家店铺被毁，12家飞机零件工厂瘫痪，公共事业被迫全部停顿。

【旁白：关于空袭考文垂，盛传一段“外史”。说是丘吉尔通过英方破译的德方“超级密码”已预知此事，本可采取有力防空对策，使德方空袭失败。但为防德方发觉是“超级密码”泄密，不利今后更大战役，因而忍痛“牺牲”考文垂。但丘吉尔私人秘书则著书否认。可信、可疑，是真、是假，当事人已逝，只能充作轶闻了。但考文垂则确实被炸了，而且德方只损失1架飞机，西方军事家却把这次成功的空袭，视为早期战略轰炸的典型。】

11月以后，希特勒虽然已失去占领英国的信心，不过为了牵制英国、也为了掩饰进攻苏联的准备，对英空袭还是断断续续的进行着。直到1941年6月8日，德军最后一次轰炸伦敦为止，“不列颠战役”也就草草收场了。这个战役共进行了

8个月。这期间，德军损失飞机2400余架，不仅使德国人想以空袭来逼降英国的阴谋破产，而且使“海狮计划”也不得不“无限期推迟”。事实上，希特勒已放弃攻占英国的计划。调转枪口，去进攻与他签订了“苏德互不侵犯条约”的苏联了。

与描写海战的《大西洋战役》相对应，英国人也于1969年拍了一部描写空战的电影，名为《不列颠战役》，拍片时收罗了不少二战中用的真家伙，场面上也相当精彩。

疯狂入侵
这是1940年9月纳粹的亨克尔-111轰炸机（HeinkelHe-111）飞越英吉利海峡。
（来源：imgkid.com）

德军的亨克尔-111轰炸机（Heinkel He-111） （来源：lurtlesove.wikia.com）

英勇迎敌

这是1940年8月英国飞行员奔向战机

（来源：life.com）

英军的兰斯特轰炸机（Lancaster,中），喷火式战斗机（Spitfire,上）和飓风式战斗机（Hurricane,下）（来源：wikipedia.org）

1941年6月22日，希特勒发动“巴巴罗萨计划”，苏德战争爆发。他原以为，海军不行、空军令他失望，他最强大的陆军可以为他争气、向东挺进。谁知，这回又踢到铁板，从此走上了覆灭之路。

接着就该德国人领教战略轰炸的滋味了。

盟军对德国的战略轰炸，则是由英国皇家空军先带了个头，因为在1942年夏季以前美国的飞机还未到英国，所以英国空军只好单独干。

《不列颠战役》电影广告

不过，在“不列颠战役”及稍后的一段时间，英军对德轰炸主要还是试探性的。这是因为，在那段时期，刚经历不列颠空战之后，英国的轰炸机不仅数量不多（仅5个大队、约400架飞机）、而且其性能也较差（基本上是双引擎的轻型轰炸机，作业高度又正好在德国战斗机可及范围内，为躲避德军阻击和防空火力，只好夜间空袭）。但在夜袭时，却又因导航设备原始、领航员也缺乏夜间精确导航训练，故动静虽大，效果不佳。

到1942年英军对德轰炸才形成规模。这是因为，从装备上讲，一批新型轰炸机已生产出来并陆续装备部队，其中最让英国人称心的是阿弗公司生产的、可载弹10吨的、4引擎的“兰开斯特”重型轰炸机（Avro Lancaster，从1942年2月正式服役至1963年从加大皇家空军退役，共生产7377架）。此外，导航与瞄准器也有明显改进；同时，从人员上讲，作战经验也有所提升，而且还换了一个在英国空军史上颇有特色的人来担任英国皇家空军战略空军（即轰炸机司令部）的司令。此人名叫哈里斯（Arthur T. Harris，时为中将。第一次世界大战时就已参加英国皇家空军，二战后1946年晋升为空军元帅），他堪称杜黑的“疯狂粉丝”，既是“轰炸机制胜论”鼓吹者，又是“对敌方平民无差别轰炸”的坚持人（因此舆论称其为“轰炸机”，人们贬称他为“屠夫”）。他于1942年2月22日走马上任。【旁白：你看，巧不巧，这里有4个“2”，就竟是“暗喻”他是个“二楞子”呢？还是有“两把刷子”？这点请你看完本节再下判断。】

有道是“新官上任三把火”。哈里斯还真烧了“三把火”：

第一把火是3月28日晚，出动191架飞机空袭德国北部港口卢卑克（Lubeck），投弹300吨，而且一半是燃烧弹，大火整整烧了32个小时，把这个以木结构为主的古城化为一片灰烬；

第二把火是4月24日至27日，又分4批共计出动468架飞机，轰炸罗斯托克（Rostock），又把该城毁掉一大半；

第三把火就更有代表性，5月30日夜，出动了1046架飞机，对德国科隆进行了所谓的“千机大轰炸”，1个半小时就投弹1455吨，其中66％是燃烧弹。科隆240余公顷地区遭到破坏，中心区的一半建筑夷为平地，致使486人死亡、5027人受伤、14万人无家可归。而英军仅损失飞机40架。

哈里斯就以这样轰轰烈烈的方式开始了英军大面积夜间轰炸德国的岁月。

哈里斯　（来源：D-DAY: Operation Overlord）

被炸后的科隆｜全市最高的教堂幸存到战后

（来源：英国国家档案馆）

画家笔下的科隆千机大轰炸 （来源：英国国家档案馆）

至于美军方面，情况比较曲折。本来是日本（而不是德国）先对美国动手。按常理，美军应该先向日本还手。但是，美军的战略轰炸却是从欧洲战场开始。

这是因为：

第一、如前所述，美国在参战前，就一直把主要注意力放在欧洲（而不是亚洲）。美国上自总统、国会和军事领导，下至作战部队都一直把精力放在准备对德作战上。加之，当美国参战后，罗斯福又再次答应丘吉尔，敲定了“先欧后亚”的原则。说穿了也就是先打德国，后干日本。

第二、手上没有可供使用的“利器”。一方面是，B-29这样的远程轰炸机还未造出来，而另一方面是，亚洲那边也没有可供起降B-29的机场。所以也只好忍着。但在欧洲这边，情况却不一样，既有英国现成的空军基地可用，而飞到德国和德占区又都在已有的轰炸机航程之内，使得上劲。所以，当美军的轰炸机（B-17和B-24）运到英国之后，美军就立即投入到了对德国战略轰炸的行列之中，而且越干越欢。

讲到美国的空军，无论在美国、还是在世界，都是一个异数。因为它的发展可以说是既曲折又快速。说它曲折，是指当全世界很多国家空军都是单独的军种之时，美国却还没有一个独立的空军。在整个二战中，它只是隶属陆军的陆军航空队。说它快速，则是指在美国空军独立成军之时，它已经是全世界最强大的空军。

二战中，美国陆军航空队的战斗编成是：陆军航空队下辖若干“编号航空队”（XXth Air Force，“XX”为罗马数字，大约相当于“军”。例如“第8航空队”“第12航空队”等）。每个“编号航空队”下辖几个“联队”（Wing，约相当于“旅”）。每个“联队”又下辖几个“大队”（Group，约相当于“团”）。每个“大队”再下辖几个“中队”（Squadron，约相当于“营”）。每个“中队”配置十几、二十架飞机，是基层作战单位。在执行任务时，根据情况，“中队”可能还会分成若干临时的“小队”或“组”，去执行战斗任务，但这些“小队”或“组”并无正规的部队番号。

为了便于指挥，在“编号航空队”与“联队”之间，会增加一级指挥机关：“司令部”（Command，约相当于“师”级，例如“第8轰炸机司令部”“第9战斗机司令部”等）。在战时，有时还会在较大的“司令部”（约相当于“副军”级）与“联队”之间再加一级指挥机关：“支队”（Division，约相当于“师”级。例如，二战中的“第3航空支队”就是“第8航空队”的“第8轰炸机司令部”的下一级指挥机关）。

在二战后期，美国陆军航空队总共有16个编号航空队，下辖243个航空大队，最高峰时（1944年）兵员达到237万人、各种飞机近8万架，约800个空军基地、1600个机场遍布全世界。

1947年7月26日，杜鲁门签署了美国国会通过的《国家安全法》。根据这个法，1947年9月18日，陆军航空队正式脱离陆军，组建独立的美国空军。“大器晚成”，从1907年到1947年，经过40年战争磨炼，美国空军终于脱茧而出，以最先进的装备和最强大的阵容，出现在世界空军之林。

【旁白：美国空军为什么要选“9.18”这天建军？尚待考证。但中国人对“9.18”

这个日子却刻骨铭心！就像美国人把日寇偷袭珍珠港这天定为国耻日一样，中国人把日寇偷袭沈阳这天定为国耻日。如今，每年的“9.18”，全中国都会警钟长鸣！勿忘国耻、警惕子孙！“9.18”成了美国空军和中国人民共同牢记的日子。这即使不是有意，也是巧合！它暗喻：日本军国主义是美国空军与中国人民共同的敌人！事实上，在抗日战争中，美国空军是最先、也是最主要的与中国军民共同抗日的美国军事力量。我创作《中美联手抗日纪实》系列，也就是要寻觅那些动人的事迹，为中美战斗友谊唱一曲赞歌。】

下面就来看看美国的空军力量如何在欧洲战场茁壮成长。

1942年1月19日，为应欧洲之急，阿诺德下令由邓肯准将（Asa N. Duncan）牵头筹建陆军航空队第8航空队（Eighth Air Force）。1942年5月5日，正式任命斯帕茨少将（Carl Spaatz）为司令，准备开赴英国，参加欧洲战区的作战。第8航空队由3个作战司令部组成，它们是：

1、第8轰炸机司令部（Ⅷ Bomber Command）。1942年1月19日组建。司令为埃克准将（Ira C. Eaker）。它是与第8航空队同时成立的、并作为其主力作战部队。拟装备4引擎重型轰炸机执行战略轰炸任务。目标装备当然是B-29，但它八字还没有一撇。所以现实的列装是波音公司出的B-17和联合公司出的B-24。当然这些飞机在欧洲战场也能大显身手（以后的事实也将证明这点），但是如果能用上B-29那该多好，德国战机一定望尘莫及。

2、第8战斗机司令部（ⅧFighter Command）。原为1942年1月19日组建的第8截击机司令部，1942年5月改编为第8战斗机司令部，并调往英国、配属第8航空队，执行为重型轰炸机保驾护航的战斗任务。司令为亨特准将（Frank O’DHunter）。

3、第8空中支援司令部（ⅧAir Support Command），1942年4月24日组建，配属第8航空队，1942年7月调往英国，拟用双引擎轰炸机执行空中侦察、部队运输和战术轰炸任务。司令为坎迪准将（Robert C. Candee）。

1942年2月，阿诺德派埃克准将带一支先遣队去英国筹建一个轰炸机指挥部，为第8航空队赴欧参战作好准备。2月23日，他们抵达了英格兰，驻扎于英国的道斯山空军基地（Daws Hill，England），那里是英国皇家空军轰炸机司令部总部所在地。从此开始了英、美两国空军并肩作战的岁月。

这里我们有必要介绍一下第8航空队以及它的领导们，因为这既是讲清二战战事的必须，也是了解美国空军情况的基础。

斯帕茨和埃克在二战中他们都是阿诺德的得力助手，也同是美国战略空军的奠基人。他们亲手创建的第8航空队，在欧洲战场战果辉煌，1944年2月22日，该航空队被升级成为：美军“欧洲战区战略空军司令部”，它的第8轰炸机司令部，在它升级后也“水涨船高”的升级为第8航空队，以传承第8航空队的番号、传统和血脉。欧战结束，又转场到冲绳，组成“太平洋战区战略空军司令部”（1945年7月16日），但还未等它大显神威，日本就在两颗原子弹的烟云下投降了。但二战后，第8航空队却不仅继续在空军中受到重用，扛着美国空军的这支“铁军”大旗（美国人叫它“Mighty Eighth”，即“铁8军”之意），一路“杀”往朝鲜战场、越南战场、海湾战场；而且一路下来竟发展成美国战略空军的核心力量。在领导的垂青下，高唱“步步高”：以它为核心相继扩编和升级成为“美国战略空军司令部”（1946年6月7日），“美国空军作战司令部”（1992年6月1日）、“美国空军网络战司令部”（2007年9月18日）以及“美国空军全球打击司令部”（2009年8月7日）。在美国空军将领中，它的司令官也都是声名显赫。斯帕茨我们在前文中已提过多次，自阿诺德升任司令后，他就很快地成为阿诺德的得力助手和陆军航空队的二号人物。美国参战不久，斯帕茨就从阿诺德身边抽调出来，去欧洲前线调研，而后就率领第8航空队开始了征战岁月。1943年2月任盟军西北非空军司令（下辖西北非盟军战略空军、西北非盟军战术空军和西北非盟军海岸空军。前者为美军第12航空队，后两者属英国皇家空军），1943年3月升中将，1944年2月任美军欧洲战区战略空军司令，1945年3月升为上将；欧战结束，又于1945年7月转任太平洋战区战略空军司令。你看，东、西战场的空军司令他都当了，因而他是二战结束时，唯一同时出席过德国投降签字仪式（1945年5月8日在柏林）和日本投降签字仪式（1945年9月2日在东京湾）的将领。二战后，成为美国航空部队的最高领导人：1946年接替阿诺德任美国陆军航空队司令，美空军独立成军后，1947年9月26日他又根据杜鲁门总统第9877号行政命令担任首任空军参谋长。

至于埃克也非等闲之辈，第8航空队创建时他就是斯帕茨的副手并兼任第8轰炸机司令部司令，1943年2月斯帕茨任盟军西北非空军司令，转战地中海和北非战场，他则升任第8航空队司令，带领该队坚持在北欧战场作战，并使之继续保持王牌航空队的阵容和战绩。1943年9月他升为中将。1944年1月，任盟军地中海战区空军司令。1945年4月任陆军航空队副司令兼参谋长。战后，1947年8月退休，退休后，曾先后在休斯飞机公司（Hughes Aircraft）和道格拉斯公司工作十余年，继而又担任军事评论专栏作家。去世时（1987年8月），国会追认其为四星上将。

亲密战友 | 这是第8航空队的创始人：斯帕茨少将（左）与埃克准将（右）1942年在军中合影。

（来源：Library of Cogress）

第8航空队在美军中之所以如此吃香，还因为空军中的很多响当当的人物都在这里“镀过金”。例如杜立特和李梅。关于杜立特，大家已经熟悉；至于李梅，他是即将“登场”的主角，不必着急，下面就会讲到。现在还是让我们接着讲陆军航空队到英国的事。

三个多月后，阿诺德又将在佛罗里达执行反潜巡逻任务的的第97轰炸机大队（97th Bombardment Group）调往英国。该队的先遣支队，在大队长阿姆斯特朗上校（Frank A. Armstrong）率领下，于6月9日到达英国皇家空军的波里布鲁克机场（Polebrook），这是美国陆军航空队第一支抵英的作战部队。

波里布鲁克机场，是英国皇家空军轰炸机司令部在1941年中旬，专为配合美制B-17而修建的。初期，英国皇家空军轰炸机司令部所属“第90轰炸机中队”，在此培训试用。美军进驻后，于1942年6月28日正式移交给第8航空队所属部队使用，并命名为“美国陆军航空队110空军基地”。

1942年6月15日，斯帕茨少将也由美赴英，来与埃克会合。并于6月25日为其司令部选址于伦敦以西15英里处的布希公园内的格里菲斯营区（Camp Griffiss, Bushy Park, England）。

这个营区，紧靠英格兰最古老的庭院式宫殿——“汉普顿宫”和泰晤士河。这里远离闹市、环境优美、也较为隐蔽安全。所以，不仅被斯帕茨看中，成为他的司令部所在地（先是第8航空队，后是美军驻欧战略空军）；而且，后来也被艾森豪威尔看中，成了欧洲盟军最高统帅部所在地。

这是格里菲斯营区内的纪念碑｜ 碑文中说1942年7月至1944年12月这里是美国陆军航空队驻欧总部所在地

（来源：wikipedia.org）

前面已经谈到，由于B-29姗姗来迟，给第8轰炸机司令部正式列装的机型是以B-17为主，以B-24为辅。即使这两种机型，在当时也是供不应求的状态。所以，（有点不好意思）第97轰炸机大队的赴英先头部队，是“赤手空拳”来到英国的。不过，聪明的斯帕茨和埃克却并未让他们的人闲着，除了为飞机和大部队的到来做准备之外（例如延长跑道、加修机库、储备油料、弹药等），还让美国飞行员利用英军的飞机与英国飞行员一起进行训练，并于6月29日晚上出动，轰炸德军占领下的法国。算是借用英国的轰炸机让他的飞行员们“探探路”、适应一下。

从7月1日首架B-17飞抵英国开始，美国这些主力轰炸机陆续来到，它们都装备了美国新研制的雷达系统，美国人才开始用自己的飞机，对德占区进行轰炸。

1942年8月17日，第8轰炸机司令部的第97轰炸机大队的18架B-17轰炸机，在司令员埃克准将的亲自率领下，进行了美军对欧洲大陆德占区的第一次空袭（用自己的B-17轰炸机），目标是法国境内的卢昂-索特威尔（Rouen-sotteville）的铁路调度场。

【旁白：参加这次空袭的除了大队长阿姆斯特朗（Frank A. Armstrong）之外，还有一个人需要提一下，他就是该大队第340轰炸机中队的中队长蒂贝茨（Paul W. Tibbet）少校，因为他将是向广岛空投原子弹的人。关于他，我们后面当然还会讲到。】

从此，美军正式投入对德战略轰炸的序列。从8月17日到9月2日，短短半个月内，第97轰炸机大队就对德占区进行了10次空袭。目标主要是位于纳粹占领的法国和低地国家境内的机场、铁路枢纽、工厂和海军设施等。

首战告捷 | 这是1942年8月17日轰炸后埃克在接见记者 （来源：Miller，Donald L. Masters of the Air）

在英国，第8航空队也学英国人的方式，设了个“作战研究小组”，组长是一个从纽约来的律师，名叫哈兰（John M. Harlan，战后艾森豪威尔任总统时，提名他当了大法官），带领几个专家、教授，为该部队出谋划策。他们提出的作战建议是所谓“大机群集群轰炸”和“日间精确轰炸”，所以美军经常都是一次出动一、二百架，有时甚至上千架飞机，在日间浩荡地飞向敌占区，进行精确轰炸。

利器 | 这是二战中美国轰炸机高空精确轰炸用的诺顿投弹瞄准器（Norden Bombsight），当年是美军的最高机密。（来源：wikipedia.org）

【旁白：英国皇家空军是主张进行夜间空袭的，这也是美、英空军的作战指导思想上的一大分歧。从表面上看，英国人认为夜间隐蔽安全、敌人防空能力弱，效果好；美国人自恃火力强、雷达好，白天视野广、容易对准目标。从实质上看，英国的夜间轰炸，会使德国的城市和平民遭受更大的损失，应该说是一种恐怖轰炸；而美国的白天精确轰炸，则基本是针对军事和战略目标的轰炸，比较“人道”。从英国人的角度看，担着巨大损失的风险坚持白天轰炸，美国人大概是“疯子”；从美国人的角度看，不顾平民死伤的代价坚持夜间轰炸，英国人几乎是“罪犯”。既然统一不了认识，却又必须合力对敌，于是只好将计就计：各按各的方式干。因此，在以后的日子里，是美军白天去轰、英军晚上去炸，倒也相得益彰。】

至1942年10月，第8航空队在英国已发展到9个大队的规模。在这些大队中，特别值得一提的是第305轰炸机大队。因为它的大队长名叫李梅（Curtis E. LeMay）。

李梅何许人也？他将是后面将要登台的主角，这里先作一个扼要介绍。

在美国空军将领中，李梅算是一个异数。因为，他既非出身高贵，也非师出名门。论出身，他只是个铁路工人之子；论学历，他也不是“科班”出身，他既非西点军校毕业，又不曾在指挥与参谋学院进修。只是上过三年普通大学（俄亥俄州立大学工程专业）。他在美军中崭露头角，绝对不是靠走后门、拉关系，而是靠他的聪明才智和敢打敢拼的精神，是靠在战场上杀出来的战绩。在投笔从戎之后，只上过几天航校，然后就驾着轰炸机，既把德国轰得胆颤心惊，又把日本炸得焦头烂额，也使自己从一个普通飞行员，变成美国空军中的一员虎将，最后一直坐上空军的第一把交椅——美国空军参谋长。你看下面的照片，是不是就显露出他的那股与众不同的精气神。

初出茅庐

冷眼面世

李梅风貌（来源：google.com）

真是“时势造英雄”。在和平时期、又无显赫背景的李梅，真是“英雄无用武之地”。令他从1928年参军，进航校学了几个月驾驶，出来后当上少尉飞行员，到1941年3月才“熬”到轰炸机大队的上尉助理作战参谋的头衔，也应了“十年寒窗无人问”的“魔咒”。欧战的爆发，为李梅创造了大显身手的机会。1941年3月，李梅上尉“下连”带兵，当上了第34轰炸机大队的一个中队长。俗话说“宁为兵头，不为将尾”。中队长一职在作战序列中虽说是最小的官，但好歹可以在这小范围内自己当家。从此，他有勇有谋的才智有了施展空间。在平时，他勤学苦练、钻研战术，在战斗中，他身先士卒、冲锋在前。这对于匆忙参战、急需战将的赴欧美军也是难得的机缘，当然对他提拔重用。于是，他既大展宏图、也“官运亨通”。1941年5月，被提升为该大队主任作战参谋，晋升为少校。短短几个月后，1942年1月，调第306轰炸机大队任副大队长，晋升为中校。又过了几个月，1942年6月，又调第305轰炸机大队任大队长。该大队由4个中队组成。它们是第364、第365、第366和第422轰炸机中队。

1942年9月，李梅率领该大队赴英国，加入第8轰炸司令部第40轰炸机联队的战斗序列、对德作战。

李梅率第305大队来时，正是西方战局变化、美军大力改组扩建参战的航空队之际。他来后，第305大队就顶替了阿姆斯特朗的第97轰炸机大队的位置。而第97轰炸机大队随即于1942年10月21日，奉命调往地中海战区，配属给新成立的第12航空队。这是因为，1942年中，中东和北非战事吃紧，英方又急呼美军支援。于是在1942年秋，陆军航空队又先后组建了两个航空队——第9和第12航空队。

1942年9月23日，任命杜立特少将为司令，率第12航空队赴北非作战；1942年11月12日，任命布里尔顿少将（Lewis H. Brereton）为司令，率第9航空队去中东歼敌。

对于杜立特，大家已很熟悉。从中国回美后，他就被派往第8航空队，先在第4轰炸机联队当了几天联队长，不久阿诺德就让他筹建第12航空队去了。

而对布里尔顿，大家比较陌生，需要稍作介绍。他也算是美军中的航空先驱之一，1911年毕业于海军学院，毕业后干了几个月海岸炮兵后，于1912年9月，转入陆空通信兵航空科，学习飞行，开始了他的飞行生涯，并跟随着陆军航空部队成长。从少尉飞行员，一路做到少将司令。当日寇偷袭珍珠港后，阿诺德决定加强驻亚洲的航空兵力、创建第10航空队时，于1942年3月5日，派他前往中缅印战区工作，在驻印度的第10航空队任司令。当中东吃紧时，1942年6月28日，他又奉命从印度带了部分人马，急赴埃及首都开罗，组建中东航空队。本来这部分人马是美国人承诺派往中国西南，去打日本鬼子的，如今却“拆了东墙补西墙”，调到埃及去了。美国人的说法是，当时日本切断了中缅公路，如果派去中国西南，飞行部队的后勤供应会有问题。而实质是，他们本来就更重视西边，再加上英国人又不断地叫“狼来了”，于是美国人就匆忙改变主意，把他们调到埃及去了。现在再把新建的第9航空队调过来，合并到他的麾下，力量就更加强大了。

布里尔顿在中东 （来源：arlingtoncemetery.net）

而中国这边呢，其实也并非无计可施。后来，在双方的努力下创建了“驼峰航线”。在以后的几年中，正是这个第10航空队，为给中国空运战略物资，立下了汗马功劳。而且，也为B-29轰炸日本，创造了条件。这些事，我们在讲亚洲战事时，再作介绍。

第9和第12航空队与第8航空队的作战任务，大不相同：它们不是以战略轰炸为主，而是以配合地面部队的战术空袭为主。为什么呢？因为盟军要开始大反攻了。英美联军商定1942年底前发动北非登陆战（代号“火炬行动”，英文为Operation Torch），并任命艾森豪威尔为实施北非登陆的盟军总司令，战略意图是占领法属北非，从那里彻底打败北非的德、意军队，特别是对号称“沙漠之狐”的德军元帅隆美尔发起最后攻击。然后穿过地中海，向意大利挺进，逼降意大利。

在这里，我们又必须介绍一下艾森豪威尔。因为，他可是即将升起的一颗新星、欧洲战场的美军主帅、一个叱咤风云的大人物。当然也是美军中的一个异数。但与李梅不同，他却是“科班”出身，货真价实的西点军校高才生。他的经历比李梅更加惊人，在美军将领中，他的升官速度堪称“绝对冠军”！他只用了3年半，就从准将升到了五星上将（从1941年6月到1944年12月）；而同样的“征程”，提拔他的“伯乐”马歇尔“走”了8年多（从1936年8月到1944年12月）；他所崇拜的“引路人”麦克阿瑟“走”了24年（从1918年6月到1944年12月）；他的同班同学布莱德雷“走”了9年半（从1941年2月到1950年9月）；阿诺德也“走”了9年半（从1935年3月到1944年12月）。但他这个官，却不是侥幸或碰运气得到的，也是“杀”出来的。是又一个“时势造英雄”的典范，战事的急需加上个人的才能，使他从马歇尔身边的作战部长（一个从未带过兵的高级参谋），一派到欧洲后，就成了独霸一方的“诸侯”、担任了一个战区的总司令，带领盟军从北非打到突尼斯，再拿下西西里岛、打垮意大利，然后又挥师诺曼底、跃居“霸王”【注：开辟欧洲第二战场的“诺曼底登陆战”代号为“霸王行动（Operation Overlord）”】。最后一直打到德国投降，顺理成章就成了驻德美军总司令。【旁白：当时，无论从资历和知名度，还是从威信和国际可接受度，本来美、英都是属意马歇尔的。罗斯福曾这样说：“我为不能让乔治到欧洲战场上去一展雄才，而感到遗憾。英国好像也期待着他。可是，谁能接替他现在的职务呢？”也就是说，总统和美国离不开马歇尔，这就为艾森豪威尔的脱颖而出提供了机缘。】

二战后，他更是“官运亨通”。1945年回国就从马歇尔手中接过陆军参谋长的权杖。1948年一度退出现役去当了两年哥伦比亚大学校长，是第一位担任此职的将军，又获得了“文武双全”的美誉。1951年又重披战袍，到布鲁塞尔执掌帅印，就任“北大西洋公约组织”欧洲盟军最高司令，他也是第一任。回国后从1953

到1960年又连任两届美国总统。他又是第一个、也是唯一一个当总统的五星上将。

这样一个美国的特殊人物，美国作家们对他当然特别青睐，为他树碑立传者大有人在。但不知为什么，中国的出版社对艾森豪威尔也“情有独钟”，为他出了许多种传记，这无论是在美国历届总统中、还是在五星上将中也都是唯一一个。下图就是其中几本。

在中国翻译出版了许多种艾森豪威尔的传记，这是其中几本 （来源：作者翻拍）

1942年11月的“火炬”行动，不到一周就以盟军在卡萨布兰卡（Casablanca）、奥兰（Oran）和阿尔及尔（Alger）的胜利登陆而结束，接着是向突尼斯（Tunisia）进军。艾森豪威尔不仅打赢了他平生领导的第一次大战役，而且为美英首脑开会找到了一个好地方。

【旁白：这次战役，也是二战中美军对大规模“两栖登陆战”模式的一次成功的演练。在今后（包括二战中和二战后），又得到更好的发挥，例如随后也是由艾森豪威尔指挥的、更大规模的“诺曼底登陆”和朝鲜战争中由麦克阿瑟指挥的“仁川登陆”。】

1943年1月，美国总统罗斯福来到卡萨布兰卡，视察了美军参战部队，表扬了艾森豪威尔和他的将士们，并于14至24日在那里与英国首相丘吉尔开了10天会。

【旁白：如果你看过《北非谍影》这部电影，你对二战中的这个北非城市一定印象深刻。】

本来他们也邀请了苏联的斯大林元帅，但因当时斯大林格勒大会战正在紧要关头、而且他要求英美尽快开辟欧洲第二战场之事又未落实，因此未来参加。这次会议给世界最大的印象是：由罗斯福正式发布了德意日必须“无条件投降”的战略目标。为此，会议期间，两国元首与随行的将帅们着重研究了登陆意大利西西里岛和开辟欧洲第二战场（即霸王行动）的问题。同时，美英参谋长联席会也专门针对战略轰炸制定了《对德战略轰炸谅解协议书》（也称为《卡萨布兰卡训令》，英文为Casablanca directive），明令英美空军（在当时，也就是指英国皇家空军轰炸机司令部和美国陆军航空队第8航空队）：密切配合，实施联合战略轰炸行动，加紧消灭和摧毁德国的军事、工业和经济体系，瓦解其国民的抵抗意志，最大限度地降低德国武装力量的抵抗能力。

并具体地规定了轰炸目标的优先顺序：

1. 潜艇修造基地，

2. 飞机制造业，

3. 运输系统，

4. 炼油厂，

5. 其他军工目标。

（注：随着时间推移有所调整）

还将英美两军的这一联合轰炸行动正式命名为“直射行动”（Operation Pointblank）。

值得一提的是，在这个上将和元帅们聚会的场所，也包括还仅仅是个中将的艾森豪威尔和阿诺德。这对在战场上日益重要的美军而言，显得十分尴尬。为了增加美军在战场上的话语权，会后不久就把他们都提升为上将了。

会后，又根据会议决定，成立了以艾森豪威尔为最高司令的“盟军地中海远征军司令部”。在陆军方面，他的左右手是布莱德雷和巴顿（George S. Patton）；在空军方面，他的左右手是斯帕茨和英国皇家空军元帅特德（Arthur W. Tedder）。由特德担任“盟军地中海空军司令部”司令，而斯帕茨则作为特德的副手。

斯帕茨是怎么从欧洲转到非洲来的呢？原来是为了充实地中海战区的空军实力，把第8航空队的部分兵力分别配属给第9和第12航空队，并进而于1943年2月把他也调来非洲，任命他为盟军“西北非空军司令部”司令，隶属于“盟军地中海空军司令部”。这个“盟军地中海空军司令部”组成如下：

盟军西北非空军司令部，司令为斯帕茨中将；

盟军军中东空军司令部，司令为皇家空军元帅道格拉斯（Sholto Douglas），布里尔顿少将率领的第9航空队也在其麾下；

英国皇家空军马耳他总部，司令为皇家空军副元帅派克（Keith Park）；

英国皇家空军直布罗陀基地部队，司令为皇家空军副元帅辛普森（Sturley Simpson）；

英国皇家空军第216运输大队，大队长为皇家空军准将斯翠特（Whitney Straight）。

你别小看斯帕茨的军衔在这些人中显得较低，可是由于美军人多、武器好，他的西北非空军才是地中海空军的主力，阵容庞大。下辖：

西北非战略空军，以杜立特少将率领的第12航空队为主，加上英国皇家空军的战略轰炸机部队组成；

西北非战术空军，司令为英国皇家空军元帅康宁汉姆（Arthur Coningham）；

西北非海岸空军，司令为英国皇家空军副元帅劳埃德（Hugh Lloyd）；

西北非空中支援司令部，司令为邓顿少将（Delmar Dunton）；

西北非训练司令部，司令为坎农准将（John K. Cannon）；

西北非部队运输司令部，司令为威廉姆斯准将（Paul Williams）；

西北非摄影侦察联队，联队长为罗斯福上校（Elliott Roosevelt，他是罗斯福总统的儿子）。

战斗友谊｜这是1943年地中海空军的英美主将合影，由左至右为：康宁汉姆、特德、斯帕茨和杜立特。

（来源：popartmachine.com）

在这个时期，地中海空军的兵力堪称鼎盛一时，甚至超越了欧洲地区。这一切，当然是为了配合实现攻下西西里、打垮意大利的战略目标。

准备出征｜这是1942年11月23日轰炸圣纳泽尔港前，李梅的305轰炸机大队的机组人员正在装挂500磅炸弹。

（来源：305thbombgroup.com）

当然，欧洲这边也并未松懈。李梅来到后，稍作适应，就奉埃克之命，于1942年11月23日，亲率本大队的20架B－17轰炸机与第306和第91轰炸机大队的战友一起，对位于法国圣纳泽尔港（St Nazaire）的德军潜艇基地进行了轰炸。而他则驾驶第一架飞机、冲锋在前。到年底这一个来月，第305大队也抓紧时间，又出击了6次。

总的来说，1942年6月以前，盟军对德方的轰炸，还是英军单干，美军是在1942年下半年才参加进来，但也还次数不多、规模也不大。据统计，1942年英国皇家空军轰炸机司令部共投弹45561吨，美国第8航空队共投弹1561吨。轰炸的地域也主要是德国本土以外的德占法、比、荷地区。

到了1943年，在《卡萨布兰卡训令》指引下，应该说是英美两军密切配合、主要针对德国本土轰炸的一年。在这一年中，第8航空队与英国轰炸机司令部配合，一个在白天、一个在夜晚，交替对德方进行了多次战略轰炸，前者通过白天的精确轰炸来摧毁德国的军事工业和空军实力，后者通过夜间大规模饱和轰炸来打击德国的经济体系和民众士气。

卡萨布兰卡会后，英国方面很是积极，说干就干，1月30日和31日，英国皇家轰炸机司令部连续两天空袭汉堡。

紧接着，英国内阁于2月14日，干脆宣布从今以后可以对德国进行“没有限制的轰炸”（就是说不管是军事还是非军事目标都炸）。这点当然特别适合英国皇家空军战略空军司令哈里斯的口味。于是，他更放开手脚大干起来。从3月5日至6月28日，对德国军工重地鲁尔（Ruhr，德国重工业中心，被认为是支撑德国发动两次世界大战的军工基地）进行了多次轰炸，史称“鲁尔战役”。不仅把鲁尔工业区的多座城市炸得面目全非，而且想出一个“绝招”：水淹鲁尔。也就是说把为鲁尔区供水、供电（水力发电）的水库大坝炸掉。为此还专门组建了一支特种轰炸部队——“皇家空军第617中队”（Royal Air Fore No.617 Squadron）。并对该中队进行了特别的训练，给它配备了专门为炸坝研制的特种炸弹，名为“蹿跳弹”（Bouncing Bomb），它像个圆柱体，直径1.42米、高1.52米、重4.195吨、装炸药2.99吨。该炸弹的发明者、英国炸弹专家瓦利斯（Barnes N. Wallis）这样描述：将“蹿跳弹”从约18米的低空投下，它既可以像鱼雷那样在水面蹿跳至目标，又可以在到达目标后像深水炸弹那样，钻进一定深度后定时爆炸，这样就可以彻底炸毁水坝。【注：蹿跳情况是：从水面弹起，并旋转着奔向前方一段距离后，又掉往水面，再弹起、再旋转向前……直至目标。通俗说来，其运动形态类似于“打水漂”】

这个中队最出名的一次行动就是所谓“严惩行动”（Operation Chastise）：1943年5月16日夜，19架兰卡斯特轰炸机、满载蹿跳弹，在中队长吉布森（Guy P. Gibson）的带领下，奔袭了德国鲁尔工业区的水坝，彻底炸毁了莫勒水坝（M · hne Dam，是欧洲最大水坝，建于1913年，长777米、高36.6米，底宽30.5米、顶宽7.6米，储水量1.4亿吨，曾被誉为“德意志民族的骄傲”）和埃德尔水坝（Eder Dam，建于1914年，长393米、高44米、底宽36.2米、顶宽6米，这个坝虽不如莫勒大，但因周围山高，故是德国储水量最大的水库，能达2亿吨），部分炸毁了索普水坝（Sorpe Dam，建于1935年，长640米、高61米）。

洪水漫至80千米以外，吞没了3000公顷农田，11个工厂和92栋房屋彻底被毁，114个工厂和971栋房屋损坏，冲毁了25条公路、铁路和桥梁。同时，水力发电厂中两座被毁，另外7座受损，致使更多的工厂和居民区停电，数以千计人员死亡，造成鲁尔工业区一度瘫痪。令德军丧胆、英军振奋！为此，中队长吉布森获颁英国最高荣誉勋章——维多利亚十字勋章（Victoria Cross，在整个二战中，英国空军只有7名飞行员在生前获此殊荣）。

战后英国仍然念念不忘此一战绩，于1955年，花重金、聘名角拍了一部大片，名为《轰炸鲁尔水坝记》（*The DAM Busters*）。

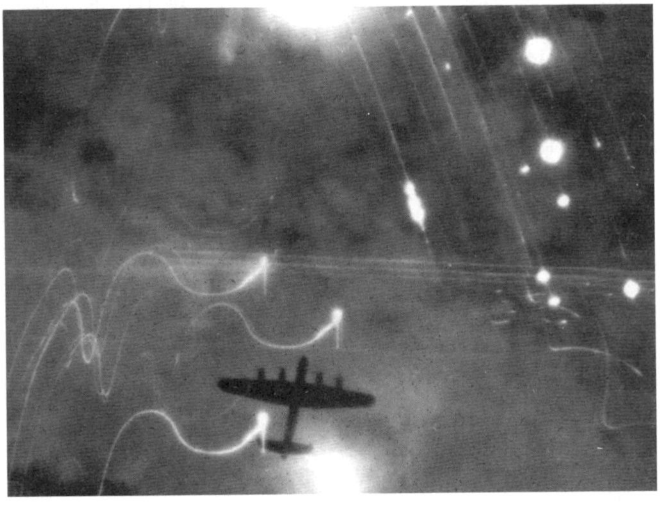

1943年1月30-31日，英国轰炸机司令部第1大队的兰开斯特轰炸机在汉堡上空

（来源：305thbombgroup.com）

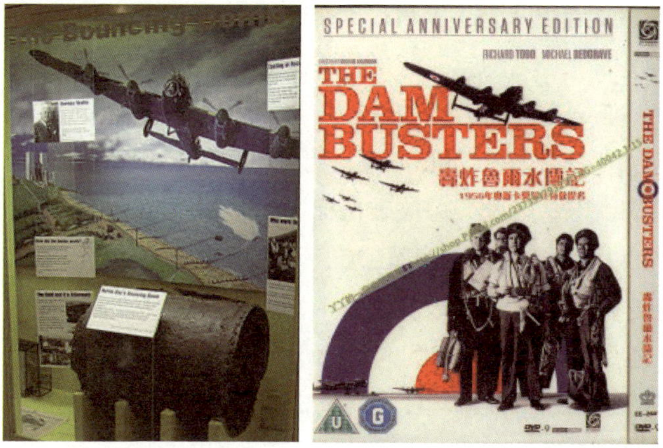

轰炸鲁尔水坝
左图是陈列在英国赫尔尼湾博物馆（Herne BayMuseum and Gallery）的“蹦跳弹”，背景上画的是投掷此弹的英国兰卡斯特重型轰炸机，在水库上方低空投弹的情景；右图是《轰炸鲁尔水坝记》电影DVD盘的封面。
（来源：wikipedia.org）

美国方面当然也不会怠慢，会后第三天（1943年1月27日），美军就有了行动，由李梅率领第305大队实现了美军的一项“零的突破”——第一次轰炸德国本土（这之前轰炸的都是德国境外的德占区）。轰炸了德国境内的主要军港——威廉港（Wilhelmshaven，位于北海）的U艇码头。

1943年2月，斯帕茨带部分兵力调往北非后，第8航空队领导班子自然需要调整。埃克扶正、担任司令，第8轰炸机司令部交给安德森（Frederick L. Anderson）少将指挥，第8战斗机司令部司令也由亨特（Frank O'D Hunter）准将换成凯卜勒（William E. Kepner）少将。接着国内又陆续运来一些战机和补充兵力。李梅也得到提升，1943年3月，调第102轰炸机联队任联队长，晋升为上校。

半年后，1943年9月，李梅又奉命担任扩编的第3轰炸机支队（3d Bombardment Division）司令，成了安德森的三员大将之一【注：当时，第8轰炸机司令部扩编为三个支队：第1轰炸机支队，司令为威廉姆斯少将（Robert B. Williams）；第2轰炸机支队，司令为霍奇斯准将（James P. Hodges）】，他手下统领着4个轰炸机联队（第4、第13、第45和第92轰炸机联队），军衔也晋升为准将。1944年3月，再给他增加两个联队（第93轰炸机联队和第66战斗机联队），并晋升为少将，这时他才37岁，是美国陆军历史上最年轻的少将。从李梅的升迁，也折射了第8航空队发展之快和欧洲战事进展之猛。

你看，短短三年，他竟然从上尉升到了少将！这个速度，真可以同杜立特比美。为什么这么快？当然不是靠“走后门”，而是“杀”出来的。他不仅身先士卒、敢打敢拼，而且善于动脑筋，在轰炸德国的战斗中，创造了一系列卓有成效的战术，把德国炸得“胆颤心惊”，为美军的日间高空精确轰炸立下了汗马功劳。他的智勇双全，得到了高层的赏识。因此，总被破格提拔，担子也越压越重。往后，我们还会重点讲到，当西方战场的空袭大局已定、而东方战场的空袭吃紧之时，阿诺德又灵机一动，让李梅上场。将战火烧到日本，把日本烧得焦头烂额。这是后话，暂且按下不表，还是接着看轰炸德国的盛况。

1943年，既是美英联手空袭德国的第一年，也是他们与纳粹空军争夺制空权最激烈的一年。在这一年中，英美都对德国本土进行了多次大规模轰炸。

例如，英方7月24至8月2日对德国汉堡（Hamburg）进行了4次大规模轰炸，使该市大部分市区变为废墟。到年底，英方又对德国首都柏林先后进行了16次大规模轰炸。

而美方，在6月11日再次空袭德国威廉港，轰炸了德国的潜艇制造厂；7月25日，又搞了一个“闪电周”（Blitz Week），连续6次出动，轰炸了几处德国航空工业目标。接着，又奔袭德国的心脏地区：8月17日，李梅亲帅第3轰炸机支队的3个联队，出动146架飞机，轰炸德国雷根斯堡（Regensherg）；9月6日，又出动338架飞机，轰炸了斯图加特（Stuttgart）；10月14日，再出动291架飞机，轰炸施韦因富特（Schweinfurt）的轴承厂。

据统计，在这一年中，英国皇家空军轰炸机司令部共投弹157457吨；美国第8航空队共投弹44165吨。

从效果上来说，这一年英军收效较大，使德国国内的士气明显下降；而美军相比之下，效果就稍差一点，主要是袭击中自损率较高（例如，在“闪电周”损失100架；在10月14日损失60架）。究其原因，是美国缺乏远程战斗机护航、而轰炸机自身火力又不足以抗衡德军战斗机；加上又是白天行动、比较吃亏。所以，埃克也一度被迫下令：暂改为夜间轰炸。直到年底，美国的P-51“野马”型战斗机（P-51 Mustangs）陆续运到、投入战斗后，才又恢复白天轰炸。

第8航空队第3轰炸机支队的B-17 | 飞行堡垒在德国卡姆尼兹市（Chemnitz）上空投弹

（来源：Miller，Donald L. Masters of the Air）

B-17在P-51护航下飞向敌阵

（来源：Miller，Donald L. Masters of the Air）

B-17白天高空精确轰炸 | 1943年10月9日第8航空队第94轰炸机大队的B-17机群白天高空精确轰炸了德国马林堡（Marienburg）的福克沃尔夫公司的飞机制造厂（Focke-Wulf，该公司是现今空中客车公司的前身，二战时在生产Fw190战斗机）。

（来源：oad.mil）

地中海这边除了配合地面部队作战行动，夺取突尼斯、攻占西西里，迫降意大利等战术空袭之外，也同样进行了一些战略轰炸。例如，1943年8月1日对德占区油田的空袭（代号为“浪潮”行动）。这次空袭，是以在北非的第9航空队的3个轰炸机大队为主，又从英国调来了第8航空队的两个轰炸机大队支援，双方联合出动了178架B–24重型轰炸机，先在利比亚的班加西（Banghazi）集结、演练，而后从那里出发，轰炸德占区的普洛耶什蒂油田。

普洛耶什蒂（Ploesti）油田。位于罗马尼亚首都布加勒斯特以北56千米处，号称欧洲最大的油田，有12座炼油厂，分布在约10千米地段上，年产1000万吨石油。当时，德国需油量的三分之一和意大利需油量的全部都由它供应。

一片火海 | 1943年8月1日，美军出动178架B–24，轰炸德占区的普洛耶什蒂油田。（来源：wikipedia.org）

这次空袭，是到当时为止美国陆军航空队赴欧作战以来最远的一次奔袭，航程达1609千米。首次重创了德方在当地的一些大型炼油厂和储油罐。

随着德军隆美尔集团的消灭和意大利的投降（西西里战役期间，1943年7月24日，意大利人推翻了墨索里尼，10月13日意大利宣布无条件投降），以及开辟欧洲第二战场和对德“算总账”日子的临近，美军又把重心转向了欧洲。

1943年8月，阿诺德把第9航空队的部分主力转给第12航空队；其余部分则转赴欧洲，并与第8航空队的第8空中支援司令部结合组成盟军联合远征空军，专门为地面部队提供战术支援。

两个多月后，1943年11月，阿诺德又把第12航空队的6个重型轰炸机大队也调回欧洲，并以它们为核心，加上从第8航空队抽调来的兵力，新建第15航空队，由杜立特担任司令，总部设在意大利亚得里亚海边的巴里（Bari）。余下部分，则由坎农率领继续留在地中海战区。

至1944年1月，整个盟军地中海空军规模缩小，由埃克中将调去接任司令。而斯帕茨则被阿诺德调回英国，告诉他另有重用。

什么重用？

因为，从1942年2月第8航空队建立之初，只不过第8轰炸机司令部的一个大队来到英国，人不上千，机不上百，仅出没于北欧战场。但是，形势所催、兵力暴涨，仅仅两年时间，美军在欧洲已经聚集了4个编号航空队的庞大兵力，几十万人、上万架飞机，兵力遍布欧洲、非洲和地中海各处，而且战局扭转、大反攻在即，到了必须建立一个统一的指挥、控制机构的时候了。

因此，1944年1月28日，美军决定将第8航空队总部提升和扩编，并以它为核心，于2

“我想让你再创建一支新的航空队”
这是阿诺德（右）与杜立特在欧洲
（来源：Miller，Donald L. Masters of the Air）

月22日正式成立“美国驻欧战略空军”（United States Strategic Air Forces in Europe），任命斯帕茨为司令，总部仍设在第8航空队总部原址——伦敦郊外布希公园内的格里菲斯营区。

读者朋友，你可别从“美国驻欧战略空军”这个名称，产生它只管“战略空军”和只管“欧洲地区”的误解。其实它是美军历史上第一个成立的大战区性空军总管机构。“战略空军”和“战术空军”两者都在它的管辖之下；地区也包括欧洲、非洲以及地中海等整个西方战区。一句话：斯帕茨总管所有在西边战场上的、美国陆军航空队的一切军务。甚至，由于这时美空军已成该战场上的空战主力，所以在与英国皇家空军的协调下，他事实上是西方战场上美、英空军的总指

“欧洲空军就交给你了” | 1944年2月，阿诺德（右）对斯帕茨委以重任，任命他为美国驻欧战略空军司令。（来源：google.com）

挥。这时的斯帕茨春风得意，既受陆军航空队司令阿诺德的重用，成了独挡一面的副手；又受到欧洲同盟国远征军最高司令艾森豪威尔的赏识，成了“艾帅”手下的空军“统帅”。所以，不久就将机构名称改为驻欧“美国战略和战术空军”（United States Stragetic and Tactical Air Force，缩写为USSTAF）。到德国投降时（1945年5月），它的总兵力已扩充至：50万人、17000架飞机。

【链接：战后，1945年8月7日，它改名为“美国驻欧空军”（United States Air Force in Europe，缩写为USAFE），总部迁往德国的拉姆施泰因空军基地（Ramstein Air Base）。人员也逐步缩编，如今约有39000人。与之相对应的是“美国驻太平洋空军”，它的前身是“美国驻太平洋战略空军”，斯帕茨也是第一任司令。有关事项后面还会讲到。】

斯帕茨成了驻欧空军统帅后，他手下的这4个编号航空队的兵力部署经过前前后后一系列整编，在地域上根据部队驻防情况和未来战事需求，形成南北两大力量布局：第8、第9航空队驻英吉利，重点控制北欧和英吉利海峡区域；第12、第15航空队驻意大利，重点控制南欧和地中海区域。在任务上也根据装备特点和作战历史，作了明确分工：第8、第15航空队主要担负战略任务；第9、第12航空队主要担负战术任务。

同时，在领导人选上也重新布局。这在美国空军建军史上，也算是一次有历史意义的人事调动。因为从诺曼底登陆战役一直打到了德国投降，美国空军未来的领导班子也逐步成形：斯帕茨、范登堡和唐宁在1947年空军独立成军后，相继成为第一、第二、第三任美国空军参谋长。下面就让我们来归纳一下这四个编号航空队领导的基本情况：

第8航空队驻英格兰，主要担任战略任务。由第一个驾机轰炸东京的英雄、又相继创建了第12和第15航空队的杜立特中将，当这支美国王牌航空队的司令。阿诺德把他从新建的第15航空队调过来，接埃克的班。而埃克则换到地中海去，升任盟军地中海空军司令，以便把斯帕茨换过来主持全欧工作。杜的情况前面已经说过，不再赘述。

第9航空队驻英格兰，主要担任战术任务。初期仍由该队的创始人布里尔顿中将任司令，并投入“霸王”行动。到1944年8月，“艾帅”决定要把美英两军的空降兵放到一起成立“盟军第1空降集团军”，就把布里尔顿抽调过去当司令。改派范登堡中将接任第9航空队司令。这个范登堡（Hoyt S. Vandenberg）的经历也十分复杂，他是两次往返欧洲战区。第一次是1942年6月，从陆军航空队参谋部的作战处长的职位上调过来，协助杜立特筹建第12航空队，并担任参谋长。1943年8月又被调回国内，派往驻俄使馆任空军武官。1944年3月又重回欧洲战区，任盟军远征军空军副司令，而后又转调到第9航空队任上。战后，1945年7月回国，在陆军航空队当了一段时期助理参谋长，而后转到情报部门，先任战争部情报局局长、再任中央情报局局长。直到1947年10月又重回空军，给斯帕茨当副手，任空军副参谋长，最后于1948年4月接斯帕茨的班，担任第二任美国空军参谋长。

第12航空队驻意大利，主要担任战术任务。由坎农中将任司令。这个

杜立特　（来源：google.com）

范登堡　（来源：google.com）

坎农（John K. Cannon）原先在第1航空队工作。1942年11月才调来第12航空队，先后担任过下辖的第12空中支援司令部司令和第12轰炸机司令部司令，1944年1月升为第12航空队司令，同时也兼任地中海盟军战术空军司令（这时地中海盟军空军司令是埃克）。从此一直战斗在地中海战区，包括法属摩洛哥、阿尔及利亚、突尼斯、希腊、意大利、阿尔巴尼亚、罗马尼亚、奥地利和法国南部，直到胜利之日。战后，当陆军航空队的诸员大将们都陆续撤离欧洲后，他仍留守欧洲，1948年10月任美军驻欧空军司令，直到1951年1月调回国，出任战术空军司令部司令。

坎农 （来源：google.com）

第15航空队驻意大利，主要担任战略任务。由唐宁中将任司令。这个唐宁（Nathan F. Twining），本来也是在陆军航空队作战处工作，珍珠港事变后，1942年，被派往南太平洋战场与日军作战，担任南太平洋盟军空军参谋长。1943年1月调任美国第13航空队司令。当年11月，突接阿诺德命令，把他从东方一下子调到西方（从太平洋战区调到地中海战区），让他

唐宁 （来源：google.com）

从杜立特手中接过第15航空队司令之职（而杜则重返第8航空队）。1944年1月，又兼任盟军地中海轰炸机司令部司令。从此跟随斯帕茨和艾森豪威尔，一路“杀”到德国投降。然后，1945年8月2日，阿诺德又把他调回太平洋战区，并安插在阿诺德自己兼任过司令的第20航空队担任司令。战后，1950年升上将，并于当年10月范登堡升任参谋长后，他接任副参谋长。1953年6月又接范登堡的班，任美国空军第三任参谋长，1957年8月艾森豪威尔任命他担任参谋长联席会主席，是空军中第一位担任此职务的人。

每个编号航空队都由相应的“轰炸机司令部”“战斗机司令部以”及“部队运输司令部”“空中支援司令部”组成，驻扎在欧洲盟军控制区的各个机场，都有很强的实力。例如，第15航空队拥有21个轰炸机大队和7个战斗机大队，从它成立（1943年12月1日）到德国投降，不过一年半的时间里，仅重型轰炸机它就拥有近5000架（3544架B-24和1407架B-17），是当时世界上第二大航空队，仅次于“老大”——第8航空队。

这时，名为“斯贝里”的新型投弹瞄准器以及新研制的X波段AN/APS-15型炸弹制导和导航雷达也开始装备部队，它们可以帮助轰炸机“穿云破雾”瞄准目标。这对于坚持进行白天精确轰炸战术的陆军航空队简直是如虎添翼。

更新装备、调整机构、集结兵力，为的是什么?

开辟欧洲第二战场，和德国人“算总账”！

所谓“欧洲第二战场”，我们前面已提到多次，但是未加解释。其实它是相对于东欧的苏德交战的战场而言（可以把那里称为“第一战场”）。1941年6月苏德开战，9月苏联的斯大林就要求丘吉尔派兵横渡英吉利海峡，在西欧登陆，开辟第二战场，以减轻苏军压力，形成对德军两面夹击之势。但是，一来丘吉尔对挽救苏联这个共产党宿敌，本来就有点心不甘、情不愿；二来当时美国尚未参战，英国自己也还未从不列颠战役和敦刻尔克大撤退中缓过神来，即使想干，也心有余而力不足。后来，1942年美国已经参战，当年8月，丘吉尔去莫斯科与斯大林会晤之时，斯大林又再次催促英美早日开辟第二战场，但是丘吉尔又力主先解中东、北非之急。还有种说法是，他想坐收苏德两败俱伤之利。总之，就拖下来了。直到1943年各个战场都取得了一系列胜利，苏联在斯大林格勒战役中大败德军，英美在北非、地中海也战绩辉煌，1943年7月24日，意大利人推翻了墨索里尼，二战大趋势已十分明朗。在这样的背景下，8月14至24日，美英两国首脑罗斯福和丘吉尔才亲率美英参谋长联席会成员赴加拿大的魁北克举了会议，史称“魁北克会议”（Quebec Conferences，由于会议代号为“四分仪”，故又有“四分仪会议”之称）。在这次会议上，经美方力争，才算把开辟第二战场的事定了下来，批准了强渡英吉利海峡、在法国登陆的“霸王行动”计划，初步决定发动进攻日期为1944年5月初。除罗、丘二人外，参加会议的还有加拿大的首相麦肯齐.金（William Lyon Mackenzie King）和中国的外交部长宋子文。也就是在这次会议上，提出了一个由中国基地起飞对日本本土进行战略轰作的计划，这点我们留待后面再做介绍。

1943年10月13日意大利宣布无条件投降，罗斯福建议召开中美英苏四国首脑会议，商讨联合对日作战与战后国际秩序重建问题。但据说是苏联的斯大林拒绝参加有蒋介石参加的国际会议。【旁白：还有一种说法是，当时苏联不仅还未对日宣战，而且两国还有一个“日苏中立条约”，怕来参加会议刺激日本。从此可见，斯大林真的不如罗斯福，罗斯福对蒋介石（注意：当时蒋介石就代表中国）就好得多，在整个二战期间美国对中国的援助远大于苏联。在中国已艰苦抗战八年之后，1945年8月苏联才对日宣战。而且，不把中国放在眼里、还要占中国的便宜，暗中去与英美讨价：承认外蒙古脱离中国独立，保证苏联在中国的大连、旅顺以及对中东铁路、南满铁路的优越权益。有一种解释说是斯大林对国民党坏、对共产党好。我对此没有深研。有空的话，去研究一下毛泽东是为什么和斯大林闹翻的，也许就搞清楚了。】

1943年11月22–26日罗斯福、丘吉尔先在开罗与蒋介石举行了美英中三国首脑会议（这是二战以来中美英三国首脑第一次坐在一起开会），并于11月27日发表了“新闻公报”，这就是历史上著名的《开罗宣言》。会后罗斯福与丘吉尔又赶往德黑兰与斯大林会晤，该宣言内容也得到苏方赞同。

各有所思 | 这是1943年中美英三国首脑在开罗会议上从左起为蒋介石、罗斯福、丘吉尔。与罗、蒋二人心情一致相比，而丘吉尔则心情复杂：一方面他赞同尽早轰炸日本，这样也可减轻日本对英国在亚洲殖民地的压力；另一方面他又担心，美国在B-29上过分地消耗资源和精力，会影响对欧洲战场的支持。（来源：wikipedia.org）

这个《开罗宣言》的最核心之处就是：日本必须把它窃取的东北四省、台湾、澎湖群岛等中国领土归还中国，当然也包括钓鱼岛。

《开罗宣言》全文如下：

罗斯福总统、蒋委员长、丘吉尔首相偕同各该国军事与外交顾问人员，在北非举行会议，业已完毕，兹发表概括之声明如下：

三国军事方面人员关于今后对日作战计划，已获得一致意见，我三大盟国决心以不松弛之压力从海陆空各方面加诸残暴之敌人，此项压力已经在增长之中。

我三大盟国此次进行战争之目的，在于制止及惩罚日本之侵略，三国决不为自己图利，亦无拓展领土之意思。

三国之宗旨，在剥夺日本自从一九一四年第一次世界大战开始后在太平洋上所夺得或占领之一切岛屿；在使日本所窃取于中国之领土，例如东北四省、台湾、澎湖群岛等，归还中华民国；其他日本以武力或贪欲所攫取之土地，亦务将日本驱逐出境；我三大盟国稔知朝鲜人民所受之奴隶待遇，决定在相当时期，使朝鲜自由与独立。

根据以上所认定之各项目标，并与其他对日作战之联合国目标相一致，我三大盟国将坚忍进行其重大而长期之战争，以获得日本之无条件投降。

【旁白：可气的是，由于世事变迁，居然有人想赖账，说什么“地位未定”，也有那么一小撮别有用心的民族败类，也在那里跟着起哄。真是痴心妄想，这是每个有骨气的华夏子孙绝不答应的！】

11月28日罗斯福与丘吉尔又匆忙地赶往伊朗首都德黑兰（Tehran）与斯大林会晤，举行美英苏三国首脑会议（这也是二战以来美英苏三国首脑第一次坐在一起开会）。三人各怀心事，经过三天的争论和妥协，终于达成共识，并于12月1日发表了《德黑兰宣言》。英美同意1944年5月开辟第二战场，苏联同意在对德战争结束三个月后对日作战。

各怀心事 | 这是德黑兰会议上的三巨头。你看这张照片：斯大林（左）志得意满，罗斯福（中）左右逢源，丘吉尔（右）心事重重。为什么？上网查查这次会议的情况就会明白，这会影响对欧洲战场的支持。

（来源：wikimedia.org）

【旁白：据《丘吉尔回忆录》透露：德黑兰会议前一个多月，10月9日，丘吉尔再访莫斯科，他与斯大林私下有一个“小动作”，交流了一张瓜分巴尔干半岛的“纸片”，上面写着：

罗马尼亚：苏联占90%，英美占10%

希腊：苏联占10%，英美占90%

保加利亚：苏联占75%，英美占25%

南斯拉夫：苏联、英美各占50%

匈牙利：也是苏联、英美占50%

虽然，战后形势并未完全与此相同，但也可见国际政治多么肮脏。不能光看公开的宣言多么冠冕堂皇。】

德黑兰会议后，开辟欧洲第二战场的“霸王行动”的准备工作全面展开。首当其冲当然是封帅，艾森豪威尔被任命为同盟国远征军最高司令。

“艾帅”升帐之后，最先要干之事就是“点将”，由他提名、并经美英联合参谋长会议同意，艾森豪威尔任命：

最高副司令为英国皇家空军元帅特德（在地中海战区他就是“艾帅”的副手，俩人配合十分默契）。

参谋长为美国陆军中将史密斯（Walter B. Smith，他曾一路跟随“艾帅”，在北非和地中海司令部时他也是参谋长，1942年准将、1943年少将、1944年中将、1951年上将）。

副参谋长为英国陆军中将摩根（Frederick E. Morgan）。

美国地面部队司令为美国陆军中将布莱德雷。前面说过，他是“艾帅”的同班同学、也是最亲密的助手，在地面部队的运用上，“艾帅”基本上听他的。1949年8月任美国参谋长联席会主席，1950年9月晋升为五星上将，是战后唯一被授予五星上将的人，从他以后美国至今再也没有授过五星上将了。

英国地面部队司令为英国陆军上将蒙哥马利（Bernard L. Montgomery，此次战役后，9月升为元帅）。

海军司令为英国皇家海军上将拉姆齐（Bertram Ramsay，在北非和地中海战役时就是“艾帅”的海军副手，双方配合得不错）。

空军司令为英国皇家空军上将利马洛里（Trafford Leigh-Mallory，原为英国皇家空军战斗机司令部司令）。按说在空军中轰炸机常常最吃香，因为迷信战略轰炸的人相信：它能决定战争胜负。可是，在这里“艾帅”却没有让轰炸机司令部的头头来当司令，为什么？除了战术空军与地面部队需要更密切的配合这个原因之外，还有一个原因，下面就会谈到。

点将之后，接着就是登陆地点和登陆日期（代号“D-Day”，即“D日”）的选择，结果是：登陆地域选在法国的诺曼底地区（Normandy），故这次战役称为“诺曼底登陆战”；而“D日”则选为1944年6月6日。

【注：“D”是英语“日”（Day）的第一个字母，在这里是美军从一战以来就习用的军用代号，意为“进攻开始的日子”，这样在制定作战计划时既保密，又不会因具体日期的改动而改写计划。与之相应将“进攻开始的时间”用代号“H”来代表，它就是英语“小时”（Hour）的第一个字母。】

接下来干什么呢？当然是制定战役行动计划。其实，这个计划在卡萨布兰卡会议后，就由英国的摩根中将牵头定了个初稿，在魁北克会议期间美英双方又进行了讨论，并已把登陆时间定为5月初，德黑兰会议期间罗斯福和丘吉尔又拿出来与斯大林作了研究。现在将帅已定、大量的战备工作急需展开，到了该最后拍板的时候了。

“艾帅”上台后，对摩根方案进行了调整。他的主要调整是：

登陆部队的第一梯队由3个师增加到5个师；

空降兵由2个旅增加到3个师；

登陆阵面从32千米扩展到80千米；

登陆滩头也由3个增加到5个；

而登陆时间则从德黑兰会议商定的5月初推迟到6月初。

由于登陆规模扩大了，所以相应的运输和舰炮支援也要增加一倍。他的想法也得到联合参谋长会议的赞同。调整后，整个战役盟军共投入兵力约达288万人。

“霸王行动”的统帅们 | 摄于1944年2月1日，从左到右为：布莱德雷、拉姆齐、特德、艾森豪威尔、蒙哥马利、利马洛里、史密斯。

（来源：Ronald J. Drez,"remember d-day"）

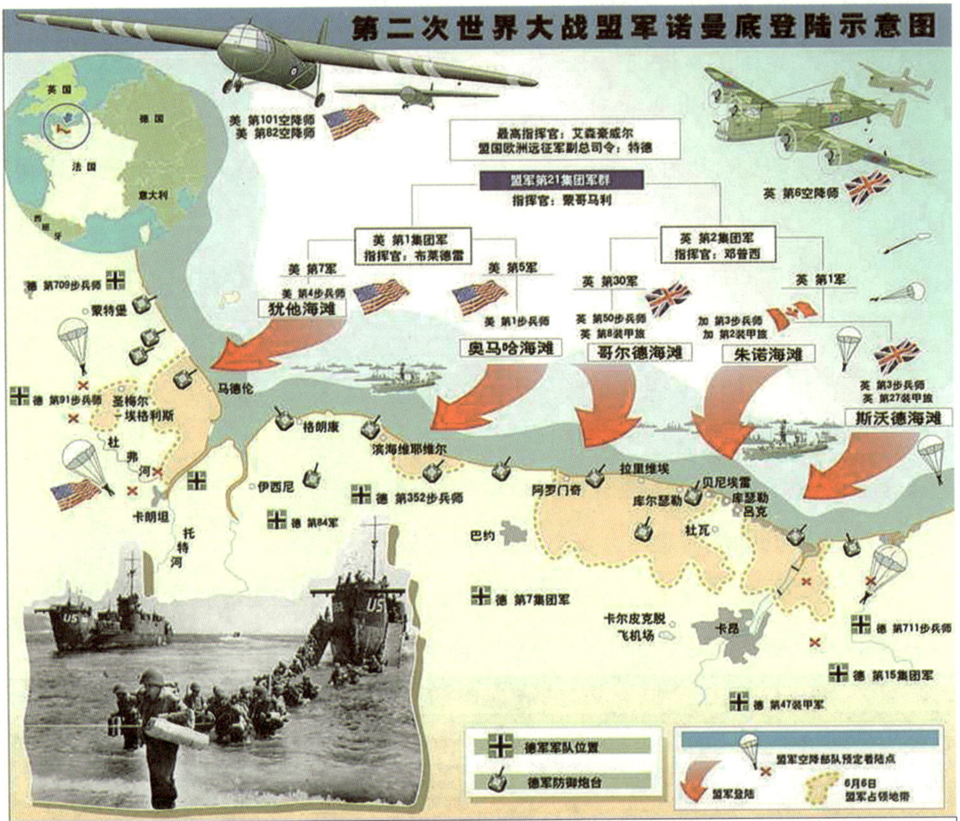

诺曼底登陆计划示意图｜五路大军分别杀向五个滩头。从左到右分别代号为“犹他”（Ttah）“奥马哈”（Omaha）“哥尔德”（Gold）“朱诺”（Juno）“斯沃德”（Sword）。其中，“犹他”和“奥马哈”由美军进攻，“朱诺”由加拿大军进攻，“哥尔德”和“斯沃德”由英军进攻。（来源：xili.com）

三军情况大体如下：

陆军共36个师。其中步兵师23个、装甲师10个、空降师3个，约153万人；

海军作战舰艇共约5300艘。其中战列舰13艘、巡洋舰47艘、驱逐舰134艘、其他军舰1066艘、登陆舰艇4126艘。另加运输船约5000艘；

空军美国第8、第9、第15航空队和英国皇家空军轰炸机、战斗机司令部。共出动作战飞机约10700架。其中轰炸机5800架、战斗机4900架。另加侦察机、运输机和滑翔机约3000架。

正是：百万大军、浩浩荡荡、只待D日，就去打仗。

【旁白：我之所以在本书中介绍这次战役，更重要的原因是它有“空前绝后”的特点，读者不可不晓。说它“空前”，是因为（包括作战双方）它是迄今为止人类历史上、在一定的时空内、动员兵力最多的战役，是陆海空诸兵种合成战役的典范，是工业社会战争形态的、最精彩的总结。从另一方面讲，它也是人类“过剩”精力的、一次最极至的变态发挥；如果真有外星人，他们也一定会对地球人如此愚蠢地、大规模地相互残杀而叹息！说它“绝后”，是因为，我们和我们的子孙们再也不可能见到这样的战例了。二战后，人类社会已经以较快的速度进入信息社会，如果今后真有庸人、冒天下之大不韪发动世界大战的话，那也将是一场崭新的、陆、海、空、天、电高度结合的信息化战争。不过我们应当高呼：战争狂人们，不要再干既毁灭地球、又毁灭自己的蠢事了，让我们的子孙们和平幸福地生活下去吧！】

读者朋友，请你猜一下：登陆战要“D日”才打响，这之前“艾帅”最操心的是什么事？

制空权！不过请注意：我这里说的“制空权”有双重含义：

其一是，压制敌方（德国空军）。你想想，当千军万马在海上浩浩荡荡地从英国海边奔向法国海岸时，如果任由德国战机在英吉利海峡上空逞凶，那将是什么下场？这是通常意义的“制空权”；

其二是，掌控己方（英美空军）。为此，他必须把空军的指挥权牢牢地抓在自己手中，否则他如何能控制整个战场。这事，初听起来也许让人费解：连空军司令都是他任命的，难道还有什么问题么？

其实，也很好理解：

第一，让人当官容易，让人听话就难；

第二，他当的是盟军司令，盟军者，大家联盟也，可是美国是美国，英国还是英国，你美国的航空队是不是能听你摆布，还有待观察，而英国的空军能服你么？

第三，这可是指挥全世界有史以来最大的一次海陆空总动员的、诸兵种合成的两栖登陆战。对于刚当上将没几天的他，面对那些资深的英国上将、元帅们，能压住台么？

果然，顶牛了。为此“艾帅”颇有英雄气概，要么就听我的，要么你们另请高明。他是这样说的：“如果这个问题不能满意解决，我将呈请辞职。”（看来是动肝火了）。

类似的话他竟然前后说了两次：

一次是对（外人）英国战略空军司令哈里斯（不出所料吧？）；

另一次却是对（自己人）美国战略空军司令斯帕茨（有点意外吧？）。

哈里斯，就是我们前面提到过的那个英国皇家空军战略空军司令。1915年起就在皇家空军服役，30年戎马生涯，从少尉拼到空军元帅。在履行他的“轰炸机制胜论”时，他信奉的是“将在外君命有所不受”的信条，例如，他在轰炸柏林的问题上连英国空军部的命令他都不听。你想，他能服一个没有当过空军的、参谋出身的“外国人兼外行”管么？他的想法很简单：你指挥地面部队就行了，空军怎么打，这得有专业经验，我说了算。所以逼得“艾帅”摊牌。最后，只得由英国皇家空军参谋长波特尔元帅（Charles Portal）正式出面承诺交权，才得以摆平。

至于斯帕茨，按说两人关系不错，校友兼袍泽。既是西点军校的先后同学，又都是陆军中一同升上来的红人，加之在北非和地中海战场也一起磨合多时，要说斯帕茨像英国人一样“看不上”艾森豪威尔，还真有点冤枉。那是怎么回事呢？

他俩人是观点不同。斯帕茨认为战略轰炸就应重点轰炸德国境内的战略目标，炸它老底，从根上拔掉它的战争能力。而艾森豪威尔却认为轰炸越接近未来的登陆战场，越对“霸王行动”有利。大战在即，“远水不解近渴”，目前不能把有限的兵力，拿去“放长线钓大鱼”。其实，说穿了俩人是“立场”不同，一个是单纯站在战略空军的立场，一个则是从全局着眼，这一仗，只能赢、不能输，输赢都将改写历史，只不过写法相反。所以，当争执不下时，“艾帅”也只好摊牌。当然斯帕茨还是能体谅“艾帅”的苦衷，想不通也不能添麻烦，他用标准的职业军人风度表态：一切按司令说的办。而二人也并未因这次争论而心存芥蒂，在后续的战役中他俩配合得很好。战后，艾森豪威尔对他的评价是“既有经验又有能力的空军指挥官，为人忠诚、无私忘我。”

你看下面这张图，是胜利后“艾帅”向功臣们颁奖，第一个就是斯帕茨。

“辛苦了” | 这是胜利后“艾帅”向功臣们颁奖，第一个就是斯帕茨。
（来源：wwarii.com）

【旁白：关于斯、艾之间的分歧，虽然是以斯服从艾解决了，但也正因为如此，在美国空军中始终有这样的情绪：在对德作战上并未像对日作战那样痛快，未能充分发挥战略空军的威力。例如，美国空军第五任参谋长（也就是本书后面将要介绍的、痛痛快快地对日本进行了战略轰炸的）李梅就曾这样（毫不客气地）评论：在欧洲我们是受艾森豪威尔将军指挥，他是一位陆战统帅，他的注意力是在地面打败德军，而他对空军的概念就是用大量战机去支援他的地面部队。】

其实，艾森豪威尔是一员出名的“儒将”。不但不是爱发脾气的人，而且是善于协调、周旋的好手，素有“军事政治家”之称。要不然美国有9个五星上将，为什么只有他一人能当上总统呢？但是，他也善于审时度势，在两个多月后诺曼底登陆战即将打响的敏感时刻，作为盟军最高统帅的他，必须立威，否则一打起来就会乱套。而制空权问题既是关键、又是契机，一下子把两边的都“摆平”了，而且“D日”前就能见效。所以他坚定地表了态。这就是领袖才能！

于是“艾帅”的作战意图得以顺利贯彻，1944年的对德空袭重点就是紧紧围绕保证“霸王行动”成功以及向纵深发展。大体上可分为两个时期：

前期是战略空袭，重点是瘫痪德国航空工业和运输系统，引诱德方空军决战，以消耗其空军实力，夺取制空权；

后期是战术空袭，重点是为配合地面部队的行动，进行空中封锁，空中支援，保持制空权和切断敌军增援。

在战略轰炸方面，这时的盟军空军，兵强马壮、斗志昂扬。斯帕茨的轰炸机群，有强有力的P-51野马战斗机护航，白天出动有恃无恐；皇家空军轰炸机和战斗机司令部，也在哈里斯率领下进行了修整和扩编，而且夜战也更加纯熟。双方仍日夜配合，千机轰炸次数剧增，而且常常轮番攻击同一目标，直至将其彻底摧毁。

其中最具代表性的就是所谓“大周”（Big Week）轰炸行动。从1944年2月20日至26日，在这一周之中，美国第8、第9、第15航空队和英国皇家空军轰炸机、战斗机司令部，采取白天和黑夜交替出动，联手对德方主要工业城市，包括莱比锡（Leipzig）、布伦瑞克（Braunschwreg）、哥达（Gotha）、雷根斯堡（Regensherg）、施韦因富特（Schweinfurt）、奥格斯堡（Augsburg）、斯图加特（Stuttgart）、普洛耶什特（Ploesti）等，以及维希法国的多座城市包括巴黎（Paris）、亚眠（Amins）、鲁昂（Rouen）、卡昂（Caen）、雷恩（Rennes）、勒芒（Le Mans）、沙特尔（Chartres）、里尔（Lille）、奥尔良（Orleans）和奥地利的施泰尔（Stir）等，进行了密集轰炸。第8、第9航空队由英格兰的基地，出动了约3500架次；第15航空队也由意大利的基地，出动约500架次，英方出动约2800架次，共投下了约2万吨高爆炸弹和燃烧弹。

A.飞向轰炸目标的B-17机群

B.被炸毁的德国坦克厂一角

“大周”行动 | 第8轰炸机司令部对德国军火工业进行战略轰炸

（来源：D-day: Operation Overlord）

在接下来的两个多月中，盟军又对柏林（Berlin）、法兰克福（Fankfurt）、纽伦堡（Nuremberg）等地进行了大规模空袭。例如，1944年3月6日第8航空队出动B–17和B–24轰炸机812架，在第8、第9航空队和英国皇家空军的691架战斗机的掩护下，轰炸了柏林地区的航空发动机厂、轴承厂和军用电器设备厂。在这段时期的战略轰炸中，不仅重创了德国的军事工业，特别是航空制造业，极大地减弱了德国空军装备的补充；而且在空战中重创了德国的空军。据统计，这期间德军在作战中，共损失战斗机2442架，因事故坠毁1500架。使德军陷入即使有飞机补充，也难找训练有素的飞行员的困境，从此空中优势转到盟军手中。

战略空袭一直持续到4月1日。然后，根据艾森豪威尔的命令，就转入配合诺曼底登陆的战术空袭了。

为“霸王”行动而采取的战术空袭，实际上也是分为两个阶段，一个是从4月1日到D日的登陆前空中准备；另一个是直接配合地面部队的作战行动的空袭。

当然，战略轰炸也是为登陆作了准备。但是，登陆前的“空中准备”，则是更直接，通俗来说是准备一个有利登陆的战场。怎么准备呢？

就是进行所谓的“空中封锁”，切断陆海空交通，把预定登陆地区与外界隔离开来，阻止或迟滞德军的部队、修工事的劳工、物资、军火等进入这一地区。为此对方圆210千米范围内的德军40个空军基地、德国西北部的39个铁路目标、法国境内的33个铁路目标（例如枢纽站、桥梁、涵洞、火车头和车厢等）、塞纳河和卢瓦尔河上的桥梁等进行突击轰炸。与此同时，还直接轰炸了德军的弹药库和油库、指挥所和军营等。这样，到D日前，就做到了使诺曼底和布列塔尼地区同法国其他地区完全“隔离”开来。这期间，共出动轰炸机约24000架次、投弹约82000吨。

从“D日”到其后的55天为第二阶段。首先当然是配合“D日”的“航空火力准备”。当天第8、第9航空队和皇家空军轰炸机司令部联手，出动重型轰炸机，对5个登陆地域，进行了两波千机大轰炸：第一波是从6月5日午夜开始，轰炸德军指挥部、岸炮阵地、海岸防御工事、雷达、导航和通信设施等；第二波是从凌晨5时一直到抢滩登陆前10分钟，轰炸敌防御阵地。两波共出动轰炸机2775架、投弹9276吨，在96千米的登陆阵面上，平均每千米阵面投弹97吨。

然后是由第8、第9航空队和皇家空军战斗机司令部的7000架战斗机和战斗轰炸机又对该地区进行了全面扫荡，并为当天渡海和抢滩登陆的第一梯队（约4000艘舰船，载着5个师盟军官兵和大量作战物资，由600艘战舰护航）进行空中掩护。

【旁白：经过这次大空袭战役的洗礼，美军“地毯式轰炸”的作战模式趋于成熟。在二战后，例如在朝鲜战争、越南战争中，也多次运用。也是在这次诺曼底登陆战役中，美军第一次在大范围内进行了电子战，成为世界电子战历史上一次卓越的范例。由于偏离本节主题，我们未加描述。关于它，在我写的《神秘的战争》和《先进的电子对抗系统》等书中都曾作过专门介绍。】

登陆成功后，又在以后的近两个月的时间内，对登陆地区方圆470千米范围内的德军59个机场进行轰炸，以确保制空权；还对塞纳河和卢瓦尔河进行空中封锁，不让德军增援部队渡河；同时，继续轰炸铁路、公路枢纽、空袭运输车辆。更直接的是在地面部队上空保持警戒，以驱赶和防止敌机空袭。这期间共出动轰炸机和战斗机约3万架次，投弹约6万吨。这样使得德国空军受到压制、陆军白天

凯旋之歌 | 1944年8月，巴黎的凯旋门凝视着行进在香榭丽大道上的盟军。（来源：National Archives）

难以机动，严重影响德军战斗力的发挥。

诺曼底战役，以1944年8月25日盟军收复巴黎为标志，胜利结束。请看，凯旋门前盟军威武雄壮的行军盛况。

在看过盟军进入巴黎的照片之后，我还想请读者再欣赏一张“将帅图”，以便介绍一下美军将领参战情况。这是一张在美军以及二战史上都有纪念意义的照片。这张照片，是美军第12集团军群对德军进行的最后、也是最猛烈的一次打击的主将们的合影。

现对照片中人物略作介绍：

美国第12集团军群，是艾森豪威尔的一项杰作，是他在诺曼底登陆战役期间组建的一支强大的军团，也可以说是美军有史以来在战场上组建的最大、最强的军团。下辖美国四个集团军（第1、第3、第9和第15集团军）。到德国投降时，在编人员超过130万。总司令为布莱德雷。

第1集团军司令为霍奇斯中将（Courtney H. Hodges，后来接布莱德雷的班，任第12集团军群司令）；第3集团军司令为巴顿中将（George S. Patton，是一员猛将，如果你看过电影《巴顿将军》，就会对他印象深刻）；第9集团军司令为辛普森中将（William H. Simpson，他与巴顿是西点军校的同班同学）；第15集团军司令为杰罗中将（Leonard T. Gerow，他就是前面提到过的陆军参谋部战争计划司长，他与艾森豪威尔是指挥与参谋学院的同窗好友，在“D日”当天，他是两个突击师的指挥官）。当时，第9航空队的战术空军奉“艾帅”和顶头上司斯帕茨之命配属第12集团军群，对地面部队进行空中支援。由第9航空队司令范登堡（Hoyt S. Vandenberg）中将亲自率领。为了执行这一任务，第9航空队还专门进行了调整，成立了第9、第19和第29战术空军司令部。由斯坦利（Ralph F. Stearley）准将任第9战术空军司令部司令，为第1集团军提供空中支援；韦兰（Otto P. Weyland）准将任第19战术空军司令部司令，为第3集团军提供空中支援；纽金特（Richard E. Nugent）准将任第2 9战术空军司令部司令，为第9集团军提供空中支援。由于战事的需要，第9航空队也得到极速扩充，达到人员20万、战机5000架的规模。范登堡也成了在空军中仅次于斯帕茨的大红人。而且各有千秋，斯帕茨擅长战略空军、而范登堡擅长战术空军。因此，在1947年美国空军独立成军后，斯帕茨任第一任空军参谋长，而范登堡则于1948年4月接斯帕茨的班，就任第二任空军参谋长。

将帅图｜这是1945年4月参加诺曼底登陆战的美军第12集团军群的陆空主将与“艾帅”欢聚一堂，合影留念的情景。因为，他们知道，不久之后他们将各自奔向新的战场。从左到右，坐着者是：辛普森、巴顿、斯帕茨、艾森豪威尔、布莱德雷、霍奇斯和杰罗；站着的是：斯坦利、范登堡、史密斯、韦兰和纽金特。（来源：wwarii.com）

昔日战场之一（来源：publicbroadcasting.net）

昔日战场之二 （来源：blogspot.com）

这里列出两幅诺曼底战役的战场实景供读者观赏。

正是：

昔日恶战场，今日温柔乡。

故人问今人，问君作何想。

在诺曼底登陆成功、并向纵深发展之后，盟军的战略轰炸又重新展开，而且达到高潮。从1944年7月到1945年4月，这9个多月的猛烈轰炸，投弹量几乎等于前几年的总和。这期间，轰炸的主要目标是德方的炼油厂及其运输线。1944年6月8日，斯帕茨按照“艾帅”的意图签署了一项命令：“第8和第15航空队的首要战略目标是切断敌人的石油来源”。遵照这一命令，普洛耶什蒂、维也纳以及其他地方的炼油厂都成为重要靶子。对石油供应链的重创，使德军的飞机、坦克、自行火炮、舰艇和一切军用车辆都产生油荒，连新飞行员的飞行训练时间都被迫缩短、以节约油料。可是，不熟练的飞行员自然不是盟军老练飞行员的对手，于是飞机又很快被击落，这对德方空军就形成了一个恶性循环。另一方面交通破坏，不仅阻碍原料运往工厂，影响造新飞机，而且即使有成品，也运不到前线。同时，德国人的油料供应减到所需的20％，坦克开不动了，大部分卡车和其他车辆也只好扔掉，德军几乎变成了一支真正的“步兵”（几乎到了主要靠步行、自行车和兽力运输的程度）。再加上对炼钢厂、发电厂和武器制造厂的轰炸，这一切使德国的战争机器已很难运转，战争已胜利在望。1945年4月16日，斯帕茨宣布对德战略空袭胜利结束。

从1942年5月（开始对德进行战略轰炸）至1945年5月（德国投降）。在这期间，盟军在欧洲战场出动轰炸机144万架次、战斗机268万架次，共投下270万吨炸弹，其中投在德国本土的约占一半多，计136万吨。德方损失飞机约5.7万架，盟军损失飞机约4万架（其中美方损失约1.8万架，英军损失约2.2万架）。

1945年5月7日，邓尼兹派海军司令弗里德堡海军上将（Hans-Georg Von Friedeburg）和陆军参谋长约德尔上将（Alfred Jodl）代表他前往巴黎东边的兰斯市（Reims, France）的盟军最高司令部所在地，向盟军最高司令艾森豪威尔投降，由艾森豪威尔的参谋长史密斯（Walter B. Smith）中将代表受降，时间是巴黎时间5月7日凌晨2时41分（美国东部时间5月6日下午8时41分）。但苏联方面认为是他们攻克柏林，斯大林坚持应在德国首都柏林受降，而兰斯的受降，只能认为是预演。美英因希望苏联早日对日宣战，不愿意得罪斯大林，而对此作了让步。于是，次日，由德方最高参谋长凯特尔元帅（Wilhelm Keitel）、弗里德堡海军上将和施通普夫空军上将（Hans-Jurgen Stumpff）到柏林南边的卡尔斯霍斯特市（Berlin-Karlshorst）的苏联红军司令部所在地向苏军的朱可夫元帅（Георгий Константинович Жуков）和盟军副司令特德空军元帅（Arthur W. Tedder）投降，时间是柏林时间1945年5月8日午夜22时43分。这两次受降签字仪式斯帕茨都是盟军代表之一，是这个历史事件的全面见证人。

【旁白：由于时差苏联莫斯科已是9日凌晨零点43分，所以前苏联和现在的俄罗斯把每年5月9日定为“卫国战争胜利纪念日”；而西方国家所定的“欧洲战胜法西斯日”则是每年的5月8日。】

这是1945年5月7日在巴黎东边的兰斯市，约德尔（中）在投降仪式上。右为弗里德堡，左为欧克森尼斯少校（Wilhelm Oxenius，他是约德尔的副官）（来源：waralbum.ru）

这是1945年5月8日在柏林南边的卡尔斯霍斯特市，凯特尔（中）在投降仪式上。右为弗里德堡，左为施通普夫

见证历史｜这是德国代表两次在投降仪式上的实况

（来源：waralbum.ru）

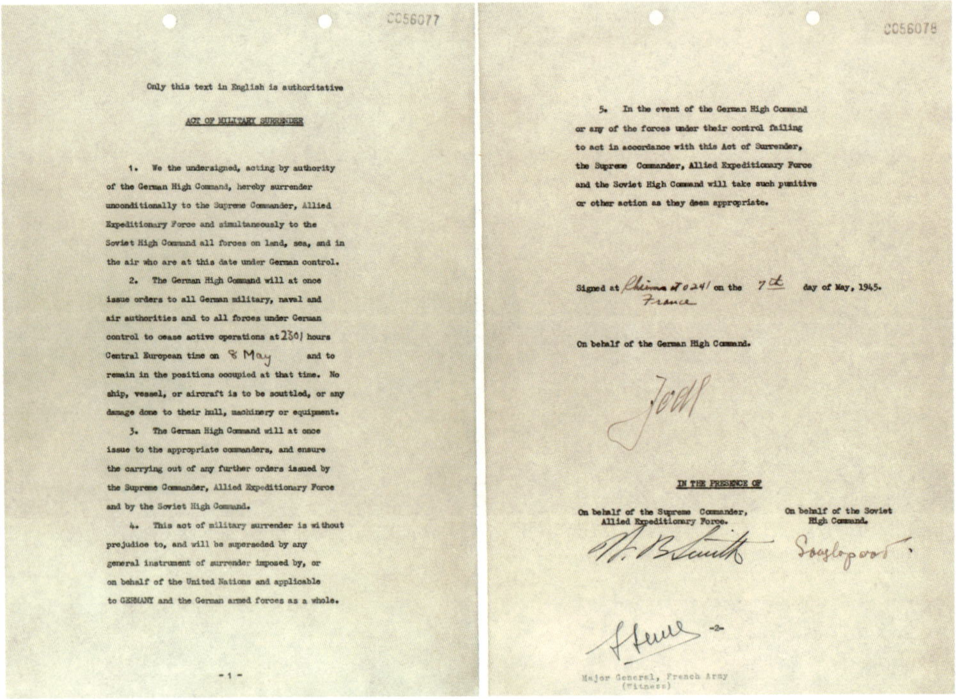
CC56077

Only this text in English is authoritative

ACT OF MILITARY SURRENDER

1. We the undersigned, acting by authority of the German High Command, hereby surrender unconditionally to the Supreme Commander, Allied Expeditionary Force and simultaneously to the Soviet High Command all forces on land, sea, and in the air who are at this date under German control.

2. The German High Command will at once issue orders to all German military, naval and air authorities and to all forces under German control to cease active operations at 2301 hours Central European time on 8 May and to remain in the positions occupied at that time. No ship, vessel, or aircraft is to be scuttled, or any damage done to their hull, machinery or equipment.

3. The German High Command will at once issue to the appropriate commanders, and ensure the carrying out of any further orders issued by the Supreme Commander, Allied Expeditionary Force and by the Soviet High Command.

4. This act of military surrender is without prejudice to, and will be superseded by any general instrument of surrender imposed by, or on behalf of the United Nations and applicable to GERMANY and the German armed forces as a whole.

- 1 -

CC56078

5. In the event of the German High Command or any of the forces under their control failing to act in accordance with this Act of Surrender, the Supreme Commander, Allied Expeditionary Force and the Soviet High Command will take such punitive or other action as they deem appropriate.

Signed at Rheims at 0241 France on the 7th day of May, 1945.

On behalf of the German High Command.

IN THE PRESENCE OF

On behalf of the Supreme Commander, Allied Expeditionary Force.

On behalf of the Soviet High Command.

-2-

Major General, French Army (Witness)

纳粹德国的无条件投降书　　（来源：wikipedia.org）

至此，第二次世界大战西边的战事宣告结束。我们对B-29“十年磨一剑”的创新史、美国航空部队四十年从无到强的创业史以及二战中欧洲战场的战略轰炸史的介绍也告一段落。

下面，该来谈谈东边、也是就是第二次世界大战中、亚太地区、中美联手抗击日本法西斯的辉煌战绩了。

欲知后事如何，请看

《B-29去了：从成都到天宁》。

谢谢！

后记
EPILOGUE

一张照片一幅画，一次奇遇引牵挂。

尘封历史谱新曲，中美友谊人人夸。

话说公元1995年6月的一个周末，午饭后，我驱车去山景城图书馆【注：山景城是美国创新中心硅谷的发源地，我从1990年起住在这里，直到今天。关于它，读者可参阅我的另一部著作《硅谷启示录》(科学普及出版社，2015年7月)】。刚离开家门两个街口，坐在旁边的我的老伴韩光茵教授突然说道：

“你看，那边好热闹。”

“那不是前两天失火的那幢别墅吗？”我看了一眼说。

“好像是。”

我把车停在路边，走过去看。原来是在进行“车库售卖”【注：美国人叫“Garage Sale”，这是居民出售家中多余物品的一种习俗，我对此颇有兴趣，因为常从一些老房子中售出一些古老的或特殊的物品】。不过，这次好像不是屋主人带着（将来会变成“超级推销员”的）孩子、而是保险公司的职员在卖。

被火烧过的别墅一片狼藉，东西在桌上、地上杂乱地堆着，有的还沾着前两天救火留下的水滴。人们在四处翻腾。

老伴见状，皱了一下眉头说道：

“走吧，如此脏乱，没什么好买的。”

可是，我却看见墙角的杂物堆中插着一卷画轴。我心中一动，觉得那应该是一卷中式条幅。于是走过去一看，果然不出我所料。于是，随手抽出。

不料，下面却“当啷”一声（吓了我一跳）。一看，原来还有一个小玻璃镜框，靠在它的脚跟。拿起来看，里面还镶有一张黑白照片。

看到这张照片，我顿时兴趣大增。

这一是张老照片，年龄比我小不了几岁，我猜是抗日战争期间的。照片中，军队正在走方阵，大概是在阅兵。令我惊讶的是：前面的旗手，扛的不是军旗，而是中、美两国的国旗，而人员也是中、美军人混杂。地点嘛，不像一般的操场，像是在一处机场，场地十分平整。

对这张照片感兴趣的原始动力，来源于我童年的回忆。记得抗战时，在我的家乡成都附近，有好几个机场，都驻扎着美国空军。周末或节假日，他们也常在

中美健儿并肩前进 | 这就是那张照片 （来源：作者用原件扫描）

成都街头出现。见了这些高鼻子、蓝眼睛、长着褐色头发的“飞将军”，我们这帮小孩，常常会好奇地围了过去，对他们嬉笑着喊道：

“Mister Ding Hou!”（先生，顶好！）

“Ding Hou! Ding Hou! Shia Shia!”（顶好！顶好！谢谢！）

而他们也常常笑着这样应道。

四川话的“顶好”就是“非常好”、“最好”之意。当时，四川人对这些同我们并肩抗日的美国飞行员，是十分尊敬的。他们背景离乡来到中国，怀着对日寇的无比仇恨，从成都起飞去轰炸日本，与中国空军一起抵御着日寇的空袭，捍卫着中国的天空。所以，男女老少与他们相遇之时，都常会翘起拇指、对他们说句“顶好！”算是打招呼、也是赞扬。

我擦干镜框上的水珠，本来想再当场看看那幅画再买，但老伴说：

“地方小、人又多，买回去再看吧”。

于是，我走过去问站在门口的保险公司职员多少钱。付钱时，我顺便问了他一句：

“这房子的主人是谁？”

“对不起，我不能告诉你。” 他回了我一句。

回到家中，我慌忙打开画轴看。那画轴是捅在一个装雨伞的长塑料袋中的，头上湿了一点，边沿略有破损，还好未伤及主体。但年代已久，纸已发黄、而且有些脆了。所幸居然未葬身火海，真是谢天谢地！

谁知，打开一看，画的是一位白眉皆目的老僧盘坐蒲团之上。

看来与那张照片关系不大。就又卷起来，打入“冷宫”了(当然，这幅画也有它自己的趣事秘闻，只不过与本书主题相距甚远，请容我有闲之时再另文揭示吧)。

还是回过头来端详照片。只见照片背面盖着洗相片部门的（英文）收货章记（参看下图）：中文的意思是：由航空部门主管定制的官方照片，加印时间是1945年6月9日。这就更加坚定了我的判断：这是空军在机场阅兵。

我是生在抗战时、长在军营中。我生于1937年，八年抗战时期就是我的童年。我出生时父亲是在黄埔军校工作，当他请缨赴前线抗日时，我又成了“随军家属”。在“马背上长大”的我，看见过日寇炸弹爆炸的硝烟，听到过日寇枪炮声刺耳的呼啸，天天听到父亲所在的部队浴血抗敌的事迹，对日寇的侵略罪行有着深切地感受。父亲教我唱的第一首歌就是《义勇军进行曲》。现在的年轻人在听到这首歌时，也许只感到《国歌》的庄严，而我感到的却是对童年记忆的呼唤，那是一种刻骨铭心的呼唤！

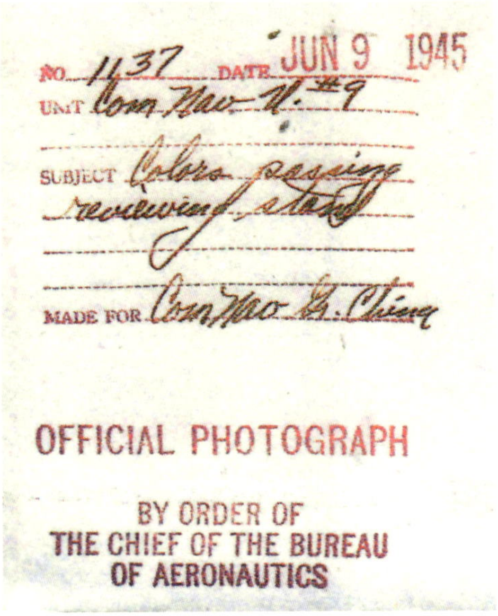

照片背面的洗印纪录 （来源：作者用原件扫描）

因此，我关注第二次世界大战的历史，尤其是抗日战争史，它成了我的“最爱”。这20多年到了国外，住在美国，可以更全面地收集到有关史料，甚至参观到有关的飞机、军舰和武器，接触到有关的人和事。这就更加激起我的研究和探索的热情。

那么，这是那支部队、什么时间、在什么机场呢？他们的指挥官是谁呢？又是为什么阅兵呢？是庆祝胜利、还是准备出征？……

就是带着这一连串的问题，我开始了收集和研究中美两国人民联手抗日事迹的有关书、报和档案文献的“长征”。退休后更是大量查阅。

我浏览了不同图书馆、档案馆乃至私人收藏的大量尘封的文献、陈旧的图片；还走访了一些有关人员、地方和博物馆、陈列馆，听到不少故事、看到不少实物。藉此机会我要向给予我热情支持的有关人士，致以衷心的感谢！同时，也上网搜寻了大量的资料。记下了一本本的笔记、整理了一册册相集。那一幅幅中美联手抗日的历史画卷，那一幕幕抗日健儿的英雄形象，感动了我，激励着我。

我常常想，我们这一代人，已是最后一代亲历抗战的人了，以后的人就只能用“听到”、而不能用“见到”来讲述这段历史了。手上有丰富的素材，而国际环境的现实又呼唤着我的责任感，我就奋然命笔了。

于是，就有了“中美联手抗日纪实”系列：

第一部：《航母来了：从珍珠港到东京湾》(科学普及出版社，北京，2014年1月第1版第1次印刷，2014年10月第1版第2次印刷)

第二部：《B–29来了：从波音到东瀛》(本书)

第三部：《B–29去了：从成都到天宁》(即将出版)

现在，我要特别告诉读者的是，当我运笔至此时，已是2015年7月7日的黎明。为了争取在9月3日这个抗日战争胜利70周年的纪念日，将本书奉献给读者，科学普及出版社的全体同仁们，真是废寝忘食、尽心尽力地苦干了一个多月。所以，我在此要专门向他们表达我衷心的敬意和谢意！

感谢社长秦德继先生和总编辑吕建华先生对本书出版所给予的特别关注和领导了这样出色的工作团队！

感谢社长助理、本书的策划编辑杨虚杰女士和本书的装帧创意林海波先生一年多来与作者一起研究书稿和策划创新时的热心、耐心和细心！

感谢一切为本书的尽快出版而工作的编、排、审、校、印和发行的全体同仁们！

最后，还要特别感谢科学普及出版社原社长苏青先生，正是他这几年来热心而持续地对我的创作的支持和鼓励，才能使“中美联手抗日纪实”系列得以与读者见面，而且又在百忙中为本系列拨冗写序，令我深为感动！

谢谢了，朋友们！

谢谢了，读者们！

2015年7月7日

于美国旧金山湾区寓所

图书在版编目（CIP）数据

B–29来了：从波音到东瀛 / 甘本祓著. –– 北京：科学普及出版社，2015.9

ISBN 978–7–110–09223–1

Ⅰ. ①B… Ⅱ. ①甘… Ⅲ. ①第二次世界大战战役 – 空战 – 美国 – 通俗读物 Ⅳ. ①E712.9–49

中国版本图书馆CIP数据核字(2015)第188764号

策划编辑　杨虚杰
责任编辑　鞠　强　汪晓雅
装帧创意　林海波
设计制作　林海波
责任校对　何士如
责任印制　马宇晨

出版发行　科学普及出版社
地　　址　北京市海淀区中关村南大街16号
邮　　编　100081
发行电话　010–62173130
传　　真　010–62179148
投稿电话　010–62103136
网　　址　http://www.cspbooks.com.cn

开　　本　720mm × 1000mm　1/16
字　　数　254千字
印　　张　21.25
版　　次　2015年9月第1版
印　　次　2015年9月第1次印刷
印　　刷　北京凯德印刷有限责任公司

书　　号　ISBN 978–7–110–09223–1/E · 39
定　　价　75.00元